절망을 딛고
고물고물 즐겁게 살아가는 중노인의 이야기

여는 글

　먼저, 졸저를 통해 저와 귀한 인연을 맺어주신 독자 여러분 한 분 한 분께 진심으로 감사를 드립니다.

　한평생을 살아가면서 근심 걱정 하나 없는 사람이 그 누가 있겠습니까? 한 번쯤은 절망의 나락에 떨어져서 몸부림친 경험이 있었을 것입니다. 지난 세월을 되돌아보니 제게는 세 차례의 큰 고비가 찾아왔습니다.
　첫째는 가정 형편이 매우 좋지않아 힘겹게 유년 시절을 보냈습니다.
　둘째는 심한 인간관계의 갈등으로 바닥까지 떨어졌던 직장생활입니다.
　셋째는 지난 해엔 뜻하지 않은 암 친구(초기 편도암)가 일찍 찾아와 인생의 밑바닥까지 내몰렸습니다.
　그 당시에는 하나같이 어둠 속에 갇혀 인생이 끝나는 줄 알았습니다. 차츰 시간이 지나면서 깨달았습니다. 끝이 아니었습니다. 절망 속에서도 희망의 불빛을 찾을 수 있었습니다.
　이 에세이는 이러한 절망을 딛고 다시 즐겁게 그리고 힘차게 살아가는 중노인의 이야기입니다.

여러 차례의 시행착오를 겪었습니다. 새로운 삶의 방식을 찾았습니다. 그것은 큰돈 들이지 않고 건강을 유지하면서 혼자서도 고물고물 잘 노는 삶입니다.

공자는 "아는 자는 좋아하는 자만 못하고, 좋아하는 자는 즐기는 자만 못하다"라고 했습니다. 저는 이 말을 깊이 공감하며, 하루하루를 배우고 즐기는 삶을 살고 있습니다.

건강을 위해 테니스, 골프, 댄스스포츠 등 다양한 운동을 즐기고, 음악을 사랑하는 마음으로 기타, 색소폰, 오카리나, 장구를 연주하며 하루를 채웁니다. 또한, 일본 현지에서 살아본 경험을 바탕으로 일본어 공부를 쉬지 않고 이어가며, 새로운 언어를 익히는 기쁨을 느끼고 있습니다.

뿐만 아니라, 텃밭농사를 하며 이웃과 나누는 재미에도 푹 빠져 있습니다. 작은 땅에서 싱싱한 채소를 기르고, 그것을 이웃과 나누며 소소한 행복을 쌓아갑니다. 자연 속에서 땀을 흘리고, 자란 작물을 바라볼 때면 삶의 소중함이 더욱 깊이 다가옵니다.

이 책이 저처럼 삶의 위기 앞에서 흔들리는 분들께 작은 희망이 되길 바랍니다. 노년을 준비하는 분들에게도 '나이 들수록 더 즐겁고, 더 지혜롭게 살아갈 수 있다'라는 용기를 전하고 싶습니다. 우리는 여전히 배울 수 있고, 새롭게 시작할 수 있으며, 무엇보다도 고물고물 즐겁게 살아갈 수 있습니다.

귀한 시간을 내어 저의 졸저(拙著)를 읽는 독자 여러분들께 진심으로 거듭 감사를 드립니다.

칠십 년 세월을 돌이켜봅니다.
인생 2 모작 농사를 풍요롭게 짓기 위해 부단히 노력해 왔습니다.
약간의 결실을 거두었습니다.
지금도 열심히 살아가고 있습니다.
나름대로는 만족합니다. 이만하면 행복합니다.
북유럽의 노인들이 부럽지 않습니다.

독자 여러분들을 향한 저자로서의 작은 바람입니다.
먼저 모든 분들이 행복한 은퇴 생활을 누리시길 바랍니다.
특히 본서가 약 700만 명의 1차 베이비부머에게 희망의 메시지가 되었으면 좋겠습니다.
또한 은퇴를 앞두고 있는 현역 분들에게는 인생2모작의 풍년을 위한 적은 밑거름이 되길 바랍니다.

아울러 암과 같이 원치 않는 질병으로 고통을 당하는 분들이 저의 글을 읽고 다시 일어설 수 있는 용기를 얻기 바랍니다. 무엇보다 나을 수 있다는 강인한 정신력이 중요합니다.

한 권의 책이 탄생하려면 여러 사람의 손과 지원이 필요합니다.
먼저 원고를 다듬어 주고 꼼꼼하게 교정까지 해 준 농협의 평생 동지, 김찬기 지점장께 진심으로 감사를 드립니다.

그리고 경진 진기홍 사장님, 도서출판 범한의 이낙용 사장님, 두 분의 지원을 늘 잊지 않겠습니다.

또한 부족한 남편을 위해 늘 기도로 응원해 주는 이계임 목사께도 고맙다는 인사를 드립니다.

끝으로 귀한 인연이 되어 이 책과 함께하는 독자 여러분 모두에게 늘 건강과 행운이 함께 하시길 기원 드립니다.

대단히 감사합니다.

2025년 5월
김포 고촌 숲속마을 서재에서
박 태 호 올림

| 목차 |

여는 글   1

건 강

내 몸 관리	15
절망 속의 희망	17
건강 수명을 증진하는 길	20
젊게 사는 노인	23
고쳐서 사는 인생	25
중용에서 배우는 노년의 건강	27
오늘 하루 살아있음이 기적입니다	29
회춘	31
건강하게 장수하는 노인들의 소소한 생활 습관 4가지	33
나이 들어 스트레스를 덜 받는 나만의 비결	35
그래도 웃어야 합니다	38
걷는 것이 기적입니다	41
감정과 사랑은 은퇴가 없습니다	44
쉬어가야 삽니다	45
잠, 보약 중의 보약입니다	48
치아 건강과 치매 예방	51
'귀 마사지'로 돈 안 들이고 건강 다지기	53
'발끝 치기' 효능이 대단합니다	55
'무릎 건강'에 대하여	57
기분 좋은 피로감	59
100세 노인들	61

오늘을 사랑하라	63
'사전연명의료의향서' 신고	65
죽음을 준비합시다	67
잘 죽는 것도 실력이 있어야 합니다	69
죽음과 치매	73
웰다잉(well-dying)을 그려 봅니다	75

공부

평생 공부, 평생 학습 시대입니다	81
'배움'에 대한 새로운 이해	84
지식과 지혜	86
책에 관한 이야기	88
노인의 책 읽기	92
은퇴 이후에도 일본어에 푹 빠진 이유	95
계영배에서 배우는 지혜~ 가수 김호중을 생각하며	98
자녀 교육에 대하여~ 자식은 부모가 직접 가르치려 하지 말아야 합니다	100
쉬면 늙습니다	103
진정으로 성공한 사람이란?	105
공부 잘하면 사기꾼(?)이 된다	108

취미 생활

하루하루 즐겁게 살아가는 사람들의 특징 5가지	113
어느 중늙은이의 '놀이 삼매경'	116
평생 취미는 현역에 있을 때 미리 준비해야 합니다	119
동호회 만남, 우정의 만남, 성공적인 만남	123

테니스와 함께한 반백 년 세월	125
12년 차 나의 애마, 자전거 이야기	130
골프와 친구	133
스크린 골프의 매력	136
민요 가수가 되는 꿈이 영글어 가고 있습니다	138
귀촌의 여유를 만끽하고 있습니다	140
인생 등산길의 깔딱 고개	143
늦기 전에 인생을 즐깁시다	145
반려견을 생각하며	148
소소한 행복, 집수리	152
댄스 이야기	154
비 오는 날에는 색소폰이 제격입니다	161
외로움을 달래주는 기타(Guitar)	163
오카리나, 맑고 청아한 세계에 빠지다	165
잘 노는 사람이 농사도 잘 짓습니다	167
인생은 순간이다	172
반 귀촌 반 귀농	174

노년의 지혜

골든 시니어	179
나이 들어 혼자서도 고물고물 잘 놀면 그게 최고입니다	181
'바보 철학'을 생각해 봅니다	184
화(火)를 잘 참아 내는 도사(道士)가 되고 싶습니다	187
화불단행의 하루	189
손뼉 칠 때 떠나라	192
어느 노부부의 멋진(?) 인생 마무리	194
백수(白手)가 과로사(過勞死)한다	197
젖은 낙엽이 되지 말자	200

당신 아직도 멋져요	202
치약을 짜면서 배우는 인생의 지혜	204
잠시 멈춤	206
은퇴 후 부엌을 가까이하는 남자가 멋집니다	209
은퇴 노인의 개꿈과 진짜 꿈	212
'노인의 날'에 느끼는 단상	216
노후의 3사~ 밥사, 감사, 봉사	220
인생의 황금기(60~75세)를 지나가며	222
황금 인생을 만들고 싶습니다	224
신 노인 십계명	228
'행복'에 대하여	230
자식들에게 남기고 싶은 이야기	233
'귀한 인연'에 대하여	236
나이 들어 쓰는 돈은 절대 낭비가 아닙니다	239
내일 일은 난 몰라요, 하루하루 살아요	242
마음의 상처	245
젊은이들에게 대꾸하지 말고 가르치려 하지 말아야 합니다	248
메모, 나이 들면 큰 위력을 발휘합니다	250
막걸리 한 잔 살 여유	252
중장년 남자의 '인정 욕구'	254
느리게 더 느리게	256
횡재	258
소통과 고통	260
다섯 가지 인생 교훈	263
노년의 친구	265
후회 없는 인생	268
노인의 자존심	272
말 한마디	274
아홉수	276

잘 산다는 의미	278
진정한 행복은 평범한 일상에 있습니다	280
타인의 감정이 나를 지배하지 않도록…	282
심금을 울리는 달라이 라마의 기도	284
세상 욕심을 다 내려놓은 젊은 노인의 하루	286
사람 냄새가 나는 삶	289
걸림돌과 디딤돌	291
노인들이여, 나를 위해 과감하게 다 쓰고 갑시다	293
여유를 가져다주는 생활 속의 작은 습관	296
운칠기삼	298
'과유불급' 몸으로 배운 하루	300
노년의 배려하는 삶	302
그래도 기뻐하라	304
우정~ 망년지교	306
안락사를 생각하며	308
고향 가는 길에서 다짐하는 후회 없는 인생	311
안전거리 유지와 노년의 입	313
고희(古稀)를 맞은 이 아침에	315
사촌이 논 사면 배 아프다	317
조심조심, 말조심	321
치매, 누구나 예외일 수 없습니다	323
결혼을 회상하며	326
은혜와 원수	330
은퇴 후 자산관리의 시작~ 절약	332
나만의 고속도로 주행 노하우	334
오른손이 하는 것을 왼손이 모르게 하라	336
느닷없이 닥치는 죽음	338
노년의 아름다운 마무리	340
에필로그	345

제1편

건 강

여기에 실은 글은
평소 제가 실천하고 있는 내용입니다.
암을 경험한 '암 경험자'로서 이전보다 더 건강하게 지내고
있는 제 모습을 담았습니다.
독자 여러분들의 건강 증진에 도움이 되기를 바랍니다.

내 몸 관리

 요 며칠 가을답지 않게 포근한 날씨가 이어지더니 오늘은 돌연 겨울 날씨로 변했습니다. 기후 변화가 큰 문제로 등장했다더니 바로 우리 곁에 다가왔습니다.
 특히 노인은 날씨가 갑자기 추워졌을 때, 몸 관리를 잘해야 합니다. 추위에 약하기 때문입니다. 심장 질환을 비롯하여 각종 질병이 찾아옵니다. 운동을 게을리하게 되어 소화 불량, 근육 손실 등을 초래하게 됩니다. 암보다 더 무섭다는 낙상의 위험도 도사리고 있습니다.
 그래서 그런지 요즘 칠십 대 후반, 선배들의 부고가 늘어나고 있습니다. 그 누구나 한평생을 건강하게 살다가 후손들에게 짐을 주지 않고 조용히 떠나고 싶을 것입니다.
 나도 마찬가지입니다.
 그러려면 내 몸 관리를 잘해야 합니다. 내가 신경을 써서 내 몸을 잘 돌보면 몸도 나를 돌봐준다고 합니다. 이 간단한 진리를 우리는 살다 보면 잊고 지내는 경우가 많았습니다. 운동을 하지 않고 때로는 무리를 하니 우리 몸이 반란을 일으킵니다. 이런 의미에서 내 몸 관리는 내 사랑이요, 가족 사랑이요, 이웃 사랑입니다.

　사랑하는 가족에게 금전적, 정신적으로 민폐를 끼치지 않게 됩니다. 가까운 동료들에게도 직, 간접적으로 부담을 주지 않고 좋은 관계를 유지할 수 있습니다.

　칠십 대에 들어선 노인은 이제 세상적인 욕심의 나뭇잎을 다 벗고 겨울을 준비하는 나무와 같다고 하겠습니다.

　비록 겨울을 대비하여 옷은 다 벗지만, 그 안에 생명은 살아 숨 쉬고 있습니다. 떨어지는 가을 낙엽을 쳐다보면서 진정한 내 몸 관리를 생각해 봅니다.

절망 속의 희망

한평생을 살아가면서 근심 걱정 하나 없는 사람이 누가 있겠습니까?
한 번쯤은 절망(絶望)의 나락에 떨어져서 삶과 죽음 사이를 오간 경우가 있었을 것입니다. 그 정도가 너무 심해 자기를 이기지 못하고 극단적인 선택을 하는 사람도 심심찮게 보고 있습니다.

내게도 예외 없이 찾아왔습니다. 세 번의 큰 어려움을 겪었습니다.

첫 번째로, 초등학교 저학년 시절, 부모님의 가정불화로 인해 엄마와 헤어져 힘든 유년기를 보냈습니다.

두 번째로, 직장생활을 하면서 인간관계의 갈등이 심해 병원 치료를 받을 정도로 괴로웠던 때가 있었습니다.

세 번째로, 은퇴 후 잘 지내다가 지난해 뜻하지 않게 암(편도암) 친구가 찾아와 인생 밑바닥까지 내몰렸습니다.

하나같이 그때는 끝인 줄 알았습니다. 컴컴한 밤길을 걷는 기분이었습니다. 그런데 지나고 보니 보이지 않는 손이 함께했습니다. 한 가닥 희망(希望)의 빛이 비취었습니다. 가능성이 엿보였습니다. 그리고 일어났습니다.

첫째, 유년기의 어려움은 작은 아버님을 비롯하여 주위 사람들로부터 도움을 받아 고등학교까지 무사히 마칠 수 있었습니다. 그중에 기독교 방송국을 통해 전달받은 미국의 노부부가 불우한 한국 학생에게 지원한 장학금을 잊을 수 없습니다.

둘째, 직장생활을 하면서 겪은 인간관계의 어려움은 의사 선생님의 도움과 테니스 등 운동을 꾸준히 하면서 이겨냈습니다. 무엇보다 신앙생활을 해오면서 용서의 그릇을 키운 것이 극복의 비결이라 할 수 있겠습니다.

셋째, 좋은 의사를 만나 초기 암을 잘 치료할 수 있었습니다. 목 근처에 난 조그만 혹이 악성종양으로 판정되어 편도암이라니 정말 놀랐습니다.

편도암은 전국의 이비인후과 개원의가 2년에 한 번 환자를 만날 수 있는 희귀암으로 분류된다고 합니다. 하필 그게 나한테 찾아온 것입니다. 불행 중 다행으로 워낙 초기에 발견하여 깨끗하게 치료하였습니다.

의사 선생님은 이로 말미암아 앞으로 오히려 더 건강하게 지낼 수 있을 것이라는 긍정적인 얘기를 해 주었습니다. 말 그대로 절망 속에서 발견한 희망의 불빛이었습니다.

일평생을 살아가면서 누구나 생로병사의 흐름을 따라갑니다.

두 사람 중 한 사람은 암으로 죽고 나머지는 심장 질환, 뇌경색, 각종 사고 등으로 생명을 잃는다고 합니다. 특히 팔십이 넘어 다른 질병으로 가더라도 암이 발견되었다는 충격적인 보고도 있었습니다.

세상의 유명인들이 뜻하지 않게 일찍 세상을 떠나는 경우를 허다하게 보고 있습니다. 또한 원치 않는 질병으로 투병하는 분들도 많습니다.

예방 의학자이자 의료 분야 방송인인 홍혜걸 박사(57세)의 얘기입니다. 얼마 전에 폐암 진단을 받아 수술하고 제주에 내려가 요양한다고 합니다. 건강 전도사도 예외는 아닌 모양입니다.

언젠가 칠십까지 건강하게 살고 싶다는 강연을 들었습니다.
그가 쓴 건강 관련 칼럼 중 일부입니다.

"70세부터는 하루하루가 모두 특별히 받은 보너스 날이다. 오늘을 인생의 첫날처럼 살아라. 그리고 마지막 날처럼 즐기며 살아라."

그렇습니다. 저도 전적으로 동의합니다. 100세 시대라고 하지만 우리의 수명과 가는 날은 다 다릅니다. 그래서 인명재천 즉, 목숨은 하늘에 달려있다고 했는가 봅니다.
나이가 들었는지 이제 가는 날을 자꾸 생각하게 됩니다.
주변을 정리하기 시작했습니다. 옷, 책, 은행 통장에 이르기까지 간소하게 했습니다. 심지어 '사전연명의료의향서'를 작성하여 후손들에게 짐을 주지 않기 위해서 관공서에 등록하였습니다.
막상 이런저런 준비를 다 하고 나니 하루하루가 여느 때와 달리 보였습니다. 허투루 보낼 수 없습니다.
스피노자는 "내일 지구의 종말이 오더라도 나는 사과나무 한 그루를 심겠다"라고 했습니다. 나도 마찬가지입니다.
액티브 시니어(active senior)로서 활기차게 살아가려 합니다. 단 하루라도 재미있게 살아야 그게 행복한 삶이라고 생각합니다. 무엇보다 혼자서도 고물고물 잘 놀아야 합니다. 그래야 후회가 없기 때문입니다.
훗날, 이 땅을 떠날 때에는 "그래, 재미있게 잘 살고 간다. 고맙다"라는 유언을 남기고 싶습니다. 이것이 바로 절망 속의 희망이 있는 삶이 아니고 무엇이겠습니까?

건강 수명을 증진하는 길

아침 운동 후 샤워를 끝내고 책상에 앉는 이 시간이 제일 행복합니다.
아침부터 스트레칭하고 난 후 동호인들과 테니스를 신나게 치고 나면 신바람이 절로 납니다. 중간에 각종 운동 기구를 이용하여 체력을 다집니다. 댄스스포츠 동작을 스스로 익혀봅니다. 골프 스윙 연습도 곁들입니다. 두 시간이 후딱 지나갑니다.

노인의 건강을 유지하는데 큰 도움이 됩니다.

건강하게 오래오래 살고 싶은 게 모든 이들의 소망일 것입니다.

하지만 그 누구도 생로병사의 큰 흐름을 바꿀 수 없습니다.

누구나 죽습니다. 그래서 죽음은 공평합니다.

애플의 창업자인 스티브 잡스의 말입니다.

"아무도 죽기를 원하지 않는다. 그래도 죽음은 우리 모두의 숙명이다. 아무도 피할 수 없다. 왜냐하면 삶이 만든 최고의 발명품이 죽음이기 때문이다."

나와 같은 해, 1955년에 태어나 세계적인 기업, 애플을 키우고 췌장암으로 56세의 짧은 생애를 마감했습니다.

그렇습니다. 죽음이 없다면 하루하루를 사는 의미가 없다고 생각합니다. 톨스토이는 "이 세상에 죽음만큼 확실한 것은 없다. 그런데 사람들은 겨우살이는 준비하면서도 죽음은 준비하지 않는다"라고 했습니다.

갈 때 가더라도 죽는 날까지 내 두 발로 걷고 또록또록한 정신으로 가족과 친지들에게 유언을 남기고 홀연히 떠나고 싶습니다.

그러기 위해서는 건강 수명을 늘리는 훈련이 필요합니다.

일본 도쿄에 살면서 터득한 일본인들의 건강 수명을 증진하는 모습입니다. 우리보다 수년 이상 건강 수명이 길다고 하니 시사해 주는 바가 많습니다.

첫째, 소식(小食)입니다. 밥그릇에 고봉으로 수북이 담는 우리네와 다릅니다. 반찬도 꼭 필요한 서너 가지를 올리고 좀 부족한 듯 식사를 끝냅니다.

둘째, 신선한 음식을 골고루 먹습니다. 가까운 마트에서 신선한 음식 재료들을 자주 사서 먹습니다.

그러다 보니 집안에 냉장고가 클 필요가 없습니다. 대부분 중소형 냉장고 하나로 충분합니다. 우리는 김치를 비롯하여 오랫동안 보관해 두는 음식이 있어 대형 냉장고를 두세 대 이상 가지고 있는 것과 대조적입니다.

셋째, 가까운 거리는 걷고 자전거를 애용합니다. 아침 체조와 더불어 걷는 모임이 많습니다. 마라톤도 인기 종목입니다.

또한, 관공서나 대학 등 대중이 모이는 장소에는 어디에나 자전거 거치대가 설치되어 있습니다. 남녀노소를 불문하고 자전거는 중요한 교통수단으로 애용하고 있습니다. 대도시 도쿄에서 이러니 지방은 말할 것도 없습니다. 나도 자전거를 구매해서 타 보니 교통비가 절약되고 특히 운동이 되었습니다.

이외에도 일본 노인들은 늘 책을 가까이하고 허드렛일을 하면서 여유 있게 보내는 이들이 많았습니다. 이 모두가 건강 수명을 늘리는 것이라고 생각합니다.

인생길이 짧다면 짧은 길입니다.

60이 넘으면 지금까지 걸어온 길과 달리 이제 저승길이란 도로에 접어든다고 합니다. 멀리멀리 달리는 사람이 있고 중간에서 마감하는 사람도 있을 것입니다.

죽는 날은 태어날 때, 타고난다고 합니다. 단지 그때를 우리는 모릅니다. 노인 전문 의사들의 공통된 의견입니다.

"나이가 들면 알맞게 운동하고 충분히 휴식을 취하며 맛있는 음식을 골고루 적당히 먹어야 합니다. 그것이 건강 수명을 늘리는 길이고 복된 죽음을 맞이할 수 있는 비결입니다."

하기야 칠십 고희를 넘고 보니 이런 얘기를 안 들어도 스스로 알게 됩니다.

끝까지 완벽하게 건강을 유지하기는 어렵겠지만 오는 병은 친구로 삼아 잘 관리해 나가 최소한의 체면을 유지한 채 이 땅을 떠나고 싶습니다. 그러기 위해서는 지금처럼 건강 수명을 증진하는 여러 방안을 꾸준히 실천해 나가야겠습니다.

젊게 사는 노인

'원로 청년'이란 말이 있습니다. 이를테면 늙은 청년이란 말이지요.

나이 들어도 젊은이 못지않게 팔팔하게 사는 노인들이 늘어나고 있습니다. 너무나 바람직한 현상입니다.

일본 도쿄에서 살 때, 주위 노인들이 건강하고 검소하게 사는 모습을 보고 많이 배웠습니다. 특히, 남녀노소를 불문하고 자전거를 주요 교통수단으로 이용하고 걷기, 테니스 등 다양한 취미 생활을 하고 있었습니다.

사실 누구나 행복한 노년을 꿈꾸고 있습니다. 아프지 않고 건강하게 살다가 잠자듯이 고이 이 땅을 떠나고 싶어 합니다. 그러나 현실적으로는 그렇지 않습니다.

베이비부머(baby boomer)를 비롯하여 대부분 노인이 충분히 은퇴를 준비하지 못했습니다. 노인 빈곤층이 늘어나다 보니 노인 자살률도 덩달아 올라가고 있습니다. 한편으로는 젊은이들이 결혼을 기피하고 자녀를 낳지 않아 인구가 감소하고 있습니다. 큰 문제입니다.

눈을 돌려 북유럽이나 선진국의 노인들을 봅시다. 그들은 은퇴(retire)가 곧 행복(happiness)이라고 합니다. 충분한 연금과 소일거리가 많기 때문입니다. 참으로 부럽습니다.

나를 비롯하여 주위에 젊게 사는 노인들의 특징을 들어봅니다.

첫째, 건강을 위해 쉼 없이 노력합니다. 노년에는 그 무엇보다 건강이 최고입니다. 자기에게 맞는 운동을 꾸준히 합니다.

둘째, 취미 생활을 활발하게 합니다. 잘 놀아야 인생의 맛을 느낍니다. 가지 수가 많을수록 좋다고 생각합니다.

셋째, 은퇴 자금이 어느 정도 풍족해야 합니다. 연금 등 현금성 자산이 중요합니다. 부동산이 아무리 많아도 현금화하지 않으면 소용이 없습니다. 거듭 강조하지만, 연금이 중요합니다. 자식보다 더 중요합니다.

내 경우는 국민연금, 퇴직 연금에다가 주택 연금까지 더하여 비교적 안정적인 수입원을 마련했습니다.

넷째, 끊임없이 공부합니다. 나이 들어서도 책을 늘 가까이해 '배움의 즐거움'을 느낍니다.

다섯째, 매사 긍정적인 자세로 베풀며 살아갑니다. 인생 상담을 하며 큰 인기를 끌고 있는 법륜 스님처럼 그 어떤 경우에도 낙관적인 인생관을 가지려고 합니다. 크게 노욕을 부리지도 않습니다.

주어진 환경에서 자족하는 삶을 영위하려고 합니다. 비록 풍족하지 않지만, 이웃과 나누며 손해 좀 보면서 살아가려고 합니다. 그것이 진정한 손해가 아니기 때문입니다. 나를 비롯한 많은 분이 신앙생활을 하면서 '주면 남는 진리'를 실천하며 살아가고 있습니다.

이제 칠십 고개를 넘었습니다. 육체적으로는 어쩔 수 없겠지만 노력 여하에 따라 얼마든지 젊게 살아갈 수 있다고 믿습니다.

고쳐서 사는 인생

　겨우내 그런대로 잘 사용했던 자전거가 말썽을 부려 체인, 변속기 등을 가는 등 대대적인 수리를 맡겼습니다. 12년 된 중고이지만 달려보니 얼마나 부드럽게 잘 나가는지 새 자전거를 탄 기분입니다.
　모처럼 고향을 향해 경부 고속도로를 달리니 곳곳에 도로 보수 공사가 시행되어 서행하는 곳이 많았습니다.
　사람도 마찬가지라고 생각합니다. 세월이 흐르다 보니 몸의 이곳저곳에서 탈이 나고 고쳐야 할 곳이 생겨납니다.
　특히 늙으면 더 그렇습니다. 그러면 하루라도 빨리 고쳐야지 비용이 적게 들고 삶의 질도 올라갑니다. 저절로 건강 수명이 연장됩니다.
　돌이켜보니 백내장 수술, 치질 수술, 임플란트 시술 등 탈이 난 곳을 치료해 왔습니다. 심지어 초기 편도암도 일찍 발견하여 잘 극복해 냈습니다.
　요즘 초기 고혈압을 관리하고 치과 비용도 적잖이 들어갑니다.
　옛날 충치 치료 후 덮어씌운 이빨이 구멍이 나서 두 개를 다시 하게 되었습니다. 비용이 개당 50만 원 정도 들었습니다. 그래도 더 망가지기 전에 예방적으로 하는 것이라 비용이 아깝지 않습니다. 칠십 대에 들어서도 잘 씹을 수 있다면 큰 축복이라 여겨집니다.

　인간이 사용하는 모든 물건이 그렇듯이 오랫동안 사용하면 수리할 수밖에 없습니다.

　사람도 마찬가지입니다. 정신과 육체가 고장이 나면 제때 고쳐야 합니다. 예방 차원에서 미리미리 대비한다면 그게 가장 바람직한 자세라고 생각합니다.

　온전한 인간은 이 세상에 한 사람도 없으니까요.

중용에서 배우는 노년의 건강

살다 보면 뜻하지 않게 행운이 찾아오는 때가 있습니다.
행복이 주어지는 때가 있습니다. 불쑥 나타난 행운과 행복을 낯 설어 하고 어색하게 대하곤 합니다. 그만큼 힘겹게 지난 세월을 살아왔다는 얘기일 것입니다.

행복의 여러 가지 요소 가운데 가장 중요한 것은 뭐니 뭐니 해도 건강일 것입니다. 특히 노년의 건강은 행복의 반 이상을 차지한다고 해도 과언이 아닐 것입니다.

시중에는 건강에 관한 수많은 정보가 쏟아져 나오고 있습니다. 음식과 운동을 강조하고 무엇보다 꾸준히 하라는 것으로 의견을 모을 수 있을 것입니다. 그런데 너무 과해도 문제가 된다는 것입니다.

건강에도 중용의 도리가 적용된다고 하겠습니다.

중용(中庸)은 가운데 중(中), 떳떳할 용(庸)입니다. 공자의 손자인 자사(子思)가 짓고 사서(四書: 대학 논어 맹자 중용) 중의 하나입니다.

중(中)은 한편으로 치우치거나 기울지 않고 과불급이 없는 것이며 용(庸)은 평상을 말한다고 주자(朱子)는 정의했습니다. 중용을 실천하는 일

은 일상의 삶에서 이루어지며 그 여부에 따라 군자와 소인의 구분이 된다고 합니다.

  사실 균형 잡힌 삶을 영위하기가 쉽진 않습니다. 일도 그렇고 건강 또한 그렇습니다. 다 쓸데없는 욕심이 지나쳐서 무리하기 때문입니다.

  특히, 노년에는 운동을 적당히 하고 먹는 것도 골고루 섭취해야 하는데 이게 그렇게 어려운지 모르겠습니다.

  칠십이 넘으면 더더욱 중용의 삶이 필요하다고 생각합니다. 건강 수명을 연장하고 행복한 노년을 보낼 수 있는 밑거름이 되기 때문입니다.

오늘 하루 살아있음이 기적입니다

두 시간여 아침 운동(테니스, 근육 운동 등)을 하고 샤워와 아침 식사를 끝내고 이렇게 책상에 앉으니 너무 좋습니다. 혈액 순환이 좋아지고 베스트 컨디션(best condition)이라 무엇이든지 해 낼 것 같습니다.

천국이 따로 있는 게 아니라 이게 천국이 아닌가 생각합니다.

그리고 칠십이 되어 생각하니 운동하고 공부할 수 있는 것이 얼마나 큰 축복인지 새삼 깨닫게 됩니다.

나아가 아랫글을 읽으니 걷고 숨 쉬는 것도 기적이라네요.

아니, 더 나아가 살아 있음이 기적이라니 하루하루가 기적이네요.

우리 주위에 대소변을 남에게 의지하고 누워서만 지내는 사람들이 수도 없이 많다고 합니다.

그러고 보니 소소한 일상들이 다 기적입니다.

다른 것은 몰라도 화장실은 내가 스스로 이용하고 2~3일 누워서 앓다가 이 땅을 떠난다면 가장 멋진 인생의 마무리가 아닌가 생각합니다.

그런 의미에서 오늘도 기적이 가득한 하루를 시작합니다.

기적을 사는 삶

인생을 사는 방법은 두 가지입니다. 하나는 아무 기적도 없는 것처럼 사는 것이요, 다른 하나는 모든 일이 기적인 것 같이 사는 것입니다. 우리는 하늘을 날고 물 위를 걷는 기적을 이루고 싶어 안달하며 무리를 합니다. 땅 위를 걷는 것쯤은 당연한 일인 줄 알고 말입니다.

그러나 몸이 불편해서 누워 있는 사람이 가장 원하는 것이 무엇일까요? 혼자서 일어나고, 좋아하는 사람들과 웃으며 이야기하고, 함께 식사하고, 산책하는 아주 사소한 일이 아닌가요? 다만, 그런 소소한 일상이 기적이라는 것을 깨달을 때는 대개는 너무 늦은 다음이 되고 맙니다.

기적을 이루려고 물 위를 걸을 필요가 없습니다. 공중으로 부양할 필요가 없습니다. 그냥 걷기만 해도 기적입니다. 그냥 숨 쉬는 것도 기적입니다. 오늘 하루 살아 있음이 기적입니다.

출처: 투데이 타임즈(www.todaytimes.co.kr)

회춘

요즘 주위 분들이 내가 회춘(回春)했다고 합니다.

도로 젊어졌다니 좀 과한 칭찬입니다. 칠십에 오르니 하루가 후딱 지나갑니다. 참말로 빠릅니다.

하기야 인생 60대는 해(年)마다 늙고, 70대는 다달(月)이 늙고, 80대는 나날(日)이 늙고, 90대는 때(時)마다 늙는다고 하지 않았던가요.

여러 가지 취미 생활을 하고 있습니다.

그중에 테니스, 골프, 댄스에 한정하여 봅시다.

먼저 테니스입니다. 근 오십 년 동안 매일 아침 테니스 코트를 찾고 있습니다. 나이 들어감에 따라 실력이 줄어드는 것이 정상인데 요즘 반대로 늘어났습니다. 일단 코트에 들어가면 최선을 다합니다. 스트로크, 서비스, 스매싱 등은 조언을 받아 더 강해졌습니다.

골프도 그 옛날의 실력에 많이 근접했습니다. 필드에서 싱글 스코어를 달성하고 동호회의 스크린 골프에서도 준수한 성적을 올리고 있습니다.

댄스도 실력이 한 단계 업그레이드(upgrade)되었습니다. 사교댄스뿐만 아니라 왈츠, 탱고, 룸바 등 댄스 스포츠에서도 눈에 띄게 실력이 늘었습니다. 꾸준하게 돈을 주고 배운 덕분입니다. 노력도 무지하게 하지만. 이쯤 되니 회춘했다는 말을 듣는 가 봅니다.

기분이 좋긴 하지만 조심스럽게 걱정도 됩니다.

호사다마(好事多魔), 즉 좋은 일에는 흔히 방해되는 일이 많다고 하니 말입니다. 아닌 게 아니라 벌써 그런 징조가 나오고 있습니다.

앞에서도 얘기했지만 원치 않는 무서운 질병이 찾아와서 큰 곤욕을 치렀습니다. 최근에는 좀 무리한 탓에 허리 밑 부분이 약간 결리고 통증이 있었습니다. '낫겠지' 하고 준비 운동을 충분히 했는데도 불구하고 가시지 않아 병원을 찾았습니다.

다행히 뼈는 이상이 없고 가벼운 증상이니 걱정하지 말고 운동 강도를 좀 줄이라는 처방입니다.

내가 생각해도 너무 과했습니다. 아침 테니스 게임은 한두 게임으로 줄여야 하는데 서너 게임을 엄청 빡세게 하니 칠십이 된 노인이 무리임에 틀림이 없습니다.

그래도 회춘했다는 소리를 들으니 싫지는 않습니다. 물론 나이 들면 자연적으로 늙는 건 막을 수 없겠지만. 이후에도 나이보다 젊다는 소리는 계속 듣고 싶습니다.

건강하게 장수하는 노인들의
소소한 생활 습관 4가지

바야흐로 100세 시대라고들 합니다.

평균 수명이 길어지고 100세를 넘기고도 정정하게 활동하는 사람이 늘어나고 있습니다. 하지만 아직도 보통 사람들은 평균 수명을 살다가 예외 없이 다 땅속으로 들어갑니다. 다들 같은 생각이겠습니다만 건강하게 오래 살아야 진정한 의미의 장수라 하겠습니다.

100세 가까이 살면서도 비교적 건강하게 살아가는 노인들의 삶을 살펴보니 특별한 비결이 있는 것이 아니라 그저 소소한 것들이었습니다.

먼저 직접 재배한 건강한 식재료를 사용하고 있습니다. 농약을 쓰지 않고 직접 기른 채소 등을 먹는 것이 가장 기본적인 장수 비결이었습니다.

둘째로 소식, 즉 적게 먹고 많이 씹으며 천천히 먹기입니다.

오키나와 장수촌 노인들의 경우, 남성은 1,400kcal, 여성은 1,100kcal 정도로 소식을 합니다. 또한 저열량 식품을 30~40회 이상 천천히 오래 씹으면 자연스럽게 소식을 하게 된다는 것입니다.

셋째로 불포화 지방산의 섭취입니다.

생선, 올리브유, 견과류, 참깨 등은 동물성 지방에 비해 혈관을 튼튼하게 해 심장 질환 및 고혈압, 뇌졸중 등을 예방하는데 탁월하다고 합니다.

넷째로 꾸준한 운동과 일광욕입니다.

운동의 중요성은 아무리 강조해도 지나치지 않습니다. 특히, 야외에서 햇볕을 받으면서 활발하게 움직이면 비타민 D가 풍부해져 면역력이 높아지고 뼈가 튼튼해진답니다.

따지고 보니 정말 특별한 게 아닙니다. 조금만 신경을 쓰면 누구나 얼마든지 할 수 있는 소소한 것들입니다.

건강하게 살다가 한 2~3일 앓고 나서 자연으로 돌아가면 그게 제일 행복한 사람이 아닌가 생각합니다.

나이 들어 스트레스를
덜 받는 나만의 비결

　은퇴 이후에는 현역에 견주어서 스트레스를 비교적 적게 받지만 그래도 무시할 수 없습니다. 알다시피 우리나라의 노인 빈곤율과 자살률이 OECD 국가 가운데 1위를 달리고 있는 지가 오래입니다.
　무엇이 노인들을 이렇게 만들었는가? 돈인가, 외로움인가, 스트레스인가.
　이 가운데 스트레스에 대해 생각해 봅니다.
　나이 들면 몸과 마음이 약해진 탓에 조그마한 일에도 잘 삐집니다. 그 이유는 내가 옳다는 생각이 강하기 때문입니다.
　법륜 스님의 처방전입니다.
　"서로 다름을 인정하고 상대방의 처지에서 생각하면 그럴 수도 있겠구나"라고 생각하면 스트레스가 확 줄어든다는 것입니다.
　옳으신 말씀입니다.
　대부분 스트레스가 상대편의 입장을 고려하지 않고 내 위주로만 생각하다 보니 생겨납니다.
　70년을 살아보니 스트레스를 덜 받는 나만의 비결을 찾아냈습니다.

"화 내지 마시라. 화내는 사람이 언제나 손해를 본다오. 화내는 자는 자기를 죽이고 아무도 가까이 오지 않아서 늘 외롭고 쓸쓸하다오"
　　　　　　　　　　　　　　－김수환 추기경

첫째, 조금 부족하고 조금 손해 보는 듯 살아야 한다는 것입니다.

인간은 누구나 상대가 자기보다 낫다고 생각하면 괜히 기분이 나빠집니다. 그리고 너무 계산적이지 말고 좀 손해 보면(사실 큰 손해는 아닙니다) 싫어할 사람이 없습니다.

둘째, 조금 져주는 듯 살면 스트레스가 오다가도 도망갑니다.

나이 들면 져주어야 할 상대가 많습니다. 가장이면 아내에게, 그리고 자녀들에게도 내 주장만을 펼칠 수 없습니다.

이젠 좀 져주어야 합니다. 동호회나 각종 사회단체에서도 잘난 체는 절대 금물입니다. 설사 자기가 주장하는 것이 맞다고 해도 그렇습니다. 지는 게 이기는 것입니다.

셋째, 그래도 스트레스를 받을 위기에 처했다면 절대로 그 자리에서 맞대응을 하지 말라는 것입니다. 그 순간을 참으면 곧 평화가 찾아옵니다. 화가 풀리면서 스트레스가 날아갑니다.

하지만 나도 여러 번 실패했습니다. 도저히 참을 수 없을 정도의 수많은 경험을 했습니다.

최근에 겪은 사례입니다.

내 차를 가로막아 주차하는 바람에 차를 뺄 수 없어 전화했더니 되레 큰소리를 치고 나왔습니다. 아들뻘도 안 되는 젊은이라 한마디 한 것이 상상을 초월하는 반응을 보였습니다. 끝까지 참았으면 스트레스를 받지 않았을 것입니다.

또 하나의 스트레스 대처법입니다.

나는 테니스, 골프, 댄스, 색소폰, 장구 등 동호회 모임이 많습니다. 그런데 어떤 모임에서나 솔선수범을 합니다. 청소도 하고 밥도 삽니다.

정치적으로 노선을 달리하는 내게 도가 넘치는 얘기를 해도 참고 넘깁니다. 정 못 참으면 그 자리에 참석하지 않으면 됩니다.

지금까지는 잘해 왔습니다. 앞으로도 변치 않을 것입니다.

정신이 건강해야 육체도 건강합니다.

입은 닫고 지갑을 열면 만사형통이라고 생각합니다.

어떻게든 스트레스를 다스려야 합니다. 스트레스는 만병의 근원이기 때문입니다.

그래도 웃어야 합니다

웃음은 만병통치약이라고 합니다.

웃으면 엔도르핀이란 호르몬이 분비되고 혈액 순환이 원활해져 건강해진다는 얘기입니다. 이제 상식이 되었습니다.

선현들은 긍정적인 자세를 늘 강조하였습니다. 성경에도 "항상 기뻐하라. 쉬지 말고 기도하라. 범사에 감사하라"라고 했습니다.

단서가 하나도 없습니다. 어떠한 어려움이 닥치더라도 기뻐하고 감사하라는 것입니다. 삶의 지혜를 여기서 찾을 수 있습니다. 어쩌면 살아있다는 그 자체가 축복이라 할 수 있습니다.

좀 더 잘살아 보자는 욕망이 지나치다 보니 조그만 실패에도 웃음은커녕 큰 상심에 빠집니다. 경제적인 어려움을 참지 못하고 온 가족과 함께 극단적인 선택을 하기도 합니다. 참으로 안타까운 일입니다.

우리 현실을 좀 더 살펴봅시다.

경제면에서 앞날이 너무 어둡습니다.

문을 닫는 가게가 눈에 띄게 늘어나고 있습니다.

금리 인상과 더불어 각종 물가가 하루가 다르게 오르고 있습니다.

일본의 경우가 우리에게 많은 시사점을 던져주고 있습니다.

경기 악화로 인한 잃어버린 20년을 거치면서 많은 젊은이들이 직장을 얻지 못하고 집에만 처박혀 있는 소위 히키코모리가 되었습니다.

지난 번에 일본에서 일어났던 아베 전 수상의 저격범도 표면적으로는 종교적인 사유를 들지만 그 이면에는 히키코모리가 범죄를 유발했다는 전문가들이 많습니다.

우리나라도 예외는 아닐 것입니다.

베이비부머(baby boomer)들은 경기가 좋아 그런대로 잘 살았습니다.

집을 사고 아이들 교육을 시키면서 부모님들께 효도도 하면서 가장의 역할을 해 왔습니다.

요즘 젊은이들을 보면 앞날이 밝지 못합니다. 아니 너무 어둡습니다. 3포(연애, 결혼, 출산 포기)를 넘어 5포(3포+내 집 마련, 인간관계 포기), 7포(5포+꿈, 희망)까지 이르렀습니다.

나아가 포기해야 할 특정한 숫자가 정해지지 않고 여러 가지를 포기해야 하는 'N포 세대'라는 신조어가 나왔습니다.

그러다 보니 '이생망(이번 생은 망했다)'이란 자조 섞인 탄식에까지 이르렀습니다. 보통 문제가 아닙니다.

모든 세대가 골고루 잘 살아야 하는데 젊은이들이 꿈을 펼치지 못하고 안주한다면 이 나라의 장래는 없다고 생각합니다.

다시 허리띠를 졸라매야 합니다.

이럴 때일수록 웃어야 합니다.

건강한 몸과 마음이 있어야 무엇이든지 할 수 있습니다. 웃음은 건강뿐만 아니라 좋은 일자리도 얻을 수 있는 기본 요소입니다.

나이 들어감에 따라 점점 웃는 일이 줄어듭니다.

혼자서 지내야 하는 시간이 늘어납니다.
이러다 보니 점점 고독해 집니다.
나는 아침 테니스 동료들과 운동하면서 제일 많이 웃습니다.
나뿐만이 아니라 같이 운동하는 모두가 많이 웃습니다. 늘 화기애애합니다. 칠십 고개를 넘었지만, 여전히 건강을 지켜온 데는 테니스가 크게 이바지했다고 생각합니다. 테니스장에는 늘 웃음이 가득합니다.

웃으면 건강해집니다.
웃으면 복이 옵니다.
꽃 중의 꽃이 있습니다.
그것은 바로 웃음꽃입니다.
웃음꽃은 계절과 관계없이 늘 피어납니다.
힘겹게 살아가는 분들과 웃음을 나누고 싶습니다.
그래도 웃어야 참 행복이 찾아오니까요.

'허허허(her her her)'
남자가 좋아하는 웃음이랍니다.

'히히히(he he he)'
여자가 좋아하는 웃음이라네요.

허허허!!!
히히히!!!

웃음으로 힘찬 하루를 엽니다.

걷는 것이 기적입니다

봄이 무르익고 있습니다.

목련, 진달래, 벚꽃에 이어 아카시아꽃이 만발하여 그 진한 향기가 코끝을 스치고 있습니다. 이제 밤꽃 차례입니다. 묘한 향기로 인해 뭇 여성들이 좋아한다니 제일 늦게 찾아오는 가 봅니다.

우리 집 뒷산, 야트막한 '당산미[1]'를 오르면 늘 봄꽃들과 만납니다. 전에는 몰랐는데 은퇴 후 자세히 보니 너무 좋습니다.

자연의 신비를 깨닫게 됩니다.

무엇보다 건강한 내 두 발로 힘차게 걸어서 꽤 가파른 길을 오를 수 있으니 감사한 마음이 절로 납니다. 따지고 보니 산 밑에 수많은 사람이 살고 있지만 산에 오르고 싶어도 제대로 걸을 수 없어 포기하는 경우가 많습니다.

중국 속담에 "기적은 하늘을 날거나 바다 위를 걷는 것이 아니라 땅에서 걸어 다니는 것이다"라는 말이 있답니다. 나이 들어감에 따라 주위 선

---

[1] 김포 고촌 소재, 해발 94.4m.

배들이 하나둘 모습을 보이지 않아 실감이 납니다.
 수십 년째 이어오는 아침 테니스장에서도 마찬가지입니다.
 그렇게 호탕하게 잘 놀고 테니스도 젊은이들 못지않게 잘 쳤었는데 어느 날부터 모습이 보이지 않습니다. 우연히 길거리에서 만났는데 다리가 고장이 나 걷는 것도 시원찮다는 얘기를 들었습니다.
 남의 얘기로 들리지 않았습니다.
 나도 칠십 고개를 넘었으니, 앞으로 얼마나 더 이렇게 팔팔하게 뛸 수 있을지 걱정이 앞섭니다.
 소설가 고 박완서 씨의 에세이, '일상의 기적'에서 한 얘기입니다.
 말년에 건강하던 몸이 하나둘 말을 듣지 않으면서 우리 몸의 소중함을 숫자로 재미있게 표현했습니다.

"안구 하나 구매하려면 1억 원이라고 하니 눈 두 개를 갈아 끼우려면 2억 원이 들고, 신장을 바꾸는 데는 5억 원, 간 이식하는 데는 7천만 원, 팔다리가 없어 의수와 의족을 끼워 넣으려면 더 많은 돈이 든답니다.
 지금 두 눈을 뜨고 두 다리로 건강하게 걸어 다니는 사람은 몸에 51억 원이 넘는 재산을 지니고 다니는 것과 같습니다.
 그 어떤 자동차보다 비싼 두 발 자가용을 가지고 세상을 활보하고 있다는 기쁨을 우리는 잊지 말아야겠습니다."

 실감이 납니다.
 건강한 노인들은 독일 차 BMW(?)를 애용한다는 유머 아닌 유머가 있습니다. 이를테면 버스(Bus), 지하철(Metro), 걷기(Walking)의 준말인데 대중교통을 이용하면서 부지런히 걸어야 건강하다는 말입니다.

지하철 계단을 오르내리고 버스 정류장까지 걷다 보면 어느 샌가 만보를 채우게 됩니다. 계속 실천하려고 노력합니다.

오늘은 일요일입니다.

어제가 주일인 것 같았는데 벌써 한 주가 후딱 지나갔습니다.

잠시 왔다가는 세상이란 말이 그냥 생긴 게 아닌 모양입니다.

문득 신실한 권사님이 생각납니다. 매일 아침 새벽 기도회에 참석하면서 가장 오랫동안 자리를 지키는 할머니 권사님이었습니다.

담임 목사님께서 같이 기도를 하면서 권사님의 기도를 엿들었습니다. 한데 똑같은 기도를 드리고 있었습니다.

"주님 그저 그저 감사합니다."

짤막한 기도이지만 그 안에 모든 것이 담겨져 있었습니다.

바람직한 기도라고 생각합니다. 이제껏 건강하게 잘 지켜주셨는데 또 무엇을 달라고 하면 욕심이니까요.

"주님, 이 아침에 걷는 것이 기적임을 깨닫게 하시니 감사합니다. 이 땅을 떠날 때까지 남의 손을 빌리지 않고 제 발로 걸을 수 있는 은총을 베풀어 주옵소서."

감정과 사랑은 은퇴가 없습니다

성경에 "우리의 연수가 칠십이요 강건하면 팔십이라도 그 연수의 자랑은 수고와 슬픔뿐이요 신속히 가니 우리가 날아가나이다"라고 덧없는 인생을 노래했습니다.

이렇듯이 인생은 100년도 못살고 대부분 이 땅을 떠나야 합니다.

어떻게 사는 것이 가장 바람직한 인생인지 잠시 생각해 봅니다.

인간답게 사는 것이 정답이겠지요. 한데 살아가면서 인간답게 살고 싶지만 그게 뭔지 헷갈립니다. 그것은 즐겁게 놀고 할 일을 다 하는 것이라고 생각합니다. 혼자서도 고물고물 잘 놀면서 이 땅에서 맡겨진 사명을 다하고 간다면 금상첨화이겠지요.

가난하고 늙었다고 해도 사랑의 감정이 없을까요?

천만의 말씀입니다.

그것은 기한이 없고, 살아 있는 한 무한대라고 합니다. 늙은이의 육체는 은퇴가 있어도 감정과 사랑 그리고 인간애는 항상 현역으로 남아 있습니다. 가슴에 불을 댕기면 70대, 80대도 영원한 현역으로 남습니다.

그렇습니다. 감정과 사랑은 정녕 은퇴가 없습니다.

쉬어가야 삽니다

"10분의 휴식이 생명을 살립니다."

고속도로를 달리다 보면 나타나는 표어입니다. 2시간 운전하고 15분 정도 쉬어가라는 친절한 안내를 덧붙입니다.

실제로 조금 더 일찍 도착하려고 무리하다가 사고를 내는 경우가 많다고 합니다. 나도 경남 거제에서 강의를 마치고 무리하게 밤 운전을 쉬지 않고 하다가 아찔한 경우를 당했던 기억이 있습니다.

이번 추석 연휴는 유난히도 도로가 막혔습니다. 코로나 이후 첫 거리두기가 완화되고 태풍이 지나간 연후라 그런지 운전대를 잡은 사람이 평소보다 늘어났습니다.

평상시에는 김포에서 고향 김천까지 서너 시간이면 가는 거리인데 추석 전날 새벽 5시에 출발해서 오후 4시가 넘어서 도착했으니 무려 11시간이 걸렸습니다.

경부선 도로가 차로 꽉 메워졌습니다. 중간에 국도로 우회하라는 티맵의 안내에 따라 나갔는데 거기도 만원이었습니다.

그런데 용변이 급했는데 휴게소를 찾을 수 없었습니다. 궁하면 통한다고 했던가요. 근처에 경찰서가 있었습니다. 무조건 들어가 민원실에 있는 화장실을 편리하게 이용할 수 있었습니다.

추석 감사 예배를 드리고 조상의 산소도 찾아뵈었습니다. 벌초하다 조금 남긴 부문을 말끔하게 정리했습니다. 여느 때 같았으면 성묘를 끝내고 바로 귀경길에 올랐었는데 이번은 예외였습니다.

낮에 땅콩을 수확하고 저녁 9시경에 출발하였는데 대덕 근처에서 좀 밀리고 6시간 정도밖에 걸리지 않아 집에 무사히 도착했습니다.

시간대 별로 이런 차이가 있었습니다.

이번 추석에 고향을 오가면서 '쉬어감'의 지혜를 새삼 깨닫게 되었습니다. 돌이켜보니 칠십 년을 살아오면서 쉼 없이 달려왔습니다. 때론 충분한 휴식이 필요했는데도 그냥 내달려오지 않았는지 반성해 봅니다.

인생길에 길잡이 역할을 해주는 법정 스님의 '쉬어가는 삶'에 대한 말씀 가운데 한 부분입니다.

"무엇에 집착하지 않는 마음으로 묵묵히 쉬면서 천천히 가라.
쉼은 삶의 정지가 아니라 중요한 부분이다.
쉼이 없는 삶은 삶이 아니라 고역일 뿐이다.
쉼이란 놓음이다. 마음이 해방되는 것이다.
마음으로 벗어나 쉬는 것이다."

결국 이 세상에 영원한 것은 없고 인생도 잠시 쉬어가는 것이라고 설파하셨습니다.

옳으신 말씀입니다.

고속도로를 달리다 보면 적당한 거리에 휴게소가 설치되어 있습니다. 사고를 미연에 방지하기 위해 쉬어가는 장소입니다. 고속도로 휴게소에서 15분이 아니라 잠시 눈을 붙여도 큰 효과를 봅니다. 남은 거리를 더 안전하고 쾌적하게 운전할 수 있기 때문입니다.

인생길도 마찬가지라고 생각합니다.

특히 노년은 인생을 정리하는 기간입니다. 그래서 더 쉼이 필요합니다.

이번 추석 연휴를 보내면서 쉬어감의 지혜를 잠시 생각해 봤습니다.

남은 인생길에도 적당히 쉬어가는 삶의 휴게소를 많이 이용해야겠다는 다짐을 해봅니다.

잠, 보약 중의 보약입니다

"잠이 보약이다"라는 말이 있습니다. 밥이 보약이요, 잠도 보약이라는 것입니다. 둘 다 우리 몸에 소중합니다.

여기에 쾌변 하나만 더 보태면 인생 만족인 3쾌가 됩니다.

이른바 쾌식, 쾌변, 쾌면입니다. 정말 푹 자고 아침에 제시간에 일어나면 개운하고 몸에서 힘이 납니다.

사람마다 약간의 차이는 있지만 성인의 경우, 하루에 보통 7~8시간 수면을 취해야 정상이라고 합니다. 주위에 머리만 붙이면 잠이 들어 아침에 일어난다고 하는 친구들이 있습니다.

정말 부럽습니다.

그런데 수면 부족으로 여러 가지 문제를 겪는 사람이 전 세계적으로 약 20%가 넘는다고 합니다. 나도 간혹 저녁 늦게까지 책을 보거나 글을 쓰다가 자는 시간을 놓쳐서 다음 날 곤혹스러운 때가 있습니다.

오늘 뉴스를 보니 축구 스타 손흥민 선수도 한때는 불면증에 시달려 고생을 했다고 합니다. 고민 끝에 수영장과 체육관이 곁에 있는 집으로 이사를 가서 경기가 끝나면 자주 이용하여 스트레스를 풀고 차츰 불면에서 헤어났다고 하네요.

나는 경로 대학이나 주부 대학의 초청 강의를 나갈 때, 꼭 3쾌(쾌식 쾌변 쾌면)에 대해 강조합니다. 그중에 쾌면, 즉 잘 자는 것은 쾌식이나 쾌변 못지않게 중요하다고 생각합니다.

말이 나온 김에 수면 부족일 때, 나타나는 증상을 조사해 보았습니다.

첫째, 혈압을 증가시킨다.
둘째, 식욕이 증진된다.
셋째, 면역 체계가 약해진다.
넷째, 인지 장애가 발생한다.
다섯째, 스트레스를 받고 우울해진다.
여섯째, 제2형 당뇨병의 위험이 증가한다.
일곱째, 체중이 증가할 수 있다.
여덟째, 염증 가능성이 높아진다.

하나같이 우리 몸의 건강을 위협하는 요소가 많습니다.
특히 노인들은 치매 즉 인지 장애가 걱정입니다.
그 이유는 뇌에 생긴 노폐물은 잠을 자는 동안 없앨 수 있는데 수면 부족으로 인해 뇌에 노폐물이 쌓여 그 결과 우울증이나 치매가 찾아온다는 것입니다. 사실 암보다 무서운 것이 치매라고 할 수 있을 것입니다.
지금까지 이러한 치매를 완치할 수 있는 약이나 방법은 없습니다. 예방이 최선입니다. 전문가들은 건강한 식습관과 정기적인 운동을 하고 머리를 많이 굴리는 인지적 활동을 강조하고 있습니다.
책을 많이 읽고 악기 연주나 외국어를 배우는 것도 좋은 방법이라고 합니다.

　여기에 잠을 잘 자는 것이 치매 예방책의 하나라고 하니 새겨들어야겠습니다. 그렇다면 잠을 잘 자는 묘책이 무엇인지 궁금합니다.

　우선 전문가들의 얘기를 들어봅시다.

　첫째, 규칙적으로 잠자는 일정을 유지해야 한다.

　둘째, 스마트폰이나 디지털 기기의 사용을 가능한 한 제한한다.

　셋째, 일상적인 운동을 꾸준히 한다.

　넷째, 편안한 침실 환경과 적정한 수면용품을 활용한다.

　다섯째, 스트레스를 잘 관리한다.

　다 맞는 얘기인 것으로 들립니다.

　내 경우, 취침 전에 발끝 치기를 천 번 이상하고 수면 안대를 착용하여 잠들기 편안하게 합니다.

　나이가 칠십에 들어서니 초저녁에 잠이 오는 경우가 많습니다. 그리고 중간에 한두 번 깨서 소변을 보고 잡니다. 또 아침에 테니스를 과하게 치는 날은 오전에 잠깐 눈을 붙여야 컨디션이 좋아집니다.

　성경에서 "하나님께서는 사랑하는 자에게 잠을 주신다(시편 127편 2절)"라고 했습니다.

　보약 중의 보약이 잠이라고 생각합니다.

　한 가지 더 욕심을 부려봅니다.

　잠자면서 조용히 이 땅을 떠날 수 있다면 얼마나 좋을까요?

　그것이 노년에는 최고의 복이라고 생각합니다.

　다시 한번 강조하지만 잠이 보약입니다. 보약 중의 보약입니다.

치아 건강과 치매 예방

오늘(6월 9일)은 '구강 보건의 날'입니다.
치아 관리를 잘해야 건강하게 오래 살 수 있다고 합니다.
옛날부터 이빨은 오복(五福) 중의 하나로 쳤습니다.
그만큼 소중하다는 것입니다.
농담으로 치과 의사가 제일 싫어하는 말이 "이빨이 없으면 잇몸으로 씹는다"라고 큰소리치는 사람이랍니다. 웃자고 하는 소리이지만 잇몸으로 씹는 것이 이빨로 씹는 것에 비할 수 있겠습니까?
주위에 팔구십이 넘게 팔팔하게 살아가는 분들 가운데 아직도 자기 본 니를 가지고 잘 씹어 먹는 분들이 계십니다.
부럽습니다. 이빨이 튼튼해야 음식을 잘 씹어서 소화 기관에 보낼 수 있습니다. 그리고 음식 맛도 제대로 느낄 수 있습니다.
우리 몸의 어느 곳 하나 중요하지 않은 데가 없습니다. 그중에 이빨은 의과 대학에서 분리하여 치과 대학이 있을 정도로 중요합니다.
내 경우 아직도 윗니는 다 내 본(本)니입니다. 그런데 아랫니는 여러 개 임플란트를 했습니다. 그래도 늦게나마 치아 관리를 철저히 하려고 노력하는 중입니다. 다른 것도 다 마찬가지이지만 치아는 특히 예방 관리가 중요하다고 생각합니다.

"치과야말로 아프지 않을 때 찾아가고 치료비를 아끼지 말자!"라는 게 내 신조입니다.

노인의 경우는 더 그렇습니다. 관리를 잘 못 해서 비교적 젊은 나이에 틀니를 하고 다니는 사람도 있습니다.

나는 칫솔과 치실로 잘 닦고 늘 청결하게 유지하려고 노력합니다. 더해서 인근 치과를 단골로 정해 스케일링, 잇몸 치료 등을 받고 있습니다.

이빨이 튼튼해야 발음이 정확하고 대화를 잘할 수 있습니다. 나아가 강의도 잘할 수 있습니다. 평생 말로 벌어먹는 직업을 가진 교수는 특히 치아 관리를 잘해야 하는 이유입니다.

일본에 살면서 그들이 건강하게 오래 사는 이유 가운데 하나가 철저한 치아 관리에도 있다는 사실을 배웠습니다. 마을마다 치과가 있어 평소에도 철저히 관리를 합니다. 예방 의학의 실천입니다.

구강 보건의 날을 맞이하여 치아를 더 소중하게 다루어야겠다고 다짐에 다짐을 합니다.

"딱딱한 것을 씹으려면 여기 오지 마세요"라고 치아 관리를 강조하는 동네 젊은 의사의 말이 생각납니다.

이것도 역시 실천이 문제입니다.

지갑에 돈이나 카드뿐만 아니라 치간 칫솔도 늘 준비합니다. 밖에서 식사하고 난 후에도 철저히 이빨을 청소해야 하니까요.

치아 관리가 치매 예방도 된다고 합니다. 잘 씹어야 건강하고 건강해야 인생의 맛을 제대로 느낄 수 있으니까요.

'귀 마사지'로 돈 안 들이고 건강 다지기

우리 주위에 돈 들이지 않고 건강을 챙기는 비법이 참 많이 있습니다. 그중에 하나가 '귀 마사지'입니다.

나는 오래전부터 아침에 일어나면 반드시 실행하는 몇 가지 운동이 있습니다. 아침 5시에 기상하여 환기하고 누워서 발끝 치기를 천 번가량 실시합니다. 하면서 양 손가락으로 머리 두드리기, 손가락 끝 치기, 그리고 특별히 귀 마사지를 100번 이상 꼭 실시합니다.

잠에서 확실히 깨서 정신이 맑아집니다.

이어서 국선도 기본 체조를 한 후 순서에 맞추어 국민 체조를 합니다. 이어서 팔 굽혀 펴기, 무릎 꿇고 안기에 이어 뒤로 걷기를 합니다. 종류는 많지만 약 30~40분 정도에 다 할 수 있습니다. 테니스장에 가기 전에 충분히 몸을 풀기 위해 매일 아침 반복적으로 실시하는 돈 안 드는 나만의 운동들입니다.

여러 가지 건강을 유지하는 비법 가운데, 귀 마사지를 적극적으로 추천하고 싶습니다.

전문가들의 얘기를 간추려 봅니다.

귀 마사지의 효과가 큽니다.

귀 마사지는 우리 몸의 신진대사를 활발하게 해 주어 혈액의 흐름을 좋게 하고 귀 마찰로 인해 열이 오르는 과정에서 몸 안의 독소가 배출되는 효과가 있습니다.

귀에는 인체의 모든 혈 자리가 있어 10분 귀 마사지로 1시간 전신 마사지 효과를 볼 수 있습니다.

귀 마사지의 효험에 대해 좀 더 구체적으로 살펴봅니다.

① '귀 잡아당기기'는 알레르기나 편도선에 좋습니다.
② '귀 누르기'는 소화에 도움이 됩니다.
③ '귀 걸어당기기'는 체내 대사 활동을 원활히 합니다.
④ '귓불 늘이기'는 집중력을 향상한다고 합니다.
⑤ '귀 꾸기기'는 어깨와 척추의 단련에 좋다고 합니다.
⑥ '귀 마찰하기'는 무기력증에 좋습니다.

귀 마사지 중 아픈 부위가 있으면 그곳을 중점적으로 마사지해 주는 것이 좋고, 특히 혈압이 높은 편이라면 매일 아침 잠자리에서 일어나기 전 귀 마사지를 해 주면 효과적이라고 합니다.

나이 들면 집에 있어도 부지런히 몸을 움직이라고 합니다.

그래야 신진대사를 활발하게 해 주어 혈액의 흐름을 좋게 하고 건강을 유지할 수 있기 때문입니다.

귀 마사지는 하기가 너무 쉽고 간단하지만, 효과만은 그 무엇보다 크다고 합니다. 매일매일 꾸준하게 실천하여 건강을 유지하는 데 큰 보탬이 되길 바랍니다.

'발끝 치기' 효능이 대단합니다

큰돈 들이지 않고 건강을 지킬 수 있는 비법을 하나 더 소개합니다. 발끝 치기입니다. 저는 매일 틈만 나면 하는데, 효험이 있습니다.

일단 한번 시작해 보시길 바랍니다.

새해 여러 소망이 있지만 그중에 제일은 '건강'이라 하겠습니다.

특히 나이 들면 더 그렇습니다. 이곳저곳 아픈 데가 생기고 약봉지가 늘어납니다. 거듭 강조하지만 그래서 잘 먹고(쾌식) 잘 자고(쾌면) 잘 싸면(쾌변) 그게 최고라고 합니다.

나아가 노인이 되면 돈도 명예도 권력도 다 부질없는 것이 되고 맙니다. 물론 노인이 되고도 이와 같은 욕망에 이끌려서 물불 가리지 않고 달려드는 분들도 많이 있습니다. 하지만 얼마 지나지 않아 그것이 다 부질없다는 것을 이내 깨닫고 후회들 합니다.

생로병사의 길을 막을 수는 없지만 노인도 노력하면 건강 수명은 연장할 수 있다고 합니다. 나이 들면 자연적으로 집에서만 지내는 경우가 많습니다. 그래서 집에서 간단히 할 수 있는 운동을 찾게 됩니다. 그중 하나가 바로 발끝 치기입니다.

'발끝 치기'를 하면 우리 몸의 모든 기능이 되살아난다고 합니다.

이것은 태어날 때부터 내면에 간직된 내부의 힘, 즉 자연 치유력이 작용하기 때문이라고 합니다.

가장 큰 장점은 돈 들이지 않고 누구나 쉽게 할 수 있다는 것입니다. 숙면을 도와주고 마음의 안정을 가져다주며 체온이 상승하여 여러 가지 질병을 치유할 수 있다고 합니다.

TV를 보면서도 누워서도 쉽게 할 수 있습니다.

나는 아침에 일어나면 국선도 기본 체조, 손끝 치기, 국민 체조 등 몇 가지 운동을 하는데 발끝 치기를 빼놓지 않고 있습니다. 낮에 책을 보다가 잠시 쉬는 시간에도 꾸준히 실시하고 있습니다. 그 영향인지 혈액 순환이 좋아지고 장기간 글을 쓰고 책을 읽어도 피곤을 덜 느낍니다.

앞으로도 손쉽게 할 수 있는 발끝 치기를 계속할 생각입니다.

아울러 주위 사람들에게 전파하고 싶습니다.

노년이 되면 그 무엇보다 건강이 제일 중요하기 때문입니다.

'무릎 건강'에 대하여

나이 들어보니 우리 몸의 어느 곳 하나 소중하지 않은 것이 없다는 사실을 새삼스레 깨닫게 됩니다. 수많은 인체의 기관 중에서 노년에는 뼈가 튼튼해야 젊은이 못지않게 활기차게 움직일 수 있습니다.

특히, 무릎이 중요합니다.

70년 이상을 사용하다 보니 무릎이 소리를 냅니다. 무리한 무릎은 더 큰 소리를 냅니다. 무릎이 아프면 당장 일상생활을 하기가 불편합니다. 어디 외출도 겁이 납니다. 삶의 질이 떨어집니다.

내 주위에 등산을 좋아하는 분이 생각납니다. 그분은 정말 등산 마니아이셨습니다. 그런데 칠십이 되기 전에 무릎이 망가져서 인공 관절 수술을 받았습니다. 무릎 전문 의사가 내린 정상 판정 기준 가운데 몇 가지를 살펴봅니다.

첫째, 통증 없이 서고 걸을 수 있는가?

둘째, 관절 운동이 원활한가?

셋째, 양쪽 무릎의 균형이 잘 잡혔는가?

넷째, 일상에서 통증, 절뚝거림 등 불편한 점은 없는가?

다섯째, 계단이나 언덕을 오를 때 부담이 없는가?

내 경우 지난 50여 년간 매일 아침 테니스를 즐기면서 살아왔습니다. 테니스는 좀 과격해서 무릎을 다치는 경우가 허다합니다. 그런데 칠십이 넘은 오늘까지 큰 탈 없이 지내온 걸 생각하면 매우 고맙고, 감사합니다.

평소 허벅지 근육을 단련하기 위하여 각종 운동 기구를 이용합니다. 그리고 무엇보다 가까운 거리는 자전거를 타고 다닙니다. 테니스장을 오가는 데에도 자전거를 애용합니다. 준비 운동이 저절로 되고 발목, 무릎 근육이 튼튼해집니다.

우리 아파트 지하 2층에는 주차 공간이 늘 여유가 있어 자주 이용합니다. 알고 보니 지하 2층에서 계단을 올라오기가 힘들어서 지상이나 지하 1층을 이용한다고 하네요.

무릎이 안 좋으면 바깥나들이도 겁이 난다고 합니다. 특히, 지하철의 오르락내리락 계단이 무섭고 서서 가는 게 힘들다는 것입니다. 나를 비롯한 건강한 노인들은 오히려 걸을 수 있어 운동의 기회로 삼습니다.

만사가 나 그렇지만 무릎도 적당하게 사용하고 근육을 단련하여 부담을 줄이는 게 바람직하다고 생각합니다.

오늘 아침도 여느 때와 마찬가지로 가을비가 좀 내렸지만, 자전거를 타고 신나게 테니스장으로 올라가 세 게임을 하고 회원들과 함께 아침 식사까지 하고 왔습니다.

스무 살에 시작하여 칠십에 이르기까지 한결같이 테니스를 즐기면서 살아왔습니다. 그 어떤 명예나 권력, 재산에 비교할 수 없는 축복이라고 생각합니다.

앞으로도 친형제보다 더 가까운 아침 테니스 회원들과 쭈욱 함께 가고 싶습니다.

기분 좋은 피로감

피로(疲勞)는 과로로 정신이나 몸이 지쳐 힘든 상태를 말합니다.

이러한 피로가 꼭 나쁜 것만은 아닙니다. 기분 좋은 피로가 있습니다. 오늘이 그런 날입니다.

매주 수요일과 금요일 오후에는 민요와 장구 수업이 있습니다. 1시간 반 동안 신나게 장구를 치면서 우리 전통 민요를 구성지게 소리내어 부르다 보면 기분 좋은 피로감이 몰려옵니다. 오늘 배운 것을 녹음하여 집에서 복습합니다. 그래야 진정한 공부가 되기 때문입니다.

이제 창부 타령, 노랫가락, 태평가, 밀양 아리랑, 진도 아리랑, 변강쇠 타령, 노들강변 등은 책을 보지 않고 장구만 있으면 멋들어지게 부를 수 있게 되었습니다. 돌이켜보니 험한 산을 등산하면서 깔딱 고개를 넘어 힘겹게 정상에 올랐을 때, 피로를 잊고 기쁨을 맛보았습니다.

또한 대학교수로서 학생들에게 심혈을 기울여 강의를 끝내고 내 연구실의 의자에 털썩 주저앉아 기분 좋은 피로를 느끼기도 하였습니다. 최근에는 주부 대학이나 노인 대학에 초청을 받아 한두 시간 동안 열강을 하고 집으로 향하는 차 안에서 똑같은 기분을 느낍니다.

따지고 보니 내게는 아침에 눈을 뜨고 살아가는 것이 보통이 아닙니다. 1년 전 암 선고를 받고 죽음의 문턱까지 갔다 왔으니 그럴 만도 합니다.

후두암 선고를 받고 잘 치료하여 10년째 대학 병원 교수로 근무하고 있는 어느 분의 얘기입니다. "암에 걸렸어도 조기에 진단받아 치료하였으니 오히려 내가 오래 살 운명이로구나"라고 긍정적으로 생각하며 살아가고 있답니다. 나도 암 경험자로서 더 힘을 내라는 말로 들립니다.

문득 예전보다 더 열심히 하루하루를 살아가는 내가 또 주위 사람들로부터 미움을 사게 되는 것은 아닌지 은근히 걱정됩니다.

우리 보통의 인간들은 남이 잘되면 배 아픈 게 정상적인 마음입니다. 반대로 남이 자기보다 잘못되면 속으로 기분이 좋습니다. 특히 자기보다 잘난 사람이 잘못되면 속으로 쾌재를 부릅니다. 예수나 석가모니 같은 성인이 아닌 이상 나무랄 수 없습니다.

우연히 유튜브를 보다가 풀꽃 시인 나태주 선생님(45년 충남 서천 출생)의 얘기를 듣습니다. 우리 집사람의 초등학교 담임 선생님이어서 더 반가웠습니다. 큰 병치레를 다 이겨내고 늘그막에 시집을 발간하고 강연장에 자주 초청받는다고 합니다. 팔십에 올랐지만, 현역 시절보다 더 바쁘게 뛰고 있는 모습입니다.

아침에 일어나 간밤에 죽었다가 다시 살아나 하루를 살게 하신 하나님께 감사 기도를 드린답니다. 나도 같은 마음입니다. 하루하루가 소중합니다.

오늘같이 기분 좋은 피로가 엄습해 오니 잘 살았다는 증거이겠지요.

내가 잘되는 것을 다른 사람이 모르게 하고 싶습니다.

오직 한 분, 그분만 아셨으면 좋겠습니다.

절대 시기하지 않으시고 더 잘할 수 있도록 용기와 힘을 주시기 때문입니다. 기분 좋은 피로와 더불어 하루를 여밉니다.

100세 노인들

UN에서 발표한 자료(2024년 기준)입니다.

전 세계적으로 100세 이상 노인이 약 72만 2,000명인데 top5 국가별 숫자입니다.

일본 14.6만 명

미국 10.8만 명

중국 6.0만 명

인도 4.8만 명

태국 3.8만 명

우리나라는 약 9천 명으로 발표되고 있습니다.

최근 의료 기술의 발달과 고른 영양분을 섭취하고 꾸준히 움직여 이 숫자는 기하급수적으로 늘어날 전망입니다. 특이한 것은 남녀 비율이 여성 78%, 남성 22%로 나타나 여성이 절대 우위를 차지하였습니다.

그러나 전체 인구에 비하면 아직도 100세를 넘기는 숫자가 그리 많지는 않습니다. 대부분 평균 수명(한국 83세)을 살다가 이 땅을 떠납니다.

문제는 나이 들어도 건강해야 진정으로 살아가는 의미가 있을 것입니다. 내 손으로 밥을 해 먹고 내 발로 화장실을 이용할 수 있는 최소한의 건강이 있어야 합니다. 더불어서 남에게 의지하지 않고 내 돈으로 살아갈 수 있는 최소한의 은퇴 자금도 있어야겠지요.

하나 더 추가하면 자기 나름대로 삶의 의미가 있어야 할 것입니다.

우리나라는 짧은 기간에 경제 대국이 되었습니다. 그전에 비하면 정말 잘살게 되었습니다. 하지만 빈부의 격차가 심합니다.

특히 은퇴 준비를 제대로 하지 못한 노인들이 대부분입니다. 자식 교육시키느라 정작 본인의 노후는 준비를 제대로 하지 못했습니다.

이러다 보니 OECD 국가 가운데 노인 빈곤율과 자살률이 늘 최고라는 불명예를 안고 있습니다.

북유럽, 미국 등 선진국의 노인들은 은퇴가 곧 축복이라고 합니다. 충분한 연금을 받기 때문에 노후의 돈 걱정이 없기 때문입니다.

아무리 100세 인구가 늘어나도 건강하게 오래 살아야 진정한 장수의 의미가 있을 것입니다. 하지만 인간은 누구나 생로병사의 흐름을 따라갑니다. 단 한 사람도 예외기 없습니다.

노화는 병을 가져다주는 가장 큰 요인입니다. 따라서 나이 들어 찾아오는 질병은 지극히 자연스럽습니다. 그래서 가는 날까지 오는 질병을 잘 다스려 함께 가다가 스스로 제어하지 못하는 날이 오면 자연으로 돌아가야 할 것입니다.

이것이 장수 비결 못지않게 중요한 인생 설계가 아닌가 생각합니다.

오늘을 사랑하라

또 하루가 저물어 갑니다. 내일을 위해 잠자리에 들 시간입니다.

나이가 들어감에 따라 초저녁잠이 늘었습니다. 잘 자는 것은 잘 먹고 잘 싸는 것과 더불어 인간의 3락(樂)에 해당합니다.

오늘도 수십 년째 해오던 아침 운동을 하고 신문 사설 및 칼럼 읽기, 일본어 공부, 강의 준비 등으로 오전을 보냈습니다.

오후에는 6년째 계속하고 있는 '민요와 장구' 시간에 참석하여 신나는 시간을 보내고 왔습니다. 열심히 노력해 온 덕분에 각종 강의 시 잘 써먹고 있습니다. 가만히 생각해 보니 오늘이야말로 앞으로 살아갈 날 중에 가장 젊은 날이요 내 인생길에 다시 돌아올 수 없는 소중한 날입니다.

지난해 큰 아픔을 겪고 칠십 고개에 오르니 삶의 자세가 완전히 바뀌었습니다. 하루가 소중합니다. 허투루 사용할 수 없습니다.

오늘, 이 하루는 인생의 덤이요, 특별 보너스로 받은 귀중한 시간입니다.

얼마 전까지만 해도 '인생 칠십 고래희'라고 했습니다. 칠십까지 사는 것이 드문 일이라고. 100세 시대에도 여전히 의미 있는 말이라고 생각합니다.

내가 좋아하는 '토마스 칼라일(Thomas Carlyle)'의 시, '오늘을 사랑하라'를 다시 읽어 봅니다.

오늘을 사랑하라

어제는 이미 과거 속에 묻혀 있고
미래는 아직 오지 않은 날이라네.

우리가 살고 있는 날은 바로 오늘
우리가 사용할 수 있는 날은 오늘
우리가 소유할 수 있는 날은 오늘뿐

오늘을 사랑하라
오늘에 정성을 쏟아라.
오늘 만나는 사람을 따뜻하게 대하라

오늘은 영원 속의 오늘
오늘처럼 중요한 날도 없다
오늘처럼 소중한 기간도 없다

오늘을 사랑하라
어제의 미련을 버려라
오지도 않은 내일을 걱정하지 말라
우리의 삶은 오늘의 연속이다

오늘이 서른 번 모여 한 달이 되고
오늘이 삼백육십 다섯 번 모여 일 년이 되고
오늘이 삼만 번 모여 일생이 된다.

'사전연명의료의향서' 신고

"인생의 마지막 순간, 당신의 선택을 존중합니다."
보건소에 내걸린 캐치프레이즈입니다.

칠십 고개에 올라서니 해야 할 일들이 하나둘 생깁니다. 그중의 하나가 죽음을 준비하는 것입니다.

우리 인생은 누구나 생로병사의 길을 걸어갑니다. 예외가 없습니다.

물론 명줄이 길어 백 살이 넘도록 오래오래 건강하게 살다 가는 복된 사람도 있습니다. 하지만 대부분 평균 수명을 살다가 이 땅을 떠납니다.

옛날에는 살던 집에서 죽고 그 집에서 장사를 지냈습니다. 핵가족화되고 대부분 아파트에 사는 현대인들은 거개2)가 임종을 병원에서 맞이하고 있습니다.

문제는 대학 병원의 중환자실에 있습니다.

치료의 효과가 없는 데에도 생명을 연장하는 시술 소위 연명 의료를 시행하여 환자에게 고통을 안기는 경우가 많다고 합니다.

---
2) **擧皆**: 들 거, 다 개. 거의 모두, 대부분.

연명 의료 중단 대상 항목들입니다.

이를테면 심폐 소생술, 혈액 투석, 항암제 투여, 인공호흡기 착용, 체외 생명 유지술, 수혈, 혈압상승제 투여 등입니다.

하나같이 말기 환자가 자연의 법칙대로 편안하게 가야 하는데 이를 강제로 막는 조치들입니다. 병원은 돈벌이 수단이 된다고 합니다만 당사자는 말 못 할 고통이 크다고 합니다.

이러한 짓을 하지 말라고 예방하는 길은 사전에 [사전연명의료의향서]를 작성하여 보건소 등에 신고를 해 두어야 합니다.

그동안 미뤄왔었는데 오늘 과감하게 보건소에 들러서 정식으로 작성하여 제출하고 왔습니다. 시골에 있는 지역 농협에서는 칠십 이상 노인들을 위해 미리 영정 사진까지 찍어주는 서비스를 제공한다고 합니다.

이 모든 것이 다 자손들에게 부담을 주지 않기 위해서입니다.

매사가 다 그렇듯이 미리 준비하면 일이 잘 풀립니다.

"사즉생(死卽生), 죽음이 곧 삶이다."

죽기로 마음을 먹으면 산다는 뜻입니다.

그러니까 죽음을 준비한다고 수명이 단축되는 것이 아니라 오히려 남은 세월을 더 알차게 보낼 수 있는 비결이 아닌가 생각해 봅니다.

죽음을 준비합시다

「죽음을 준비합시다」, 현장(玄藏) 스님이 쓴 책의 제목입니다.

종교를 떠나 죽음을 터부시하는 우리에게 많은 길잡이가 될 수 있을 것으로 생각됩니다.

주위에 노익장을 과시하며 나이를 잊고 젊은이 못지않게 활발히 활동하는 젊은 노인(young senior)들이 늘어나고 있습니다. 칠팔십은 기본이요 구십 나아가 백 살을 넘기는 분들도 심심찮게 보고 있습니다. 극히 예외이긴 합니다만 김형석 교수님은 우리 나이로 올해 연세가 106세입니다. 치매도 없이 왕성하게 현역으로 활동하고 계십니다. 부러움을 넘어 참으로 대단하십니다.

한편으로는 100세 시대에 걸맞지 않게 육칠십 고개를 넘지 못하고 일찍 세상을 떠나는 이들도 부지기수입니다.

과연, 몇 살까지 살아야 가장 행복할까요?

정답은 없다고 생각합니다.

하기야 9988234!

"99세까지 88하게 살다가 2~3일 앓다가 4일

만에 죽자"라는 욕심 많은 구호도 있습니다. 하지만 이렇게 천수를 다하고 죽는 사람은 극히 소수에 지나지 않습니다.

  여기서 잠깐 세계 3대 성인의 향년을 살펴봅니다. 예수 33세, 석가모니 80세, 공자 73세로서 예수가 가장 짧게 살다가 가셨습니다. 짧고 굵게 살다가 갔다고 볼 수 있습니다.

  누구나 바라는 바이지만 남에게 의지하지 않고 나 스스로 일상생활을 할 수 있는 나이까지만 살고 깨끗하게 이 땅을 떠날 수 있다면 가장 바람직하지 않을까 생각해 봅니다.

  일본에도 '핀핀코로리(ピンピンコロリ)'라는 말이 있습니다. 얘기인즉슨 살아있는 동안에 팔팔하게 살다가 어느 날 갑자기 쓰러져 고통 없이 편하게 죽는다는 것입니다. 잠들 듯 떠나고 싶은 마음은 똑같은가 봅니다.

  내일 일은 아무도 모릅니다. 그 어떤 사유로 이 땅을 떠날지는 아무도 모릅니다. 분명한 사실은 누구나 예외 없이 죽는다는 사실입니다.

  어느 스님은 암자를 나올 때마다 다시 돌이오지 못할지도 모른다는 생각이 있다고 합니다.

  한 치 앞을 보지 못하는 게 인생이라는 것입니다. 그래서 늘 죽음을 준비해야 한다고 합니다. 삶 속에 죽음이 늘 동행한다고 생각하면 순간순간이 더 귀하고 알차게 시간을 보낼 수 있기 때문입니다.

  이런저런 큰 고비를 넘기고 칠십 고개에 올라 보니 저만치 가야 할 곳이 보입니다.

  이제, 정말 하루가 덤이요, 특별 보너스로 생각하게 됩니다.

  노골적으로 꺼내기가 좀 거시기하지만 이제 죽음을 준비해 가야 합니다.

  나와 후손을 위해서라도.

잘 죽는 것도 실력이 있어야 합니다

메멘토 모리(memento mori)!

고대 로마에서는 원정에서 승리를 거두고 개선하는 장군이 시가행진을 할 때, 노예를 시켜 행렬 뒤에서 이 말을 큰 소리로 외치게 했다고 합니다.

이는 라틴어로 "죽음을 기억하라는 뜻인데, 전쟁에서 승리했다고 너무 우쭐대지 말라. 오늘은 개선장군이지만, 너도 언젠가는 죽는다. 그러니 겸손하게 행동하라"는 뜻이라고 합니다.

이렇듯 '죽음'은 우리 인간에게 모두 공통으로 적용되는 과정입니다. 그런데 한국인은 유달리 죽음에 대해 멀리하는 습관이 있습니다. 심지어 죽을 사(死)라고 생각해서 건물의 4층을 F층이라 하든지 아예 4층을 빼 버린 빌딩도 있을 정도입니다.

이번에 뜻밖에 암초를 만나 미루어 왔던 죽음에 대해 많은 생각을 갖게 되었습니다. 시중에 나온 죽음학에 관한 책을 사서 읽고 유튜브를 통해 죽음에 대한 강의를 들었습니다.

우리나라의 대표적인 분으로 이대 최준식 교수와 서울대 정현채 교수를 들 수 있습니다. 두 분 다 나와 동년배로서 현직을 은퇴하고 죽음학에 대해 각종 매체를 통해 열심히 강의하고 있습니다.

특히, 정현채 교수는 서울대 의과 대학 내과 교수로서 일찍 죽음에 대해 깊은 관심을 가졌었는데 정년을 2년 앞두고 방광암이 발생하여 방광을 절제하는 대수술을 받았다고 합니다.

그런데도 죽음에 대해 두려움을 갖지 않고 사전연명의료의향서 작성, 해양장 등 사후 준비를 철저히 해 두었다고 합니다.

지금은 제주에 내려가 집을 짓고 부부가 행복하게 지내면서 죽음에 대한 강의도 열심히 하고 있습니다.

말 그대로 암을 걸림돌이 아니라 디딤돌로 삼은 것입니다.

두 죽음 학자의 주장입니다.

사람은 죽음이 끝이 아니라 분명히 그 이후의 세계가 있다고 합니다.

그리고 죽음을 늘 공부하고 준비해야 살아있는 하루하루가 행복해진다는 것입니다.

죽음학 강의를 듣고 메모한 글입니다.

"인간은 그 누구나 예외 없이 이 땅에 왔다가 자연으로 돌아간다. 좀 일찍 가고 좀 늦게 가는 차이가 있을 뿐이다. 천수를 다하고 자식들과 이웃에게 존경을 받고 떠난다면 참 좋은 죽음이라 할 것이다. 결국, 끝이 좋아야 한다. 그런데 이런 멋진 인생 마무리를 하려면 공부해야 한다."

여기 한 세상 멋지게 살고 아름다운 마무리를 하고 떠난 분의 얘기를 소개합니다. 본받을 점이 너무 많습니다.

친구 아버님을 추모하는 자리에서 친구가 말했습니다.

"친구야! 너 그거 아니? 사람이 잘 죽는 것도 실력이 있어야 해! 그런 면에서 우리 아버지는 정말 대단한 실력으로 끝까지 스승 노릇하셨어."

고인은 반년 전 암으로 6개월 시한부 판정을 받으셨다고 합니다. 갑자기 닥친 죽음 앞에서 당황할 법도 하지만 그분은 차분히 자신의 마지막을 준비했습니다.

혼자 살 아내를 위해 자그마한 집으로 이사를 하고, 재산을 정리해 자식들에게 선물처럼 조금씩 나눠주셨습니다.

그리고 이런 말씀을 남기셨습니다.

"사람은 마지막까지 잘 아파야 하고, 잘 죽어야 한다. 그래서 아버지가 아플 때 쓸 비용, 죽을 때 쓸 비용을 다 마련해 놨다. 너희들 사는 것도 힘든데 부모 병원 비용까지 감당하려면 얼마나 힘들겠냐? 아버지가 오랫동안 준비해 놨으니, 돈은 걱정 말고, 내가 가기 전까지 얼굴만 자주 보여줘라."

그리고 그분은 스스로 정한 병원에 입원하셨습니다. 임종을 앞두고선 의사에게 심정지가 오면 연명 치료를 하지 말라는 약속을 받고 문서에 사인까지 직접 하셨습니다.

자식들에게 아버지 연명 치료 여부를 결정하는 아픔을 절대 주고 싶지 않다는 이유에서입니다.

임종이 가까워서는 1인실로 옮기기로 미리 얘기해 두셨습니다. 자신이 고통에 힘겨워하는 모습을 보고 누군가 겁먹을 수 있으니, 가족들과 조용히 있고 싶다는 뜻이었습니다.

친구의 아버님이 마지막으로 하신 일이 있습니다. 가족들 모두에게 각각의 영상 편지를 남긴 것입니다.

아들, 딸, 며느리, 사위, 그리고 손자들에게 가슴 뭉클한 작별 인사를 하며 영상 끝에 이런 당부를 남기셨다고 합니다.

"아버지가 부탁이 있다. 한 달에 한 번씩은 하늘을 봐라! 아버지가 거기에 있다. 너희들 잘되라고 하늘에서 기도할 테니 꼭 한 달에 한 번씩은 하늘을 보면서 살아라. 힘들 때는 하늘을 보면서 다시 힘을 내거라."

그분은 자식들에게 마지막까지 존경스러운 스승의 모습으로 살다 가셨습니다. 어떻게 아파야 하는지, 죽는 모습이 어때야 하는지, 존엄성을 지키면서 인생을 마무리한다는 게 어떤 것인지 몸소 보여주신 것입니다.

나이 들수록 부지런히 공부하지 않으면 이런 내공이 갑자기 안 생긴다고 합니다. 육십이 넘으면 고집이 세져서 남의 말은 안 들으니 스스로라도 배우고 깨달아야 합니다. 인간의 삶과 죽음에 대한 통찰이 담긴 공부를 해야만 하는 이유입니다.

그렇게 애써야 마지막에 어떤 모습으로 어떻게 죽을 것인지 결정할 수 있습니다. 잘 죽는 것이야말로 한 사람의 인생이 담긴 진짜 실력입니다.

나도 큰 병치레를 하고 나이가 칠십이 넘으니 멋진 죽음을 생각하게 됩니다. 평균나이가 83세이고 잘 관리하면 90을 넘기고 100살까지 살 수도 있다고 합니다. 그래봐야 남은 세월은 고작 10~20년입니다.

지나온 세월이 번개같이 지나갔듯이 그날도 불현듯이 찾아올 것입니다. 이번 기회에 멋지게 늙어감의 기술을 하나 더 추가합니다.

"잘 죽는 것도 실력이 있어야 한다. 그러니 미리미리 공부하자."

죽음과 치매

우리만큼 죽음을 두려워하고 멀리하는 나라가 이 세상에 그리 많지 않을 것입니다.

가까운 일본은 지진 등 천재지변이 잦고 민족 신앙인 신도(神道)와 불교의 영향으로 죽음을 삶의 일부분으로 생각합니다. 실제로 일본 도쿄에서 살아보니 도심 곳곳에 공동묘지가 자리 잡고 있었습니다.

사실 나이가 칠십이 되었는데에도 아직도 죽음을 만나면 괜히 두렵습니다. 초등학교 시절에 공동묘지 근처를 지나면 그렇게 무서울 수가 없었습니다. 그런데 주택가 한복판에 공동묘지가 있는 도쿄에서 지낼 때에는 거짓말같이 그런 감정이 하나도 없었습니다. 저녁에 잠도 잘 자고요.

한국에서 온 지인들이 어떻게 그런 담대함이 생겼느냐고 묻곤 했습니다. 그때마다 "일본 귀신이 한국 사람들은 건드리지 않는다"라고 농담을 건네곤 해서 웃었던 기억이 납니다.

일본의 가정에는 조상을 모시는 불단에 사진을 걸어놓고 나갈 때나 들어올 때 꼭 신고합니다. 이렇듯 죽음관도 문화의 차이로 다르다는 것을 피부로 느끼게 됩니다.

나와 친했던 일본 동경학예대학(東京學藝大學)의 교수 한 분은 "적당한 나이까지 살다가 지진이 나서 깜짝할 사이에 죽었으면 좋겠다"라고 죽음 관을 얘기해서 놀랐던 적이 있습니다. 우리 노인들이 "잠자듯이, 고통 없이 갔으면 좋겠다"라는 바람과 같다고 하겠습니다.

나이 들어 무서운 게 여러 가지를 들 수 있겠습니다.

암도 겁나고 심장 질환이나 폐렴 등도 무섭지만 치매 또한 노인들이 가장 걱정하는 질병입니다. 수명이 길어지는 만큼 치매 환자도 늘어나고 있습니다.

사실 치매는 나이 들어 누구에게나 올 수 있는 고약한 질병입니다.

"오는 병은 친구로 삼아라"라고 하지만 치매는 참 고약한 친구입니다. 현재까지 치매를 치료할 수 있는 약은 개발되지 못했습니다. 예방이 최선입니다.

요즘은 전화번호, 출입문 비밀번호, 생일 등을 핸드폰에 다 입력해 놓다 보니 머리를 쓰는 게 적어 치매를 재촉한다는 말이 있습니다. 평생 교육 자원에서 늘 책과 가까이하고 다양하게 머리를 쓰는 것이 예방책으로 들 수 있겠습니다.

치매에 걸리지 않고 천수를 다한 후에 이 땅을 떠난다면 멋진 죽음이요 성공적인 인생의 마무리가 아닌가 생각합니다.

웰다잉(well-dying)을 그려 봅니다

"품위 있고 존엄하게 생을 마감하는 일" 곧 웰다잉(well-dying)입니다. 인생의 겨울 초입에 들어오다 보니 웰다잉에 대해 가끔 생각하게 됩니다. 그도 그럴 것이 또래들의 부음 소식이 이따금 들려옵니다.

남의 일 같지 않습니다.

우리나라 평균 수명이 83세이니 내 나이에서 빼보면 십 년 남짓 남았습니다. 흔히들 100세 시대니 죽음이 아득하게 남은 줄 알고 이런 얘기는 일부러 피하곤 합니다.

나도 사실은 그런 범주에 속합니다.

하기야 이 땅에 와서 뜻한 바를 이루고, 한세상 잘 살고 저세상으로 돌아간다면 아무 미련이 없지요. 하지만 그런 배짱 좋은 사람이 몇 명이나 되겠습니까?

누구나 갑니다. 조금 일찍 가느냐 늦게 가느냐, 그 차이가 있을 뿐입니다.

웰다잉에 대해 글을 쓰려고 하니 갑자기 천상병 시인의 해맑게 활짝 웃는 모습과 함께 그의 대표적인 시(詩), '귀천(歸天)'이 떠오릅니다.

"나 하늘로 돌아가리라

새벽빛 와닿으면 스러지는

이슬 더불어 손에 손을 잡고

나 하늘로 돌아가리라

노을빛 함께 단둘이서

기슭에서 놀다가 구름 손짓하면은

나 하늘로 돌아가리라

아름다운 이 세상 소풍 끝내는 날

가서, 아름다웠더라고 말하리라."

"죽는다는 말을 돌아간다"라고도 합니다. 우리가 왔던 어머님의 자궁 속 같은 편안한 곳으로 회귀한다는 것입니다. 끝까지 유머를 잃지 않고 하고 싶은 일을 하다가 천수를 다하고 떠난 이어령 교수님께서도 강조하셨습니다. 따라서 결코 죽음이 슬퍼할 것이 아니라 오히려 축하할 일인지도 모릅니다.

최근 떠난 몇 분들의 '아름다운 죽음'이 생각납니다. 그분들처럼 이 땅을 떠난다면 그것이 멋진 죽음, 즉 웰다잉이 아닌가 생각합니다.

먼저, 88세까지 팔팔하게 사시다가 전날에도 테니스를 치고 밤새 조용히 이 세상을 떠난 분이 떠오릅니다. 고 민관식 문교부 장관이십니다.

그리고 여러 권의 향기로운 책을 펴내시고 좋은 설법으로 중생들을 일깨우시며, 마지막 떠날 때에는 그 흔한 관도 무시하고 들것에 실려 다비장으로 향하신 스님이 계십니다. 법정 스님이십니다.

한 분 더 소개합니다.

암에 걸렸지만, 치료를 거부하고 끝까지 서재를 지키며 글을 쓰고 멋지게 이생을 마감한 분이 계십니다. 얼마 전 왔던 곳으로 돌아가신 이어령 전 문화부 장관이십니다.

세 분 모두, 멋지게 이 땅을 떠나셨습니다.

나도 그렇게 떠나고 싶습니다.

우리의 육체는 썩어 없어지겠지만 영혼은 본향으로 돌아간다고 믿습니다. 나이가 들면 아무리 노력해도 질병이 찾아옵니다. 생로병사의 사이클을 벗어날 수가 없습니다.

따라서 오는 병은 친구로 생각하라고 합니다. 친구인 병과 잘 사귀어야 고통을 덜 당하고 이 땅을 떠날 수 있기 때문입니다.

몇 가지 욕심을 내 봅니다.

너무 돈돈 하지 말고 장례비 천만 원 정도만 남기고 이 땅에서 벌어놓은 돈은 어떻게든 다 쓰고 가고 싶습니다. "유산은 자식들 싸움에 거는 판돈이다"라는 말에 전적으로 동의하기 때문입니다.

아직도 내가 하고 싶은 것이 있다면 망설이지 않고 과감하게 대시해 보겠습니다.

또다시 암이나 중병이 나를 엄습해 온다면 순순히 받아들이고 너무 현대 의학에 의존하지 않겠습니다. 살 만큼 살았고 누구나 한번은 가야 하는 길이니까요.

칠순을 넘긴 노인에게 남은 날은 하루하루가 소중합니다. 선물로 받은 하루하루를 잘 사용하면 그 뒤로 웰다잉이 따라올 줄로 믿습니다.

혜암 스님의 벼락같은 화두입니다.

"공부하다 죽어라"

제2편

공 부

인간은 죽을 때까지 배워야 합니다.
배움은 삶의 기쁨을 가져다줍니다.
행복을 가져다줍니다.

평생 공부, 평생 학습 시대입니다

평생 공부 시대입니다.
평생 학습 시대입니다.
그리고 100세 시대입니다.
은퇴 이후 긴 시간이 주어졌습니다.
그 기나긴 시간을 의미 있게 보내야 합니다.
내가 하고 싶은 공부가 진짜 공부라고
생각합니다. 자투리 시간이라도 잘 활용하면 큰
지식의 보물을 쌓을 수 있습니다.

과거의 학력이나 나이가 아무 문제가 되지 않
습니다. 아무리 늦었더라도 시작하는 그때가 가장 빠릅니다.
논어의 첫머리에 나오는 말이지요.
"학이시습지(學而時習之) 불역열호(不亦說呼)"입니다.
배우고 때때로 익히니 이 어찌 즐겁지 아니한가!
그렇습니다. 우리 인간은 늘 배워야 사는 맛이 납니다.
매년 이맘때(연초)는 나이 들어 뒤늦게 초·중·고등학교를 졸업하는 만

학도들의 졸업식이 열립니다.

오늘 TV 뉴스를 보니 94세의 할머니는 못 배운 한을 풀기 위해 초등학교 과정을 이수하고 영광스러운 졸업장을 받고 환한 미소를 짓습니다. 이어서 중학교 과정에 진학한다고 합니다.

칠팔십에 중학교, 고등학교를 졸업하고 대학에 당당히 진학하는 만학도들이 너무 많습니다. 그분들에게 힘찬 박수를 보냅니다. 배움에 나이가 필요충분조건이 아닙니다.

한편으론 정규 과정을 마치고 대학까지 졸업한 사람들이 사회에 나오면 공부와 담을 쌓고 지내는 경우가 많습니다. 심지어 변호사나 의사 면허증 그리고 박사학위를 취득하고 그 자격증을 평생 우려먹고 사는 이들도 많습니다. 대부분 책과 거리가 멀어지고 오로지 스마트폰으로 온갖 정보를 들으며 세상을 살아갑니다.

일본 도쿄에서 살아보니 많은 노인들이 늘 책을 손에 들고 독서하는 모습을 보고 매우 부러웠습니다. 동네마다 설치된 구민 회관에서 다양한 취미 생활을 즐기고 연구 모임에도 적극적으로 참여합니다.

신문 보도를 보니 우리나라 저소득층 노인들 가운데 경마장이나 카지노 등에 중독되어 살아가는 사람들이 많다는 소식입니다. 내일의 희망이 없는 하루살이 같은 인생입니다.

우리나라는 급격하게 경제 성장을 이루었으나 너무 돈에 치중하다 보니 문화적인 면을 등한시하는 사람들이 의외로 많습니다.

내 경우, 오늘 하루를 되짚어 봅니다. 아침 운동을 끝내고 우선 신문의 사설과 칼럼을 읽었습니다. 곧이어 일본어 단어와 문장을 노트에 적어가면서 익힙니다. 잠시 짬을 내어 기타와 장구를 연주합니다. 뒤이어 수십 년째 구독해 온 '샘터'를 쉬엄쉬엄 읽었습니다. 글을 읽으면서 우리말도 모르는 것이 있어 네이버를 통해 알아내고 꼼꼼하게 적어 놓았습니다. 새로운 것을 아는 재미가 쏠쏠합니다.

오후에는 읽고 싶은 책을 마음껏 읽었습니다. 오늘은 김형석 교수가 지은 책 "예수를 믿는다는 것"을 밑줄을 그어가면서 정독했습니다. 마음에 와닿는 내용이 많았습니다.

하루가 쏜살같이 지나갑니다. 충분히 휴식을 취해야 하는 노인에게 있어서 하루가 너무 짧게 느껴집니다. 비록 과거에 화려한 학력이 있다고 하더라도 늘 배워야 합니다. 매일 새로운 정보가 쏟아져 나오고 그 무엇보다 인간은 배우면서 참삶의 행복을 느끼기 때문입니다. 배우는 것이 그리 거창한 것이 아닙니다.

굳이 학교 과정을 밟지 않더라도 매일매일 새로운 것을 배워나가는 것이 진짜 공부라고 생각합니다. 네덜란드의 철학자 스피노자는 "비록 내일 지구의 종말이 올지라도 오늘 나는 한 그루의 사과나무를 심겠다"라고 했습니다.

나는 여기에 빗대어 "내일 하나님이 이 생명을 거두어 가시더라도 배움의 행진을 멈추지 않겠다"라고 스스로에게 다짐을 해봅니다.

'배움'에 대한 새로운 이해

세월이 빠르게 흘러갑니다.

세상이 빠르게 바뀌어 갑니다.

요즘 AI(인공 지능)를 이용하여 '쳇GPT'라는 괴물이 나타나 난리가 났습니다. 인간이 해야 할 일을 척척 하니 다들 놀랍니다.

이제 배움에 대한 개념이 달라졌습니다.

어린 시절로 잠시 돌아가 봅니다. 인터넷이 발달하지 못했던 때였습니다. 내 경우, 초중고교 시절에는 잘 외워서 시험을 잘 치면 좋은 학교에 진학하고 좋은 직장에 취직하여 대우를 받고 출세를 했습니다. 개천에서 용이 나고 일부는 사법 시험 등 각종 고시에 합격하여 출세하고 평생 우려먹고 있습니다.

이젠 아닙니다. 세월이 바뀌었습니다.

AI 즉 인공 지능이 발달하여 스마트폰 안에 모든 지식이 다 들어있습니다. 요즘에는 한발 더 나아가 '쳇GPT'라는 만물박사가 나와 인간이 할 수 있는 영역까지 침범하고 있습니다.

이렇게 되니 무조건 암기하던 옛날식 공부 방법은 통하지 않게 됐습니다. 이젠 진짜 공부를 해야 하는 시대가 도래했습니다.

은퇴 이후 나이 들어서 하는 공부는 말할 것도 없이 의미가 큽니다. 누구와 경쟁하는 공부가 아니라 내면을 살찌우는 지혜로운 공부가 필요합니다.

어느 조사에서 '최고의 휴식법 베스트 5'에 모두 혼자서 하는 활동이 차지했다고 합니다. 이를테면 5위에 아무것도 안 하기, 4위에 음악 감상, 3위에 고독을 즐기기, 2위에 자연 속에서 휴식하기, 대망의 1위는 '책 읽기'로 나타났다고 합니다.

"혼자서 책 읽기"가 가장 행복한 휴식 시간이라니 좀 의아해집니다.

곰곰이 되짚어 보니 맞습니다. 내 경우에도 책상에 앉아 진득하니 독서하는 시간이 제일 좋고 행복합니다. 책을 읽는 것도 공부이지만 다양한 취미 생활을 통해서도 배웁니다.

늘 새로운 것을 배우다 보면 재미있고 인생의 깊이를 더합니다.

오늘은 좀 과하게 테니스를 쳤습니다. 이어서 일본어를 공부하고 정신 건강에 관한 책을 읽었습니다. 오후에는 흠뻑 빠져있는 '민요와 장구'를 배웠습니다. 이어서 왈츠와 룸바 등 댄스 스포츠와 함께했습니다.

이 모두가 재미있습니다.

배우는 것이 재미있어야 할 맛이 납니다.

노년에 혼자서도 고물고물 잘 놀려면 부지런히 뭔가 배우는 자세가 필요합니다.

그게 책이든 취미 생활이든.

이것이 참 배움이요 공부이기 때문입니다.

지식과 지혜

많은 분의 얘기입니다. 지혜를 가르쳐야 하는데 너무 지식에 치우쳤다는 것입니다. 바로 우리나라 교육 현장에 대한 지적입니다.

곰곰이 생각해 보니 일리(一理)가 있는 것 같습니다.

사전상의 정의입니다.

지혜(知慧)는 "사물의 이치를 빨리 깨닫고 사물을 정확하게 처리하는 정신적 능력"이고, 지식(知識)은 "어떤 대상에 대하여 배우거나 실천을 통하여 알게 된 명확한 인식이나 이해"라고 되어 있습니다. 한마디로 지식은 그냥 아는 것이고 지혜는 한 걸음 더 나아가 멋진 삶의 기술이라고 하겠습니다.

한 가지 예를 들어봅니다.

중·고등학교 과정을 거치면서 무조건 암기해야 하는 과목들이 많았습니다. 내 경우 아직도 헌법상 자유권의 종류를 순서도 틀리지 않고 정확하게 외울 수 있습니다. 자유권 하나하나의 소중한 뜻도 모른 체 그냥 암기했던 것입니다.

다른 과목도 마찬가지입니다. 그 덕분(?)에 경영학 박사 학위를 취득하고 은행 지점장과 대학교수를 거쳤습니다.

　아주 일부는 남들보다 잘 외워서 사법 고시를 패스하고 판검사를 거쳐서 변호사가 되고 국회의원 나아가 대통령의 자리까지 올라갔습니다. 외견상으로는 출세했는지 모르겠습니다. 하지만 지혜롭게 그 자리를 지키지 못하는 경우가 허다합니다. 하루빨리 우리 교육 정책이 바뀌어서 지식과 더불어 지혜를 가르치는 교육 현장이 되어야 할 것입니다.

　성경에도 솔로몬은 하나님께 재물 대신에 지혜를 달라고 기도했습니다. 불가의 그 많은 경전도 한 마디로 삶의 지혜를 가르치는 것으로 생각됩니다.

　그래서 은퇴 이후 배움이 소중하다고 합니다. 물론 단순한 암기나 하는 지식이 아니라 인생의 진정한 멋을 아는 지혜를 배우는 것이지요.

　성경이 좋고 고승들의 깊은 깨달음의 말씀도 좋고 언제 읽어도 가슴에 와닿는 고전도 좋습니다.

　한여름에 웃통을 벗고 이런 책들을 읽으면 너무 좋습니다.

　더위를 날립니다. 노년의 지혜를 더합니다.

　지난날을 돌이켜보니 그런대로 살아왔는데 지혜롭게 살지 못한 것 같아 후회할 때가 종종 있습니다. 무조건 출세를 목표로 달리다 보니 열심히 외워서 시험을 잘 치고 경쟁에서 이겨야 했습니다. 용케도 그 수많은 난관을 다 건너서 출세를 했는지는 모르겠습니다. 하지만 지혜로운 출세는 아니었습니다.

　남은 세월은 그 누구에게 보이고 출세(?)하려는 것이 아니라 내면을 살찌우고 진정한 지혜로운 길을 묵묵히 걷고 싶습니다.

　언젠가 그날이 오면 자연의 이치에 따라가니 "한 세상 잘 살고 간다"라는 멋진 말 한마디를 남기면서.

책에 관한 이야기

가을입니다. 참 좋은 계절입니다. 등산도 좋고 여행도 좋습니다.
특히 가을은 독서의 계절입니다.

학창 시절에 짓 노랗게 익은 은행나무 잎을 책갈피 삼아 한 장 한 장 넘기며 읽었던 그 순간순간들이 너무 좋았습니다. 평소 늘 책을 가까이 하면서도 책에 대해 깊이 생각해 보지는 않았습니다. 당연한 것으로 생각되어서입니다.

그런데 은퇴 후, 본격적으로 책과 친해지고 또 책까지 내고 보니 새삼 책에 대해 이런저런 생각이 떠오릅니다.

나이 들면 시력이 떨어지고 머리를 굴리는 그 자체가 싫어져 책을 멀리하게 됩니다. 더구나 요즘은 스마트폰으로 어지간한 것을 다 볼 수 있으니 책하고는 점점 담을 쌓게 됩니다. 심지어 매일 아침 들어오는 신문까지 끊는다고 합니다.

그러나 내 경우는 아직도 책을 끊지 못하고 있습니다. 은퇴 후 시간이 많으니 오히려 책과 지내는 시간이 늘어났습니다.

꽤 분량이 있는 책도 보고 있습니다.

요즘 보고 있는 세르반테스의 '돈키호테'는 7~8백 페이지의 책이 두 권 분량입니다. 상당한 인내를 요구합니다.

나는 책을 참 좋아합니다. 고등학교 시절에는 도서부원으로 활동하며 마음껏 책을 읽었습니다. 사회로 나와서도 독서 습관은 변하지 않았습니다. 주말이면 교보문고에 들러 읽고 싶은 책을 한 아름 사 왔습니다.

지금은 Yes24 등 인터넷 서점을 이용합니다.

새 책을 사서 첫 페이지를 넘길 때, 풍기는 종이 냄새가 너무 좋습니다. 원근을 떠나 누구와도 만날 수 있습니다. 책상에 앉아 독서삼매에 빠져 혼자서도 고물고물 잘 놀 수도 있습니다.

책은 내 인생길의 소중한 친구입니다.

책을 너무 좋아하다 보니 내 책을 갖고 싶은 소망이 늘 있었습니다.

직장에 다닐 때, 승진 고시용 수험서를 내고 농민 교육원 교수로 재직 시에는 농업인에게 유익한 정책 자금 이용 안내와 더불어 바람직한 농업인의 길을 안내하는 책 "농촌, 그래도 희망은 있다"를 발간하였습니다.

'빅히트(Big hit)'를 쳤었습니다.

전국의 조합에서 농민 조합원에게 배포하여 출판 대박을 터트렸습니다. 난생처음으로 '베스트셀러(bestseller) 작가'가 된 기분이었습니다.

지금 와서 생각해 보니 역시 책은 "시기에 딱 맞고 수요자의 욕구에 맞아야 한다"라는 사실을 깨달았습니다. 좋은 책과 팔리는 책은 다르다는 것도 함께.

'코로나19'로 인해 많은 자영업자가 어려움을 겪고 있습니다. 그 가운데 출판 관련 업자들이 견디다 못해 폐업하는 경우가 많다고 합니다. 크게 볼 때, 전체 인구가 줄어들고 학령 인구도 점차 감소하고 있습니다.

책을 찾는 사람이 점점 줄어들고 있습니다. 덩달아 책을 쓰는 작가도 힘이 빠집니다.

실제 책을 발간하고 가장 큰 문제는 판매입니다. 아무리 좋은 책을 만들었다고 해도 독자들이 사서 읽지 않으면 아무 소용이 없는 것입니다.

이번(2021년)에 낸 두 번째 에세이, '혼자서도 고물고물 잘 놀자'는 책 발간에 정말 심혈을 기울였습니다.

출판사에서 책임을 져주는 기획 출판은 아니지만 파격적인 가격으로 출판이 되었습니다. 교정에도 심혈을 기울였고 내용도 최선을 다했습니다.

그 결과 yes24 '삶의 자세와 지혜' 부문 TOP 100에 올라 베스트셀러(bestseller) 반열(班列)에 들었습니다. 무엇보다 SNS를 통한 홍보와 '고도원의 아침편지'에 소개되어 큰 힘이 되었습니다.

흔히들 좋은 책은 책을 내놓고 이런 마음이 들어야 한답니다.

"내가 독자라면 이 책을 돈 주고 사고 싶은가?"

내가 쓴 책인데도 읽고 또 읽고 있으니 이 질문에 대해 긍정적인 답을 할 수 있을 것 같습니다.

그런데 현실은 그게 아닙니다. 무엇보다 많은 사람들이 책을 읽지 않습니다. 그러다 보니 책이 팔리지 않습니다.

진짜 좋은 책이라면 해가 바뀌고 시간이 흘러 그 진가를 발휘할 수도 있을 것입니다. 오랜 산고를 거쳐 낳은 옥동자같이 수많은 시간을 쏟아부은 책이니까 언젠가 빛을 발하리라 믿습니다.

내게서 책을 읽고 쓰는 일은 이제 인생 2모작의 필수적인 일이 됐습니다. 앞으로도 책과 함께 쭈욱 함께 지내다가 이 땅을 떠나고 싶습니다.

한 가지 바람이 있다면 우리 주위에 책을 읽는 사람이 많았으면 좋겠습니다. 특히, 은퇴 이후 책을 가까이하는 노인들이 늘었으면 더 좋겠습니다. 치매를 예방하고 삶의 질을 높일 수 있는 것이 독서만 한 게 없기 때문입니다.

UN도 책을 권장하고 있습니다. 4월 23일을 유네스코가 '세계 책과 저작권의 날(세계 책의 날)'로 정했습니다. 책의 출판을 장려하고 지적 소유권을 보호하는 의미로 제정되었습니다.

우리나라가 경제적으로 선진국 반열에 올라선 마당에 독서 강국으로 거듭나기를 간절히 바랍니다.

이 만추의 계절에.

노인의 책 읽기

　지하철을 자주 이용합니다. 편리하고 특히 국가에서 노인 대접을 해주기에 늘 고마운 마음으로 타고 다닙니다. 모자라는 만 보를 채우기도 하지만 지하철을 타면서 늘 하는 버릇이 있습니다.
　다름 아닌 글을 쓰는 것입니다. 이 글도 김포 골드라인과 5호선을 타고 가면서 스마트폰 자판을 누르고 있습니다. 지하철을 타노라면 책을 읽는 사람을 찾아보기가 '가뭄에 콩 나듯' 합니다. 모두 스마트폰에 몰입하고 있습니다.
　'책은 마음의 양식'이라고 합니다. 우리 인간에게 몸을 위한 영양가 있는 음식이 필요하지만, 마음을 살찌우는 책 읽기도 그에 못지않게 중요합니다.
　오늘은 나 같은 은퇴 노인들의 책 읽기에 대해 잠시 생각해 봅니다. KBS 다큐 ON '노년, 책을 들다(2021. 11. 26자).' 방송을 의미 있게 시청하였습니다. 노년에도 책을 읽는 사람들과 모임을 국내외 취재로 생생하게 보도하였습니다. 우리나라 노인들의 독서 인구(약 20%)가 선진국 노인들의 독서 인구(약 90%)에 비해 매우 낮았습니다.

가장 큰 이유가 있습니다. 지금의 65세 이상 노인들은 산업 현장에서 일하느라 제대로 교육을 받지 못했습니다. 시골 깡촌에서 자란 나 같은 세대는 한 마을에서 대학을 진학하는 사람이 드물었습니다. 아니 고등학교를 졸업하면 다행으로 여겼습니다.

그러니 은퇴 후 다시 책을 잡는다는 것이 쉽지 않았을 것입니다. 나이가 들면 시력이 떨어지는 것도 책을 멀리하는 중요한 요소입니다. 돋보기가 필요합니다. 젊었을 때와 달리 눈의 피로가 빨리 찾아옵니다.

그런데도 노인에게 독서가 필요한 이유가 있습니다. 우선 100세 시대에 노년의 삶을 풍요롭게 만듭니다. 머리를 계속 쓰니까 가장 무서운 치매를 예방할 수 있습니다. 또한 책을 통해 노인은 삶의 지혜를 터득할 수 있습니다. 일례로 곧 닥칠 죽음을 준비하고 당당히 대할 수 있습니다.

불황을 면치 못하고 있는 출판 업계도 달라지고 있습니다. 시니어 독자를 위한 큰 글자 책, 오디오북(audio book)도 만들어 노인들에게 독서의 즐거움을 되찾아 주고 있다는 소식입니다. 노인들로 구성된 독서 모임도 점차 늘어나고 있답니다. 정말 반가운 소식입니다.

핀란드는 전 국민을 상대로 국가가 체계적으로 독서를 지도하고 있습니다. 현장에 가 보니 느끼는 점이 참 많았습니다. 그래서 제일 살기 좋은 나라가 된 것이 아닌가 느꼈습니다. 거듭 얘기하지만, 나는 하루 가운데 책상에 앉아 책을 읽는 시간이 가장 행복합니다.

시대를 건너뛰어 동서남북의 여러 사람을 만납니다. 그 옛날 읽었던 책을 노년기에 다시 보는 재미도 쏠쏠합니다. 소설은 소설대로 수필은 수필대로 맛이 납니다.

책 한 권을 다 읽으면 맨 뒷장에 짧은 독후감을 적어 놓습니다. 어떤 땐 다소 실망스러운 코멘트(comment)도 있습니다. 하지만 한 권의 책을 다 읽었다는 뿌듯함은 언제나 남습니다.

내 경우, 박사급으로 구성된 '미래혁신포럼'이라는 연구 겸 독서 모임이 있습니다. 연구 과제를 발표하기도 하지만 주로 독서 발표회를 갖습니다. 덕분에 강제(?)로 2주에 한 권씩을 읽습니다. 같은 책을 여러 명이 읽고 서로 독후감을 발표하며 토론 시간을 갖습니다.

참 유익한 시간입니다. 보는 관점이 서로 다르다 보니 책 한 권을 깊숙이 이해하게 됩니다. 물론 내 개인적으로도 여러 권의 책을 사서 봅니다.

나이가 드니 잔글씨를 보기가 점점 어려워집니다. 그래도 책을 놓을 수 없습니다. 요즘 코로나 시대에도 가장 호황을 누리는 곳이 있습니다.

골프장입니다. 골프를 그 누구 못지않게 좋아했습니다. 지금도 싱글 실력을 유지하고 있습니다. 수십 년간 국내외 골프장에 뿌린 돈이 어마어마합니다. 그런데 요즘 주중에도 한 번 라운딩에 약 30만 원 이상이 들어갑니다.

은퇴 후 하루 놀고 하루 쉬는 화백(?)인 내가 부담하기엔 감당이 불감당입니다. 아니할 말로 그 돈이면 좋아하는 책 15권 이상을 살 수 있습니다. 물론 적당한 비유가 아닌 줄 압니다. 그런데 골프장은 늘 만원사례라고 합니다. 반면에 책은 점점 안 팔린다고 합니다.

10대 경제 대국이 독서 후진국이라니 말이 안 됩니다. 100세 시대를 맞이하여 큰일입니다. 책을 멀리하다 보니 노년의 삶의 질이 떨어지고 암보다 더 무섭다는 치매에 걸릴 확률이 높아진다고 합니다.

건강하고 멋진 노년의 삶은 책 속에 길이 있다고 생각합니다. 우리나라도 노인들의 독서력을 높여나가야 합니다. 그것이 진정한 노인 복지라 생각합니다. 그런 의미에서 나는 죽을 때까지 책과 함께 가려 합니다.

책은 내 양식이요 행복의 근원이기 때문입니다.

은퇴 이후에도 일본어에 푹 빠진 이유

은퇴 이후 외국어를 공부하는 사람이 늘어난다고 합니다. 좋은 현상입니다. 여기에 알맞은 운동과 악기 하나가 곁들여진다면 더욱 멋지겠지요.

은퇴 이후 하는 공부가 '진짜 공부'라고 합니다. 경쟁하는 사람이 없고 하면 할수록 재미가 있기 때문입니다. 그게 제게는 일본어 공부입니다.

일본어는 "웃고 들어갔다가 울고 나온다"라고 합니다. 하다 보니 맞는 말인 것 같습니다. 하지만 기쁨도 있습니다. 단어 하나, 회화 하나 그리고 원서를 읽으며 독서삼매에 빠져보는 재미가 쏠쏠합니다. 영화나 드라마를 보고 노래를 따라 부를 수 있는 것은 덤입니다.

돌이켜보니 일본어와의 첫 만남은 삼십 대 초반, 직장에서 실시한 직원 교육이었습니다. 기초부터 하나하나 배워나가는 재미가 쏠쏠했습니다. 가끔 일본 여행을 하면서 간단한 회화를 써먹고 관광 안내장을 읽으며 실력(?)을 뽐내기도 하였습니다. 그러나 한창 일할 나이에 한가하게 더 집중할 수 없었습니다.

세월이 흘러갔습니다. 실력은 늘지 않고 도로 제자리로 돌아왔습니다. 그런데 어느 날 외국인들이 우리나라 말을 하면서 인터뷰하는 모습이

TV를 통해 방영되었습니다. 여러 나라 가운데 일본 홋카이도에 사는 역무원이 혼자서 한글을 배워 대화하는 장면이 나왔습니다. 드라마, 영화 등을 보면서 혼자 배웠는데 너무나도 유창하게 우리말을 구사했습니다.

더 놀라운 것은 아직 한 번도 한국에 가보지 않았다고 합니다.

큰 충격을 받았습니다.

또 하나의 경험입니다.

사십 대 중반에 평소 국악을 너무나도 좋아한 나머지 국립 국악원의 '민요, 장구, 판소리' 과정을 신청하여 퇴근 후 수업을 받았습니다.

한데 내 옆자리에서 열심히 배우고 있는 젊은 여학생이 있었습니다. 나중에 알고 보니 일본 유학생이었습니다. 우리말뿐만 아니라 우리 전통 악기까지 배우는 모습을 보고 깊은 감명을 받았습니다.

다시 책을 잡았지만, 어학이란 게 뚜렷한 목표가 없어서인지 진도가 잘 나가지 않았습니다. 중간에 박사 학위를 이수하면서 영어 이외 제2외국어로 일본어를 선택하여 단기간에 집중적으로 공부했습니다.

그 이후 또 긴 방학에 들어갔습니다. 은퇴 후 유유자적하게 살아가다 보니 뭔가 허전했습니다. 다시 일본어를 잡았습니다. 진짜 한 번 해보려고 단단히 마음을 고쳐먹었습니다.

마침 대학교수 자격으로 일본 동경학예대학(東京學藝大學)의 초청을 받아 현지에 가게 되었습니다. 여러 가지 조건이 좋았지만 혼자서 지내야 하는 어려움을 감내해야 했습니다. 1년이란 짧은 시간이나마 열심히 공부하고 경험한 덕분에 많은 것을 얻고 왔습니다.

어느 날에는 나도 모르게 말을 할 수 있게 되고 고국의 교수들이 방문했을 때, 통역까지 맡아 박수를 받았습니다. 말이 술술 나와 기쁨의 눈물을 흘릴 때도 있었습니다. 이것이 다 배움이 가져다준 선물이라고 생각합니다.

귀국 이후 일본어에 푹 빠져있습니다. 하루일과 중 가장 시간을 많이 잡아먹고 있습니다. 매일 아침 Naver의 '오늘의 일본어'에 나오는 회화와 단어는 단 하루도 빼지 않고 열공(熱工)3)하고 있습니다.

아침 NHK 뉴스를 보고 일본어 방송인 chW, JTV를 애청하고 있습니다. 일본어 성경을 비롯하여 일본 소설이나 수필도 원서를 구매하여 읽고 있습니다. 자전거를 타거나 지하철을 이용하면서도 일본어를 공부하고 있습니다.

인근 문화센터의 일본어 중급반에 들어가 동료들과 함께 열공하고 있습니다. 매일 두서너 시간을 일본어와 함께하니 실력이 부쩍부쩍 늘어나고 있습니다.

왜 그렇게 열심히 하느냐고 궁금해 들 합니다. 언젠가 독립운동가인 김구 선생의 일화를 들은 적이 있습니다. 해방 이후 어느 모임에서 하신 말씀입니다.

"나는 친일 분자입니다. 일본은 우리보다 훨씬 앞서가는 나라입니다. 일본을 따라잡고 아니 극일의 길로 가려면 일본을 제대로 알아야 합니다."

극일의 길이 친일이라니 참으로 옳으신 말씀입니다. 나도 이런 차원에서 일본어를 공부하고 있습니다. 일본을 제대로 알아야 그들을 이길 수 있기 때문입니다. 노인들의 치매를 예방한다지만 그건 부차적인 문제입니다.

배우는 기쁨을 느끼고 언젠가 한일 간 우호 증진을 위해 미력이나마 이바지하고자 합니다. 따라서 일본어에 대한 나의 애정과 관심은 앞으로도 변치 않을 것입니다.

---

3) 열공(熱工): '열심히 공부하다'를 줄여 이르는 말.

계영배에서 배우는 지혜~
가수 김호중을 생각하며

유명 가수 김호중의 음주 운전 뺑소니 사건이 여론의 도마 위에 올랐습니다. 동료 가수인 고 송대관 씨가 얘기했지만 다 돈 때문이라 생각합니다.

가난했던 무명 시절을 거쳐 젊은 나이에 톱가수가 되어 돈방석에 앉으니 잠시 이성을 잃은 것으로 보입니다. 안티 팬들은 과거의 잘못된 흠집까지 찾아내서 매서운 질책을 퍼붓고 있습니다. 하기야 큰 공연을 끝내고 긴장을 풀기 위한 술 한 잔의 여유는 충분히 이해할 수 있습니다.

때로는 실수도 할 수 있을 것입니다. 다만, 본인의 잘못을 타인에게 떠넘기려는 술수를 부리는 바람에 문제를 더 크게 키웠습니다. 대중의 인기를 먹고사는 연예인인지라 타격이 클 것입니다.

공자의 말씀이 생각납니다. "과유불급(過猶不及), 즉 지나침은 못 미침과 같다"라는 말이 있습니다. 논어 선진 편에 나오는데 '중용(中庸)의 도'를 강조한 말입니다. 한마디로 잘 나갈 때, 조심해야지 지나치면 반드시 사달이 나는 게 인생길이라는 것입니다.

보통 사람들의 심리는 다 똑같습니다. 나보다 잘 나고 남이 잘되면 팬히 질투가 생기고 찔러 보고 싶은 마음이 생깁니다.

그래서 연예인이나 정치인뿐만 아니라 어느 분야든 잘 나갈수록 조심조심하라는 의미입니다. 아마도 나 같은 평범한 사람이 실수로 음주 운전을 했다면 세상의 이목을 끌지 못했을 것입니다. 겁이 나서 뺑소니쳤다 하더라도 초범이라 어느 정도 고려가 될 것입니다.

물론 음주 운전은 절대로 하면 안 됩니다. 과거에 맥주 한 병을 마시고 운전하다가 검문하는 것을 보고 논길로 도망가다가 잡힌 적이 있습니다. 솔직히 얘기하고 잘못을 시인했습니다.

검문 경찰이 물을 한 잔 마시게 하고 음주 운전 체크를 했는데 다행히(?) 음주 기준에 못 미치는 수치가 나와 그 자리를 벗어날 수 있었습니다. 그런 일이 있은 다음부터는 음주 운전을 멀리하고 있습니다.

최인호의 소설, 상도에 나오는 계영배 얘기입니다.

주인공 임상옥은 늘 계영배(戒盈杯)를 넣고 다녔습니다. 그것은 7할이 넘으면 다 쏟아지는 특별한 잔이었습니다. 30%의 여유를 늘 두고 살아가라는 깊은 의미가 담겨 있습니다.

인간 만사가 다 그럴 것입니다. 돈이나 명예 그리고 권력에 이르기까지 무리하게 70%를 넘어 100%를 다 채우고 심지어 더 채우려는 욕심이 각종 화를 불러일으킵니다.

나도 한때는 가수가 되고 싶었던 적이 있었습니다. 일찍 꿈을 접은 이유는 돈이 없었기 때문입니다. 전도유망한 젊은 가수가 한 번의 실수로 큰 시련을 겪는 모습을 보니 개인적으로는 안타까운 생각이 듭니다.

계영배!

30%의 여유를 가지고 매사 겸손하게 살아가라는 가르침을 나는 물론 만나는 모든 이웃에게 전하면서 살아가고 싶습니다.

자녀 교육에 대하여~ 자식은 부모가 직접 가르치려 하지 말아야 합니다

우리만큼 자녀 교육에 대한 열정적인 나라가 드물 것입니다. 물론 독특한 자녀 교육으로 유명한 유태인의 사례가 있습니다만. 나는 딸 하나에 아들 하나를 두었습니다. 그런데 자식 농사를 흡족하게 짓지 못했습니다. 후회합니다. 반성합니다. 그 얘기를 해보려고 합니다.

내 주위에 자녀가 잘 된 두 분이 생각납니다. 한 분은 우리 집에 오랫동안 생수를 공급해 주는 박 사장입니다. 늘 웃으면서 신바람 나게 일을 하고 있습니다. 알고 보니 아들이 서울대학교 상대 경영학과에 입학하여 어깨가 으쓱해진 것입니다.

또 한 분은 대학의 청경으로서 허드렛일까지 마다하지 않았던 김 선생님입니다. 아드님이 사법 시험에 합격하여 늘 싱글벙글하셨습니다.

두 분의 공통점은 자녀에 대해 깊은 관심은 가졌으나 직접 가르치지 않고 아낌없는 격려만 했다는 사실입니다.

"자식은 직접 가르치는 것이 아니다"라고 합니다.

이게 뭔 말인지 처음에는 황당했습니다. 지나고 보니 맞는 말입니다.

제 아들이 중학교 저학년 시절 얘기입니다. 수학 문제가 어찌나 어렵던지 내가 공부하지 않으면 풀 수 없는 문제가 많았습니다. 평일 저녁이나 휴일에 직접 가르쳐보니 보통 힘든 게 아니었습니다. 급기야 싫은 소리를 하게 되고 감정의 골이 깊어졌습니다.

사춘기를 거치면서 서서히 벗나가기 시작하여 자식이 웬수4)가 되는 경험을 했습니다. 정규 과정을 다 마치지 못하고 사회생활을 시작하는 모습을 보고 부모로서 가슴이 찢어지는 아픔을 겪었습니다.

다 내 탓입니다. 나보다 더 훌륭한 사람으로 키워보려고 욕심을 낸 것이 큰 부작용을 일으키고 말았습니다. 학원비도 아끼고 학습의 효율도 높일 수 있을 것으로 생각하고 내가 직접 가르치려 했는데 이게 큰 실수였습니다.

"자식은 직접 가르치는 것이 아니다"라는 법칙(?)을 어긴 것입니다.

"난 아버지처럼 공부하기 싫다"라는 아이를 계속 윽박질렀으니 화나게 만들고 공부에 더욱 싫증을 내게 만든 것입니다.

공자도 공리(孔鯉)라는 아들이 있었지만 직접 가르치지는 않았다고 합니다. 그 이유는 자식과 인연을 끊는 최악의 상황은 면하고 싶었기 때문이라고 합니다.

그만큼 자식을 직접 가르치기는 것이 어렵다는 걸 강조하는 것이라는 생각이 듭니다. 더 나아가 자식뿐만 아니라 부모도, 배우자도 형제도 친한 친구도 잘못을 직접 지적하고 타이르고 가르치려 해서는 안 된다고 합니다.

그것이 인연을 오래 이어가는 방법이기 때문입니다. 자식을 키우기가 이렇게 힘들다 보니 출산율이 세계 최저 수준으로 떨어지고 결혼을 해도

---

4) 웬수: '원수1(怨讐)'의 방언(경기, 경상, 전라).

아기를 낳지 않으려는 커플이 늘어나고 있는 가 봅니다.

큰일입니다. 자녀 교육에 왕도는 없다고 생각합니다.

무엇보다 부모가 직접 가르치려 하지 말고 측면에서 응원해 주는 것이 가장 바람직한 자세라고 생각합니다.

그런데 대학을 나오지 못했다고 인생 전체가 실패한 것은 아닙니다. 일평생을 살아가면서 행복을 주는 요소로 학력이 한 가지 요소가 되겠지만 이외에도 건강, 정서적 가치, 인간관계 등 셀 수 없이 많습니다.

우리 아들의 경우, 부부가 열심히 맞벌이를 하면서 딸 둘에 아들 하나를 낳아 잘 기르고 있습니다. 비록 번듯하게 대학을 나오지는 못했지만, 사회에 기여하고 잘 살아가고 있으니, 아비로서 만족합니다.

요즘 결혼을 기피하고 설사 결혼을 했더라도 둘째는 고사하고 첫째도 안 낳겠다는 세상이 되고 보니 국가에 대단한(?) 이바지를 했다고 생각합니다.

100세 시대입니다. 평생 학습 시대입니다. 젊었을 때, 못다 한 공부를 얼마든지 할 수 있는 기회가 옵니다.

나이 들어서 하는 공부가 진짜 공부라고 생각합니다. 늦게나마 진짜 공부를 하길 아들을 사랑하는 아비로서 기원해 봅니다.

쉬면 늙습니다

"쉬면 늙는다(If I rest, I rust)."

우리 나이로 80이 된 세계적인 테너, 플라시도 도밍고의 말입니다. 이제, 그만 쉬라는 주위의 권고를 받고 한 답변이라고 합니다.

인간은 태어나서 죽을 때까지 생로병사의 사이클을 그립니다.

누구도 예외가 없습니다.

하지만 죽을 때 죽더라도 열심히 일하다 죽겠다는 것입니다. 그래야 천천히 늙는다고 합니다. 그리고 열심히 움직이고 공부하면 노화를 늦출 수 있고 나이 들어도 뇌세포는 쓰면 쓸수록 증식한다고 합니다.

매일 아침 테니스를 같이 치는 여든이 넘은 젊은 노인(?)이 계십니다. 대학을 나오시고 책을 펴낼 정도로 공부도 열심히 하십니다.

테니스 실력도 젊은이 못지않습니다. 동작이 빠릅니다. 요소요소 잘 찔러 넣어 게임에서 이기는 경우도 가끔 있습니다.

인생 100세 시대입니다.

여기서 '인생 100년 4계절 설'이 있어 소개합니다.

25세까지가 봄, 50세까지가 여름, 75세까지가 가을, 100세까지가 겨울로 나누었습니다.

이에 따른다면 70세는 단풍이 가장 아름다운 만추의 계절이고, 75세에 비로소 가을의 열매를 거둘 수 있는 때입니다. 물론 긴 겨울이라 할지라도 노력 여하에 따라 멋진 계절로 만들 수 있을 것입니다.

"인간은 호기심을 잃는 순간 늙는다"라고 경영학의 아버지라 일컫는 피터 드러커가 말했습니다. 96세로 타계할 때까지 강연과 집필을 멈추지 않았습니다. 죽을 때까지 공부했습니다.

가까이 보면 우리나라에도 이런 분이 계십니다. 100세가 넘었는데도 현역으로 열심히 뛰는 김형석 교수님이십니다.

끊임없이 새로운 일에 도전하면서 바쁘게 사는 것이 노년의 바람직한 삶이며 장수의 비결이라 생각합니다. 한 걸음 더 나아가 내 이웃에게 도움을 줄 수 있다면 금상첨화이겠지요.

진정으로 성공한 사람이란?

겁나게(?) 세월이 빠릅니다.

가끔 성공에 대해 생각해 봅니다. 아무리 100세 시대라고 하지만 칠십 고개를 넘으니 인생 중간 결산을 할 때가 되었습니다.

"난 성공한 사람일까?" 스스로 자문해 봅니다.

결론은 아직 아닙니다. 물론 일반적인 잣대로는 "이만하면 성공했다"라고 할 수도 있겠습니다.

왜 아닌지 그 얘기를 풀어봅니다.

성공(成功)이란 목적하는 바를 이루는 것입니다.

작은 목표에서부터 큰 목표에 이르기까지 사람마다 그 기준이 다 다릅니다. 돌이켜보면 '베이비부머 세대' 맏형에 해당하는 나는 쌀밥 한 번 실컷 먹는 것이 소원이었습니다. 그만큼 가난했던 시절이었습니다.

그 당시 국민학교(지금의 '초등학교')를 졸업하면 손꼽을 정도만 중학교에 진학하고 대개 농사를 짓거나 공장에 취업했었습니다.

우리 동네에서 유일하게 서울의 대학에 진학한 앞집 누나를 보고 엄청, 부러워했던 기억이 납니다.

대학은 쳐다볼 수 없는 높은 산이었습니다. 그래서 첫 번째 목표는 은행원이 되는 것이었습니다. 대학은 언감생심이었습니다. 우선 돈이 없어 대학은 꿈도 꿀 수 없었습니다.

그래서 돈을 벌어야 했습니다. 당시 가장 대우가 좋았던 곳이 은행이었습니다. 특히, 상고 졸업자들의 꿈이었습니다. 다행히 높은 경쟁을 뚫고 은행에 들어갈 수 있었습니다.

참으로 어려운 1차 관문을 통과했습니다. 그 이후 주경야독의 노력 끝에 감춰 두었던 대학의 문을 두드릴 수 있었습니다. 내친김에 박사학위까지 취득하고 일본 동경학예대학의 초청을 받아 유학까지 갔다 왔습니다.

지점장을 거쳐 대학의 교수까지 거쳤으니 세상적으로는 엄청나게(?) 성공한 것입니다. 하지만 나는 아직도 배움의 갈증이 남아있습니다.

인간이 만든 각급 학교는 다 수료했지만 그게 다는 아닌 모양입니다. 이제 죽을 때까지 혼자서 공부해야 합니다.

스마트폰 시대입니다.

조그만 기계가 못하는 것이 없습니다. 이젠 암기할 필요도 없습니다. 먼지보다 작은 공부를 했다고 으스대는 시대는 지나갔습니다. 이 순간에도 모든 분야가 엄청난 속도로 발전해 가고 있습니다.

한편, 정치나 권력으로 나가 출세한 사람들도 마찬가지입니다. 도지사나 국회의장, 총리 등을 거친 사람들은 꼭 대권에 욕심이 있습니다. 결국 대통령 자리까지 가는 사람이 있습니다. 그 윗자리는 없습니다. 내려와야 합니다. 우리나라는 임기를 끝내고 조용히 살아가는 대통령이 몇 안 됩니다.

대개 감옥행입니다.

그렇습니다.

명예나 권력을 쟁취했어도 성공했다고 할 수 없습니다.

인간의 욕망을 잠시 채워줄 뿐입니다.

진정으로 성공한 사람은 누구일까요?

크고 작은 것이 문제가 아닐 것입니다.

이웃 사람들에게 힘과 용기를 북돋아 주어 이 땅에서 잘 살아가도록 좋은 영향을 끼칠 수 있는 사람이라고 생각합니다. 나 혼자 잘났다고 떠들어봐야 알아줄 사람이 없습니다.

나보다 어려운 사람들에게 작은 것이라도 나눌 수 있는 사람이 진정한 성공자라고 할 수 있습니다.

폐지를 주워 모은 얼마 안 되는 돈을 다 기부하고 떠난 어느 할머니가 계십니다. 채소 장사로 거액의 돈을 모아 다 대학에 기부하고 떠난 노부부도 있습니다.

그분들이 진정으로 성공한 분이라고 생각합니다.

그래서 나온 말이 '주면 남는 진리'입니다.

남는 것은 돈이 아니라 행복입니다. 사는 맛입니다.

그게 진정으로 성공한 사람이 아닐까요.

나도 그런 사람으로 남고 싶습니다.

공부 잘하면 사기꾼(?)이 된다

자식의 종류입니다.

우선 잘나고 공부 잘하면 나라의 자식이고, 돈 잘 벌면 사돈의 자식이며, 못나고 못 배운 자식은 내 자식이랍니다.

우스갯소리입니다만 듣고 보니 그럴듯합니다.

그런데 공부 잘해서 좋은 대학을 나와 좋은 자리를 차지하여 일명 출세를 하면 정노(正道)를 걸어야 하는데 실상은 그렇지 않습니다.

어느 날 멋지게 테니스 한 게임을 하고 난 후 칠십이 넘은 나이에도 사업을 하고 있는 선배님이 던진 말입니다.

"공부 잘하는 놈들은 다 사기꾼 된다."

정치꾼이나 변호사 등 법조인들, 의사들 등 헤아릴 수 없이 많은 머리좋은 사람들이 있습니다. 이들이 다 그런 것은 아니지만 일리가 있는 말로 들립니다.

우리나라에서 중산층 이상의 삶을 영위하려면 좋은 차를 타고 강남의 좋은 집에서 살며 높은 연봉을 받아야 합니다. 출세가 곧 돈을 잘 버는 것이다 보니 어떻게든 빨리 돈을 끌어 모아야 합니다.

무리를 할 수밖에 없습니다.

아니할 말로 정도를 벗어나 주머니를 꿰차야 합니다.

술상에서 하는 말이지만 "변호사는 허가 낸 도둑이다"라고들 합니다. 의사들도 정직한 의사가 많지만, 병원을 경영 차원에서 하다 보니 무리수를 두는 경우를 종종 볼 수 있습니다.

이젠 바뀌어야 합니다.

깨끗한 부자 즉, 청부(淸富) 사상이 필요합니다.

싱가포르, 핀란드, 미국 등 청렴 선진국은 거의 부정이 없습니다. 국회의원들이 자전거로 출퇴근하는 모습을 쉽지 않게 볼 수 있습니다. 특히 기업인들이 윤리 경영을 앞장서서 실천합니다.

우리나라 교육도 문제가 많습니다. 누구나 자녀를 SKY 대학에 보내고 싶어 합니다. 입시지옥입니다.

온갖 사설 학원이 늘어나고 학부모 지갑은 줄어듭니다. 애 하나 키우는데 수억이 들어갑니다. 심지어 뱃속부터 사교육을 계획하는 젊은 부부가 늘어나고 있다는 소식입니다. 이를테면 1~3월에 출산하는, 이른바 '이른 생'이 사교육에 유리하고 잘 적응하여 그때를 출산 시기로 잡는다고 합니다. '3세 반, 영어 유치원'도 벌써 생겼다고 하니 기가 찹니다.

결국 자녀를 위해 무리를 할 수밖에 없습니다. 그러다 보니 결혼을 포기하고 했더라도 아예 애를 낳지 않는 부부가 늘어나고 있습니다.

공부 잘하는 사람이 사기꾼이 되지 말고 이 나라의 발전을 위해 올바르게 힘을 쏟는다면 진정한 선진국이 되리라 생각합니다.

노년을 연구하는 의사들에 의하면 노래를 부르고
폐활량을 늘려주는 악기(색소폰, 오카리나 등)를 연주하는
사람은 건강수명이 길고 평균 수명도 연장된다고 합니다.
특히, 치매에 잘 걸리지 않는다고 합니다.

제3편
취미 생활

잘 노는 사람이 성공합니다.
공자, 왈 "인생을 즐기는 사람이 최고다."

하루하루 즐겁게 살아가는 사람들의 특징 5가지

하루하루 즐겁게 살아가는 사람들이 있습니다. 돈이 많거나 사회적으로 출세한 사람들이 아닙니다. 오히려 소확행[5]의 기쁨을 누리며 자신의 삶을 소중하게 여기는 보통 사람들입니다.

나라도 마찬가지입니다. 미국이나 일본 등 부자 나라 국민이 다 행복한 건 아닙니다. 국가는 가난하지만, 모든 국민이 행복하게 잘 사는 나라가 있습니다. 예를 들면 부탄입니다.

일반적으로 인생길을 즐겁게 살아가는 사람들의 특징입니다. 내가 추구하는 삶의 지표입니다.

첫째, 자기의 삶에 만족합니다. 절대 다른 사람과 비교하지 않습니다. 자기 인생의 주인으로 삽니다. 그렇다고 독불장군은 아닙니다. 다른 사람들과 조화롭게 어울려 살아가려 합니다.

둘째, 지금 이곳에서 행복을 찾습니다. 먼 미래가 아닙니다. 산 현재에 활동합니다. 그렇다고 무작정 사는 것이 아닙니다. 순간순간 행복을 찾

---

5) 소확행: '소소하지만 확실한 행복'을 줄인 말.

는다는 것입니다.

셋째, 자신이 하는 일이 가장 소중한 것으로 생각하고 정성을 쏟습니다. 비천한 직업은 없습니다. 자기가 하는 일은 하늘이 내려주신 일이라고 생각합니다. 이른바 천직의식(天職意識)입니다. 천직의식(賤職意識)이 아닙니다.

넷째, 모든 것을 감사하면서 늘 웃으며 지냅니다. 생각해 보면 공짜로 공기를 실컷 마시고 좋은 경치를 구경하며 자연과 더불어 사는 것이 감사 제목입니다. 재산, 지위, 명예가 행복을 가져다주지 않습니다. 건강하게 살아있다면 그 자체가 축복입니다.

다섯째, 혼자서도 고물고물 잘 놉니다. 세상이 변하고 있습니다. 스마트폰으로 통하는 세상이 된 것입니다. 혼자서 지내는 시간이 늘어납니다. 따라서 혼자서도 고물고물 잘 놀아야 합니다. 여러 가지 취미 생활을 즐기고 고독력[6]을 키워 나가야 합니다. 즐겁게 사는 사람들은 이런 것들이 몸에 배어있습니다.

한편, 삶에 만족하지 못하고 늘 투덜거리며 살아가는 사람들이 있습니다. 이들의 공통점은 자신보다 높은 곳을 바라본다는 것입니다. 늘 요동치는 욕망과 불안 속에서 살아갑니다. 마치 흔들리는 바위에 앉아 있는 것 같습니다.

"들의 풀꽃이나 인생이나 똑같다"라고 법륜 스님은 말씀하셨습니다. 풀도 자연이요 인간도 자연 속의 하나입니다. 너무 큰 의미를 두지 말고 자연스럽게 순리를 따라 살면 그것이 바른 인생길이요 행복이라는 것입니다.

---

[6] 고독력은 고독감 극복 능력이며, 혼자 있는 시간을 창의적으로 활용해 오히려 즐겁고 건강하고 행복하게 즐기는 삶의 태도이다.

결국 마음입니다. 마음먹기에 달렸습니다.
마음은 모든 일의 근본이 됩니다.
인간 만사가 마음먹기에 달렸습니다.
천국이나 극락이 마음속에 있습니다.

"마음 한 번 돌리니 극락(천국)이 예 있구나."

백번 천번 지당한 말씀입니다.

어느 중늙은이의 '놀이 삼매경'

'공자'하면 근엄한 유교의 모습이 떠오릅니다.

그런데 '인생을 즐기는 사람'이 최고라고 주장했습니다. 의외입니다. 그런데 칠십을 넘기고 보니 맞는 얘기로 들립니다. 즐겁게 사는 것이 행복한 일입니다. 노는 것을 강조하다 보니 했던 얘기를 또 하는 일도 있습니다. 새겨서 들으시기 바랍니다.

태어나서 모든 인간은 평균 수명을 살다가 예외 없이 다 자연으로 돌아갑니다. 그러나 어리석은 인간들은 천년만년 동안 살 것처럼 생각합니다. 몸이 망가지든 말든 상관없이 돈과 명예 그리고 부(富)를 향해 내달립니다. 그러다가 어느 날 육신이 망가져 인생의 절벽에 다다르게 됩니다.

그때는 이미 늦습니다.

미국의 부호, 월마트의 창업자인 샘 월튼의 얘기입니다.

그는 무려 1,500억 달러라는 어마어마한 재산을 모았지만 "내가 다 망쳤어(I blew it.)"라는 유언을 남기고 세상을 떠났다고 합니다. 친구가 없었고 손자 이름도 반은 기억하지 못했다고 합니다. 오직 돈밖에 몰랐던 것입니다. 인생을 망쳤다고 자책하며 쓸쓸하게 생을 마감했다고 하니 인생무상입니다.

오늘 하루, 정신없이(?) 놀다가 보낸 시간을 잠시 뒤돌아봅니다. 여느 때처럼 5시 전에 기상하여 하루를 준비했습니다.

우선 다음(Daum)을 열어 메일을 확인하고 '고도원의 아침편지'와 주요 신문의 사설을 읽었습니다. 그리고 네이버(Naver)에서 오늘의 일본어를 회화 중심으로 공부를 했습니다.

곧 국선도 체조가 이어집니다. 아침의 국선도는 수십 년 동안 테니스와 골프, 댄스 등 여러 가지 운동의 기본 체조가 되고 특히 쾌변으로 이어집니다. 6시경에 테니스장을 향해 자전거를 타고 출발했습니다. 자전거는 다리 운동도 되고 차를 이용하지 않아 비용도 절약할 수 있습니다.

테니스장에 도착하면 늘 체조와 더불어 댄싱 연습, 골프 스윙 연습을 간단히 합니다. 이어서 테니스장의 쓰레기통을 치우고 면을 밀대로 깨끗이 밉니다. 게임을 하기 전에 면이 가지런하면 기분이 좋습니다. 작지만 귀한 봉사입니다.

테니스는 수십 년 동안 거의 매일 아침에 하는 운동인데 아직도 질리지 않습니다. 너무 재미있기 때문입니다. 거뜬하게 두세 게임을 하고 마무리 운동까지 합니다. 아직도 체력이 남아있다는 증거입니다.

가끔 운동이 끝나면 아침 테니스 식구들과 콩나물해장국으로 아침 식사를 나눕니다. 여기에 땀을 흘린 후 마시는 막걸리 한 잔은 정말 기막히게 좋습니다. 집으로 오는 길에 텃밭에 들러 물을 주고 여러 작물을 돌봤습니다.

샤워하고 곧바로 색소폰 연습실로 향했습니다. 가까운 거리라 지하철을 이용합니다. 무료라서 좋고 오가는 길을 걷다 보면 만 보를 채우는 데에도 도움이 됩니다. 2시간 정도의 연습을 끝내고 유튜브를 통해 색소폰 연주 기법을 공부했습니다.

    오후에는 김포농협 문화센터에서 2시부터 시작하는 '민요와 장구' 교육을 받았습니다. 1시간 반 동안 장구를 치며 민요를 부르면 신바람이 절로 납니다.

    이어서 왈츠 단체 반의 교육을 받았습니다. 개인 교습도 서울에서 별도로 받고 있지만 리듬을 잃지 않기 위해 다니고 있습니다. 여러 젊은 파트너와 춤을 출 수 있어 나름대로 재미있습니다.

    "춤(댄싱)은 노후에 꼭 필요한 보험이다"라고 하더니 하나도 틀린 말이 아닙니다.

    저녁에는 독서와 일본어 공부가 기다리고 있습니다.

    이처럼 글도 씁니다. 이러다 보니 하루가 번개처럼 지나갔습니다.

    철학자 김형석 교수님은 인생의 황금기가 60세에서 75세까지라고 합니다. 이제 5년여 남았습니다. 이 기간에 내가 진정으로 하고 싶었던 것을 실천에 옮기고 있습니다. 약간의 돈벌이와 봉사도 하고 있지만 무엇보다 "즐기는 것"을 행동으로 옮깁니다. 공자도 주장했듯이.

    오늘 하루가 지나갑니다. 말 그대로 '놀이 삼매경'에 빠진 하루였습니다. 내일은 더 기대됩니다. 칠순 잔치에 색소폰 연주를 하기로 했고 주말 실전 댄스 스포츠가 기다리고 있습니다.

    이만하면 유럽의 은퇴 노인들이 부럽지 않습니다.

    이게 모두 건강하므로 가능한 일입니다.

    건강과 놀이, 둘 다 너무나 소중합니다.

    먼 훗날 이 땅을 떠날 때, "정말 잘 놀고 간다"라는 그 말을 꼭 남기고 싶습니다.

평생 취미는 현역에 있을 때 미리 준비해야 합니다

"건강하고 더디 늙으려면 잘 노는 사람으로 변해야 합니다."

김홍신 작가, 「겪어보면 안다」 중에서

"취미 하나 만들지 않고 평생 일만 하며 살았다"라고 나이 들어 뒤늦게 후회하는 사람을 종종 만납니다.

은퇴 이후 삶의 질(Qualify of life)을 결정하는 주요한 요소로는 건강, 재산, 친구, 일, 취미 생활 등을 들 수 있겠습니다.

이 중에 취미 생활에 관한 얘기입니다.

결론부터 얘기하자면 퇴직 10~20년 전에 미리미리 평생 취미 1~2가지 이상을 꼭 만들어 두라는 것입니다. 가지 수가 많으면 많을수록 좋습니다. 물론 은퇴 후에도 새로 시작할 수 있습니다.

그런데 장기간 즐길 수 있는 취미는 단기간에 습득하기 어려워서 은퇴 이후 시작하면 늦습니다. 아니 불가능한 경우가 대부분입니다.

따라서 젊을 때부터 시작해야 끈기 있게 계속 이어갈 수 있지 나이 들어서는 배우기가 쉽지 않습니다. 늦어도 40대 50대에는 은퇴 후를 대비하여 취미 생활에 관심을 가져야 합니다.

예를 하나 들어봅시다. 내 경우 40대부터 시작한 댄스가 있습니다.

그 당시에는 정식 학원이 별로 없고 대부분 야매(뒷거래의 일본어에서 유래)로 가정집에서 몰래 배우던 시절이었습니다.

나는 다행히 서울역 근처 은행 지점장으로 재직하면서 정식 학원을 찾았습니다. 고객을 찾아 나선다는 명분 아래 꽤 열심히 배운 것으로 기억됩니다.

처음에는 사교댄스로 시작하여 자이브, 룸바, 탱고, 차차차, 왈츠 등 댄스 스포츠의 영역까지 넓혀 나갔습니다. 이젠 그 누구하고도 멋진 춤을 출 수 있습니다. 하지만 이것도 계속하지 않으면 잊어버립니다. 그래서 지금도 문화 센터에서 일주일에 두 번씩 교습을 받고 있습니다.

노인들의 운동으로 댄스만큼 좋은 것이 없다고들 합니다. 내가 산 증인입니다. 이제 인식을 달리해야 합니다.

복지관, 문화 센터 등에 개설되어 있는 댄스반은 늘 만원사례입니다. 하시만 은퇴 이후 직은 돈을 들여 배우려고 하다 보니 성공률이 낮습니다. 현직에 있을 때 당당히 배워야 하는 이유입니다.

또 하나 예를 듭니다. 악기 연주입니다. 여러 가지 악기 가운데 색소폰, 기타를 예로 들어봅시다.

누구나 나이 들어서도 악기 한두 개는 직접 연주해 보고 싶을 것입니다. 우리 세대의 경우, 먹고살기가 바빠서 악기나 다른 취미 생활을 마음껏 즐길 수 없었습니다.

내가 즐기고 있는 색소폰과 기타에 대한 야기입니다. 우선 색소폰은 입문하기가 좀 어렵습니다. 악기 자체도 제법 값이 나가고 연습 장소도 별도 연습장을 이용해야 합니다. 제대로 된 소리를 내기까지 시간이 걸립니다. 초기 접근이 이와 같이 좀 어렵습니다.

따라서 자금의 여유가 있는 현역 시절에 준비하여 배워 놓아야 합니다. 12년이 지난 지금에서야 취미로서 제자리를 잡았습니다. 흘러간 옛날 가요를 비롯하여 좋아하는 곡을 연주하다 보면 두세 시간은 후딱 지나갑니다.

기타도 입문 기간이 꽤 오래 걸립니다. 통기타는 혼자서도 재미있게 연주할 수 있습니다. 코드와 반주를 익히면 되는데 생각같이 진도가 잘 나가지 않습니다.

따라서 기타야말로 재직 중에 틈틈이 배워두면 좋습니다. 책을 읽다가 쉬는 시간에 기타를 연주하면 알차게 시간을 보낼 수 있습니다. 일본어 등 외국어를 공부하듯이 중간에 포기하지 말고 꾸준히 연습하면 좋은 결과가 나올 것입니다.

운동 얘기입니다. 운동은 건강을 지키고 인생의 재미를 더 합니다. 내가 수십 년째 즐기고 있는 골프와 테니스가 있습니다.

먼저 골프입니다. 현역 시절에는 일이 바쁘다는 핑계로 골프에 대한 애착은 있지만 제대로 실력을 올리지 못하고 보기 플레이로서 만족하고 맙니다.

이런 상태에서 퇴직하면 실력도 그렇고 또 비용이 만만치 않아 대부분 채를 놓고 맙니다. 따라서 현역 시절에 어느 정도 실력을 쌓아야 흥미를 느끼고 길게 이어갈 수 있습니다.

내 경우, 꾸준한 연습과 필드 경험을 쌓아 일찌감치 싱글, 이글과 홀인원까지 달성했습니다.

정년 이후에도 한 달에 한두 번 필드에 나가고 평일이나 주말에는 스크린 골프를 즐기고 있습니다. 여전히 싱글 실력을 보유하고 있습니다.

많은 사람이 골프를 치는 이유는 그만큼 재미있기 때문입니다.

한편, 테니스는 상대적으로 비용이 적게 들어 쉽게 접근할 수 있습니다. 하지만 이것도 젊을 때부터 시작해야 7, 80이 넘도록까지 칠 수 있다고 합니다.

퇴직 후 갑자기 치면 관절에 무리가 가지만 젊을 때부터 꾸준하게 쳤다면 별문제가 없다고 노인 의학자들은 한결같이 얘기하고 있습니다.

실제로 나 같은 경우, 20대부터 시작해서 칠십이 된 이 나이까지 매일 치고 있습니다. 다소 격한 운동이지만 재미가 있고 무엇보다 스트레스를 날리고 또 예방할 수 있어 일거양득이라고 하겠습니다. 비용 면에서도 한 달 3만 원 정도이면 족하여 저렴합니다.

위에서 내가 정년 이후에도 즐기고 있는 몇 가지 취미 생활을 소개했습니다. 물론 각자의 취미나 취향이 다 다를 것입니다.

중요한 것은 이것저것 생각하지 말고 우선 무작정 시작해 보는 것입니다. 해보고 재미가 없으면 그만두면 됩니다. 끝까지 갈 수 있는 자기만의 취미를 찾아내는 것입니다.

가장 무의미한 것은 하기 전부터 너무 따져서 결국 아무것도 하지 않는 것입니다.

어떻게든 현직에 있을 때, 멋진 노후를 즐길 수 있는 다양한 취미 생활을 준비해야 합니다. 건강을 지킬 수 있어 적당한 노후 자금과 더불어 행복한 노후를 보낼 수 있기 때문입니다.

우리도 조금만 노력하면 얼마든지 북유럽이나 선진국의 노인들보다 더 멋지게 노년을 보낼 수 있습니다.

남은 세월은 열심히 일만 하는 후배들에게 삶의 진수를 전해주고 싶습니다.

동호회 만남, 우정의 만남, 성공적인 만남

한평생 살면서 한 점의 후회도 없이 살아간 사람은 한 사람도 없을 것입니다. 그 후회를 얼마나 적게 하느냐가 관건이 될 것입니다.

주위에 출세하고 돈도 많고 자식들도 다 잘 된 부러운 사람들이 많습니다. 그런데 이런 사람도 남들에게 말 못할 고민이 하나 이상은 다 있다고 합니다.

그래서 "신(神)은 공평하다"라는 말이 나왔는지도 모르겠습니다.

한 사람에게 건강, 재산, 권력 등을 모두 주지 않았습니다.

돈이 많으면 많을수록 근심 걱정거리가 많습니다. 재벌가들이 상속 문제로 형제간 다툼이 일어나는 것을 심심찮게 보고 있습니다. 이혼 문제로 세상이 떠들썩합니다.

권불십년(權不十年), 화무십일홍(花無十日紅) 즉, "권세는 십 년을 가지 못하고 열흘 동안 붉은 꽃은 없다"라고 했습니다. 세상 모든 것이 유한하고 잠시 왔다간다는 표현입니다.

건강도 마찬가지입니다.

돈 많고 권력이나 명예가 있다고 '건강하라'는 법은 없습니다. 오히려 그것들로 인해 심신이 상하여 수명을 단축하는 경우가 허다합니다.

평생을 교수로 장관으로 문필가로 이름을 떨치던 이어령 교수가 죽기 전에 밝힌 내용입니다.

"나이 차이, 성별, 직업과 관계없이 함께 만나 얘기할 수 있는 사람이 있다면 외롭지 않을 것이다. 조용히 얘기를 듣고 얘기를 나누고 조용히 미소 짓는 그런 친구가 있다면 그것이 성공한 인생이다. 난 그런 진실한 친구가 없어 늙어가며 더욱더 후회스럽기만 하다. 정말 바보스러운 삶이었다."(이어령 교수의 마지막 수업 중에서)

이 얘기를 들으니 은퇴 이후 취미 생활을 같이 하면서 즐겁게 지내는 모임이 얼마나 소중한지 모르겠습니다. 경쟁이 없습니다. 나이도 큰 문제가 되질 않습니다.

내게는 아침 테니스 동호인들과의 모임인 '고촌 테니스회', 골프 모임인 '일산 포럼', '75 골프회' 그리고 고향 또래들이 모인 '또래 골프회'가 있습니다. 나이를 떠나 테니스와 골프를 즐기는 사람들이 모이다 보니 가족 이상으로 친근감을 느낍니다.

비록 큰 출세는 못했지만 오랫동안 함께한 동호회가 있고 우정을 나눌 수 있습니다. 이게 성공적인 삶이 아니고 무엇이겠습니까?

비록 후회할 일이 있긴 하지만.

테니스와 함께한 반백 년 세월

테니스는 스무 살 때부터 칠순을 넘긴 지금까지 꾸준히 치고 있습니다. 오늘도 장마철이라 비가 오락가락했지만 테니스장을 향해 자전거 페달을 힘차게 밟았습니다. 신나게 두 게임을 하고 동호인들과 아침 식사까지 했습니다.

내가 좋아하는 운동에 댄스 스포츠, 골프 등도 빼놓을 수 없지만 테니스를 으뜸으로 삼고 있습니다. 그러고 보니 근 50년, 반백 년의 세월이 흘렀습니다.

매일 아침 일찍 일어나 테니스장으로 향했습니다. 테니스가 너무 재미있고 각종 스트레스를 날릴 수 있었습니다. 비용도 크게 들지 않았습니다. 이것들이 내가 테니스를 계속해 오는 이유 중의 하나라고 하겠습니다.

미국이나 유럽 등 테니스를 좋아하는 나라들에 비해 우리나라는 테니스 인구가 상대적으로 적지만 그래도 동호인 모임이 많고 각종 대회도 많이 열리고 있습니다.

테니스가 여러 가지 질병을 치유한다고 합니다. 현직 암 전문 의사가 본인이 암에 걸려 치료 후 암 경험자로서 테니스를 즐기면서 건강을 되찾고 있다는 얘기(아래 김병천 교수 글 참조)를 듣습니다.

나도 마찬가지입니다.

지난해, 편도에 생긴 악성 종양이 발견되어 치료 후 건강을 유지하고 있습니다. 워낙 초기이고 주치의의 적절한 치료 덕분에 완치의 길을 가고 있습니다. 건강에 대해 자신감을 찾아가고 있습니다.

치료 기간 중 잠시 테니스 라켓을 놓았지만 이내 테니스장을 찾아 예년의 모습으로 돌아갔습니다.

테니스 얘기를 하니 닮고 싶은 분이 생각납니다. 테니스를 치다가 저녁에 댁에서 고이 잠드신 고 민관식(향년 88세) 문교부 장관님이십니다.

테니스 마니아(mania) 중 마니아이셨는데 떠난 당일에도 테니스를 즐기셨다고 합니다. 참으로 대단한 분이었습니다. 무엇보다 죽음의 복을 타고 나신 분입니다.

나도 테니스장을 향한 발걸음을 멈추지 않을 것입니다. 테니스를 치고 집에 돌아와서 잠자듯이 이 땅을 떠나고 싶습니다. 그것이 가장 행복한 마무리가 아닌가 생각합니다.

테니스를 치면서 암을 극복한 김병천 교수의 글에 깊은 감명을 받았습니다. 헬스조선에 게재한 글을 여기에 싣습니다. 독자 여러분 가운데 암 치료를 하는 분이나 나처럼 치료 후 암 경험자로서 살아가는 분들에게 큰 도움이 되리라 믿습니다. 원문 그대로 싣습니다.

운동이 갖는 '위대한' 힘… 암 극복의 열쇠
~김병천 교수(한림대 강남성심병원 대장항문과)

저는 암 진단 받기 훨씬 이전부터 테니스를 즐겨 했습니다. 운동할 때만큼은 스트레스가 하나도 없었습니다. 암 진단 후에는 불안감으로부터 마음을 다스리는 수단으로 테니스를 쳤습니다. 차츰 몸이 회복되면서 '내가 테니스를 치는 사람이 아니었다면, 암을 극복하는 게 더 힘들었겠구나.'하는 생각이 들었습니다. 암 극복의 '열쇠'와도 같던 테니스는 이제 제 인생에서 빼놓을 수 없는 한 부분입니다. 오늘은 암 경험자로서 '운동이 주는 위대한 힘'에 대해 말씀드리겠습니다.

긴장감 해소해 주는 운동
암 진단 후에는 정신적으로나 육체적으로 충격을 받습니다. 암이라는 청천벽력과도 같은 소식에 이어 항암, 방사선, 수술이라는 치료 과정을 겪으며 체력이 많이 저하됩니다.

이러한 충격은 생리학적으로도 영향을 미쳐 치료 예후에 영향을 줄 수 있습니다. 이때 필요한 게 바로 운동입니다. 운동은 교감 신경과 부교감 신경의 균형을 맞추고 정신적·육체적 긴장감을 해소해 줍니다. 이로 인해 우리 몸에 일어나는 생리적인 변화에 긍정적인 영향을 미쳐, 치료 효과를 높일 수 있습니다. 암으로 인한 몸의 변화에 적극적이고 능동적으로 대처하지 않으면, 암과 싸우기도 전에 백기를 들 수도 있습니다.

운동의 긍정적인 효과는 이미 여러 논문을 통해 강조돼 왔습니다. 네덜란드 그로닝겐대 연구팀이 암 환자를 항암 치료와 동시에 또는 치료 후에 운동하는 두 그룹으로 나눴습니다. 그 결과, 항암 치료를 시작하고 운동을 시작한 그룹은 항암 치료가 끝난 뒤 운동을 한 그룹보다 심폐 기능이 더 빨리 회복됐고 피로감을 덜 느꼈습니다. 제가 속해 있는 대한대장항문학회에서도 대장암 환자는 암 치료 직후 1주일에 세 번 이상 중등도 운동을 하라고 권합니다.

사례를 멀리서 찾지 않아도 됩니다. 저 역시 암 치료에 있어서 운동이 얼마나 중요한지를 체감한 사람입니다. 의과 대학 시절부터 쳤던 테니스는 암 진단 후 정신적으로 약해졌던 저에게 암을 이겨낼 수 있는 힘을 불어넣어 줬습니다. 암 수술 후 체력이 저하됐을 땐 밥 먹을 힘조차 없을 정도였습니다. 통증이 심해 숨 쉬기 버거울 때도 많았습니다. 이 모든 걸 버티게 해 준 동력이 바로 '테니스'입니다. 테니스를 빨리 치고 싶어서 몸이 근질근질했습니다.

테니스를 다시 시작해야겠다는 일념으로 무작정 걷기 시작했습니다. 체력을 키워서 하루라도 더 빨리 테니스를 치고 싶었습니다. 수술 후 통증이 있을 때부터 병원 복도를 천천히 거닐었습니다. 몸을 최대한 움직였습니다. 돌이켜보면, 몸을 움직이고 틈틈이 운동한 게 일상으로 빨리 복귀한 비결이 아니었을까 합니다.

몸 회복 기다리기보다, 곧장 움직여야

수술이 끝났다면 가능한 한 빨리, 우리 몸을 활성화할 수 있는 모든 종류의 운동을 시도하세요. 저처럼 아프기 전부터 하던 운동이 있으면 그것을 다시 시작하는 것도 좋은 생각입니다. 다양한 종류의 운동이 있지만, 자연과 함께 호흡하며 온몸을 사용하는 운동을 특히 권장합니다. 유산소와 근력 운동을 병행할 수 있다면 더욱 좋지요.

운동은 멈추지 마세요. 흔히 항암·방사선 치료와 수술의 과정이 힘들다 보니, 운동은 잠시 쉬어가도 된다고 생각하곤 합니다. 항암 부작용 등으로 인해 식욕이 저하되면 체중도 감소해 운동을 최소화하는 경우가 있습니다. 검사나 수술로 인해 금식해야 하고, 암이라는 정신적 부담 탓에 소화도 잘 안되지요. 암 치료로 인해 주의해야 하는 음식이 많아지며 식생활의 변화가 오면서 자연히 체중이 감소합니다. 저 역시 한 달 동안 체중이 4kg 정도 빠진 적이 있습니다.

하지만 이럴 때일수록 운동을 더 하셔야 합니다. 체중이 빠지면서 운동량이 줄면 골격근의 감소가 급속도로 진행됩니다. 이는 혈액 순환을 방해하며 면역력을 떨어뜨립니다. 스트레칭, 제자리 걷기 등과 같이 가벼운 운동이라도 이어가는 게 바람직합니다. 골격근이 증가하면 혈액 순환 및 림프 순환이 활성화되며 면역력이 자연스럽게 올라갑니다. 암을 물리치는 다양한 물질들을 온몸으로 실어 나를 수 있게 되죠. 치료 과정 중 부서진 세포나 암으로 인한 안 좋은 유전자들을 정리할 수도 있습니다.

20대부터 테니스를 해온 암 경험자로서, 테니스는 앞서 설명드린 여러 조건을 충족시키는 운동이라 생각합니다. 유산소 효과를 보면서 근육도 적당히 기를 수 있습니다. 저는 테니스를 치면서 근력 향상, 암 극복에 대한 자신감, 긍정심 등이 활성화되는 걸 많이 느꼈습니다. 또한 테니스는 누군가와 함께해야 하는 운동입니다. 많은 사람과 교류하면서 좋은 에너지를 받을 수도 있었습니다. 어떤 운동을 해야 할지 모르겠다면, 테니스 한번 시작해 보세요. 뭐든 좋습니다. 어쨌든 운동이 암 극복의 열쇠니까요!

출처: 헬스조선(2024. 7. 17.)

12년 차 나의 애마, 자전거 이야기

오늘은 시간을 내서 동네 자전거 대리점을 찾았습니다. 뒤쪽 브레이크 고무가 다 닳아 교체하기 위해서입니다. 제때 갈아줘야 사고를 방지할 수 있습니다.

자전거는 어릴 때, 시골에서 좀 타고 도시 생활을 하면서 멀리했습니다. 본격적으로 타기 시작한 것은 얼마 되지 않습니다.

약 12년 전 정든 직장, 농협을 명예퇴직하면서 거금(60만 원)을 주고 동네 삼천리자전거 대리점에서 구매한 것입니다. 로드용 고급 자전거가 아니지만 기어(gear)가 변속이 잘 되고 웬만한 오르막길에도 끄떡없이 올라갑니다.

농장이나 테니스장을 오갈 때, 참 요긴합니다. 물론 동네 슈퍼나 강화도 일주, 아라 뱃길 왕복 등 중거리 코스도 너끈하게 달렸습니다. 무엇보다 오랫동안 잘 길들여져 내 몸의 한 부분 같습니다. 그동안 선제적으로 자전거 판매 대리점을 찾아 부품을 교체해 왔습니다.

12년 동안 잘 타고 다닙니다.

늘 자전거를 타보니 여러 가지 혜택이 돌아옵니다.

우선 돈이 별로 들지 않습니다. 차를 운행하면 휘발유, 보험료, 세금 등 갖가지 비용이 들어갑니다.

은퇴자가 차 한 대를 굴리자면 거금(?)이 필요합니다.

두 번째는 다리 허벅지 근육을 단련시킬 수 있습니다. 평탄한 길도 있지만 오르막길을 만나면 다리에 힘이 모아집니다. 자연적으로 다리 힘이 튼튼해집니다. 건강 바로미터(barometer)[7]는 허벅지 근육에 있다는 말이 있습니다. 자전거가 이 근육을 키우는 데 안성맞춤입니다.

덤으로 매일 테니스 2~3게임을 하는데 준비 운동이 되어 지금까지 별 탈 없이 즐기고 있습니다.

그런데 자칫하면 사고를 당할 우려가 있습니다. 내 부주의로 인해 큰 사고를 당한 경험이 있습니다.

5년 전 일입니다.

우리 아파트 정문의 내리막 커브 길에서 속력을 내며 도는데 반대편에서 갑자기 택시가 올라오고 있었습니다. 순간 정면충돌을 피하려고 좌측으로 확 넘어지고 말았습니다. 왼쪽 어깨에 금이 가 한동안 병원을 오갔습니다. 그만하길 다행이었습니다. 자칫 대형 사고로 이어질 뻔했습니다. 그 이후 조심조심 타고 있습니다.

사고 얘기를 하니 또 한 번 가볍지 않은 자전거 사고가 있었습니다. 일본 도쿄에서 1년간 외국인 연구 교수로 있을 때 자전거를 타고 테니스장을 향하다가 커브 길에서 막무가내로 달리는 용감한 아주머니와 정면충돌했습니다.

다행히 큰 부상은 없었습니다.

---

7) 바로미터(barometer): 사물의 수준이나 상태를 아는 기준이 되는 것.

"괜찮으세요? (大丈夫ですか。)"

한마디만 하고 툴툴 털고 일어났습니다.

일본은 웬만한 거리는 자전거를 이용합니다. 10km가 넘는 테니스장도 대부분 자전거를 타고 다닙니다. 아이들을 앞뒤에 태우고 싱싱 달리는 젊은 아주머니들이 넘칩니다. 7, 8십 대 아주머니들도 시장을 보거나 운동장에 나갈 때 자전거를 애용합니다. 심지어 대학 구내 주차장에는 학생 수만큼이나 자전거가 빼곡히 차 있습니다.

일본이 우리나라보다 건강 수명이 긴 이유를 여기에서도 찾을 수 있었습니다. 교통 요금이 너무 비싼 탓도 있지만 자전거를 이용함으로써 건강을 지킬 수 있기 때문입니다.

우리는 어떻습니까?

내가 매일 찾는 고촌 테니스장의 경우, 한동네에 살면서도 대부분 자가용을 이용합니다. 아파트 내에서도 마니아를 빼고 자전거를 교통 수단으로 삼는 사람들이 드뭅니다.

자전거를 좋아하다 보니 진짜 마니이들괴 어울립니다. 거의 비싼 로드용 자전거를 타고 다닙니다. 쪽팔려서 좋은 자전거 한 대 살까 했었습니다. 마침 횡성으로 귀촌한 골프 친구가 자기는 타지 않는다면서 로드용 고급(약 2백만 원 상당) 자전거를 헐값(30만 원)에 넘겼습니다. 좀 수리를 해서 타보니 역시 달랐습니다. 졸지에 두 대를 보유하게 되었습니다.

그래도 12년 된 내 애마를 아직도 매일 타고 있습니다. 값보다도 정이 들었고 동네에서 타는데 더 좋습니다.

앞으로도 자전거는 내 이동 수단으로 늘 함께 할 것입니다. 돈도 들지 않고 건강까지 챙길 수 있으니 일거양득입니다.

다만, 사고를 늘 조심하면서.

골프와 친구

우리나라의 골프 인구가 600만 명이 넘고 골프장도 날로 늘어나고 있습니다. 한 조사에 의하면 골퍼 51.8%가 이제 대중화되었다고 답변했습니다. 문제는 비용입니다. 골프 선진국에 비해 비싸도 너무 비쌉니다.

그러다 보니 아직도 골프 하면 부자들의 운동으로 비치고 있습니다. 심지어 대통령을 비롯하여 선출직 공무원들이 골프를 치면 삐딱한 시선을 보내는 실정입니다.

하지만 골프는 여러 가지 스포츠 가운데 가장 매력적인 운동으로 자리매김했습니다.

어느 날 골프의 묘미를 진정으로 아는 4명의 남자에게 물었답니다. "지금 여기 아리따운 여인들이 있는데 이들과 멋진 데이트를 하고 싶냐 아니면 골프를 치고 싶냐?" 했더니 모두 골프를 택했다고 합니다.

이렇게 좋은 골프와의 인연이 꽤 오랫동안 이어져 왔습니다. 삼십 대부터 필드를 찾았으니 근 사십 년이 다 되어 갑니다.

과거 초등학교 시절, 정식 야구 선수 출신이라 골프가 금방 적응이 되었습니다. 싱글, 이글에 홀인원까지 달성하였습니다. 칠순이 넘은 나이에도 싱글 골퍼로서 자부심을 가지고 있습니다.

돌이켜보니 골프는 운동으로 하는 것보다 친교의 차원이 더 강했습니다. 주위에 있는 여러 직장 친구에게 골프를 전수(傳授)8)했습니다.

내게는 아직도 모이는 골프 모임이 세 군데가 있습니다. 하나는 농협 입사 동기 모임인 '75 골프회'인데 퇴직 이후 한 달에 한 번씩 꾸준히 모이고 있습니다.

현직 재직 시에 조금씩 모아둔 목돈이 있어 매번 만날 때마다 그린피(green fee)9)의 일부를 보조해 주고 있습니다. 큰 도움이 됩니다.

올해도 벌써 첫 라운딩을 하고 왔습니다. 아직 필드에 잔설이 남아있어 페어웨이가 제 컨디션이 아니었습니다. 아마도 5월이 돼야지 잔디가 파릇파릇 올라와 골프 치는 맛이 날 것 같습니다.

그리고 고향 또래 친구들의 모임인 '또래 골프회'가 있습니다. 1955년생 위주로 고향 김천 출신의 친구들이 김천 관내 '포도 cc'에서 두 달에 한 번 모임을 가집니다. 작년부터 반 귀농, 반 귀촌하여 고향 친구들과 골프를 통해 우의를 다집니다. 지방이라 그린피가 저렴합니다. 다들 자기 분야에서 성공한 친구들이라 긍지가 대단합니다.

또 하나의 모임은 농협대학에서 은퇴한 교수들과 고양, 김포, 파주 지역에 살고 있는 농협 퇴직 동인들로 구성된 '일산 포럼'이 있습니다. 이 모임은 스크린 골프 위주로 만나는데 십 년 넘게 꾸준하게 이어져 오고 있습니다.

일주일에 두 번 만나는데 재미가 쏠쏠합니다. 적은 돈으로 골프를 즐길 수 있으니, 은퇴자들에게 인기 만점입니다.

---

8) 전수(傳授): 기술이나 지식 따위를 전하여 줌.
9) 그린피(green fee): 골프장의 코스 사용료.

사실 골프가 아니면 입사 동기나 지인들이 인근 지역에 같이 살아도 잘 만나지질 않습니다.

노년에는 친구가 필요합니다.

흉금을 터놓고 지낼 수 있는 친구가 있다면 노년 인생은 성공했다고 할 수 있을 것입니다.

따라서 골프를 치면서 우정을 나눌 수 있다면 그린피가 좀 비싸더라도 충분히 감내할 수 있습니다. 앞으로도 골프는 내 삶의 중요한 한 부분이 될 것입니다.

스크린 골프의 매력

'코로나19'의 기세가 꺾이니 외부 활동이 늘어나고 있습니다.

골프도 마찬가지입니다. 하기야 코로나 기간에도 야외 골프장은 밀려드는 골퍼들로 인해 즐거운 비명을 질렀습니다. 한 번 라운딩에 근 삼십만 원 이상이 들어가도 부킹(booking)10)이 어려울 정도였습니다.

이제는 좀 달라지고 있는 가 봅니다. 많은 골퍼가 해외로 발길을 돌리고 있기 때문입니다. 그리고 나 같은 은퇴 골퍼들은 필드 대신에 스크린 골프를 즐기고 있는 것도 한 요인으로 대두되고 있습니다.

내게는 매주 목요일, 일요일 오후 2시에 정례적으로 모이는 스크린 골프 모임이 있습니다. 고양 파주 김포 지역에 사는 농협 퇴직 동인들이 중심이 된 '일산 포럼'입니다.

특히 같은 장소(SI 골프장)에서 똑같은 가상 CC(마스터즈 클럽 아일랜드 CC)에서 지난 10여 년간 줄곧 치고 있습니다. 좀 지루하긴 한데 여기만큼 어렵지만 재미있는 코스가 없기 때문입니다.

---

10) 부킹(booking): 좌석이나 공간 따위를 미리 확보하기 위하여 예약함.

참말로 오랫동안 한 코스에서 라운드(round)[11]하고 있습니다. 홀마다 핸디캡이 있어서 파 세이브(Par Save)[12]하기가 쉽지 않습니다.

7자는 정말 어렵고 8자 그리기도 쉽지 않습니다. 그런데 오늘은 모처럼 7자 즉 싱글을 달성했습니다.

그분이 내게 온 모양입니다.

동료 스와늬현 프로의 레슨(lesson)이 주효했고 가장 어려운 14번 홀에서 버디를 잡았으니 나 자신도 놀랐습니다. 전반에 1오버를 한 것도 처음 달성한 스코어입니다. 마지막 3홀에서 4타를 까먹은 것이 흠이라면 흠이 되겠습니다.

최근 스크린 골프 애호가들이 늘어나고 있다는 반가운 소식입니다.

하지만 일부 골퍼 가운데 실내에서 치는 스크린 골프를 싫어하는 분들이 있습니다. 방에서 먼지가 너무 많아 건강에 좋지 않다는 게 그 이유입니다.

스크린 골프는 요금이 비교적 저렴합니다. 네댓 시간 잡생각이 들지 않고 샷에 집중하면 운동이 됩니다. 친교는 덤입니다.

오늘같이 어려운 코스에서 싱글(76타)을 달성하면 스트레스가 풀리고 기분까지 좋아집니다.

앞으로도 저렴하고 재미있는 스크린 골프를 계속 칠 것입니다.

일산포럼 식구들과 함께.

---

11) 라운드(round): 골프에서, 경기자가 각 홀을 한 바퀴 도는 일.
12) 파 세이브(Par Save): 홀에서 파를 세이브하는 능력을 말합니다. 꼭 파 온이 되지 않아도 파를 잡아내는 능력을 의미합니다.

민요 가수가 되는 꿈이
영글어 가고 있습니다

꿈이 있는 사람은 삶의 희망에 부풀어 살아갑니다. 한편으론 아무런 꿈도 없이 그냥저냥 살아가는 사람들도 있습니다. 100세 시대이니 은퇴 이후에도 길게는 근 3~40년까지 살아 내야 합니다.

꿈이 없이 살아가기는 너무 긴 세월이 남아있습니다. 나이 들어서 취미 생활을 하는 것은 필수입니다.

제 경우 여러 가지를 하고 있지만 그중에 제일 신나게 즐기는 취미가 바로 민요와 장구입니다. 민요 가수가 되는 꿈도 아직 유효합니다. 오래 전에는 대중 가수가 되는 꿈도 있었지만, 제약이 많아 가슴속에만 담아 왔습니다.

대신에 어릴 적부터 우리 소리에 관심이 많았습니다. 타고난 목소리에다가 흥미가 있어 스스로 배워 창부 타령, 밀양 아리랑, 진도 아리랑, 노들강변 등을 구성지게 불렀습니다.

살아가면서 근심 걱정이 없는 사람이 누가 있겠습니까?

그런데 신나게 장구를 치며 우리 가락을 흥얼거리면 온갖 시름을 다 잊고 신바람이 납니다.

"얼~쑤 좋~다"입니다.

직장과 학업을 병행하면서 틈틈이 짬을 내어 우리 가락을 흥얼거렸습니다. 사십 대에는 국립 국악원에서 민요와 장구 그리고 판소리까지 정규 과정을 밟았습니다. 은퇴 이후 일본 유학을 마치고 돌아와서 본격적으로 배우기 시작했습니다.

김포농협 문화 센터에서 개설한 '민요와 장구' 과정입니다. 서도소리 전수자이신 성정숙 선생님이 지도하고 계십니다. 어언 6년 차에 접어들었습니다. 학교 다닐 때 공부하듯이 정말 열심히 해왔습니다. 거의 빼먹지 않았고 배운 것은 스마트폰으로 다 녹음을 해서 복습하고 있습니다.

가사를 외우기 위해 집안 잘 보이는 곳에 써 붙여 놓고 있습니다. 이렇게 노력하다 보니 변강쇠 타령, 창부 타령, 노랫가락, 태평가 등 많은 곡을 다 외워서 부를 실력이 되었습니다.

물론 장구를 치면서 장단을 멋지게 맞춥니다.

최근에 나갔던 주부 대학, 경로 대학에서 강연을 하면서 요긴하게 써먹고 왔습니다.

진짜 민요 가수가 된 기분입니다.

장구 장단에 맞추어 신나게 부르면 저절로 흥이 나고 듣는 관객(교육생)들도 어깨춤이 절로 납니다.

강의도 살아나고 강사인 나도 신바람이 납니다.

오늘도 가사를 외워가면서 창부 타령을 연습했습니다.

민요 가수의 꿈이 영글어 가고 있습니다.

얼~쑤 좋~다!!!

귀촌의 여유를 만끽하고 있습니다

고향에 내려와 땅콩, 고구마 등 밭작물을 돌보고 컨테이너 방에서 유유자적하게 세월을 보내고 있습니다.

누구나 이런 생각을 할 수 있을 것입니다.

"은퇴하면 농촌에 내려가서 쉬엄쉬엄 일하고 즐기는 취미 생활을 마음껏 하면서 지내고 싶다."

그 실천을 내가 하고 있습니다. 완전 귀촌이 아니라 왔다 갔다 하는 반 귀촌에다가 반 농사꾼이라 하겠습니다.

농사는 아무나 짓나!

맞습니다. 농사는 아무나 지을 수 없는 가 봅니다.

얼마 전 직접 관리기를 이용해서 밭을 갈고 비닐을 덮어씌워 고구마, 땅콩 등을 심었는데 그새 풀이 돋아났습니다. 농사는 물과 풀의 전쟁이라고 하더니 그게 딱 맞습니다.

　농부들은 일손이 부족하여 제초제를 뿌려 잡풀을 제거한다고 합니다. 나는 그럴 수가 없어 일일이 손으로 사이사이에 난 풀들을 다 뽑았습니다. 물은 스프링클러로 충분히 주니 별걱정이 없습니다.

　날씨가 더워서 낮에는 일을 쉬어야 합니다. 막간을 이용해서 책을 보고 일본어도 공부합니다. 그리고 민요와 장구도 연습하고 색소폰도 마음껏 불어 봅니다.

　아파트에서는 소리 때문에 연습할 수 없었는데 이곳 시골 농막에서는 아무 제약 없이 즐길 수 있습니다. 이것도 작은 행복입니다.

　돌이켜보니 이곳에서 태어나 초등학교를 다니다가 외지로 나가서 공부하고 돈도 벌었습니다. 촌놈 중의 촌놈인 내가 도회지로 나가 피 터지는 경쟁을 잘 이겨냈습니다.

　남들은 이런 나를 보고 출세(?)를 했다고 합니다. 하기야 내가 이루고자 했던 것을 다 이루었으니 그게 출세가 아니고 무엇이겠습니까?

　고향은 모든 것을 품어 줍니다. 돈도 권력도 명예도 다 내려놓고 자연과 더불어 살아가라고 합니다.

　책 보다가 잠시 밖으로 나가면 밭에서는 무슨 일이든 내 손을 기다리고 있습니다.

　서울에서의 지난 세월을 되돌아봅니다. 돈이라는 욕망을 추구하기 위해 불철주야(不撤晝夜) 뛰었습니다. 명예를 위해 부단히 노력하였습니다.

　작은 열매를 맺었습니다. 하지만 칠순이 되어 고향에 내려오니 이제 다 내려놓고 쉬어 가라고 합니다. 이것이 생로병사의 흐름을 따라가는 길인가 봅니다.

　'인생 칠십 고래희(人生七十古來稀)', "예부터 사람이 칠십까지 사는 것은 드물다"라고 했습니다.

　물론 지금 같은 장수 시대에는 걸맞지 않는 말이지요. 뒤돌아보니 나도 죽을 고비를 여러 번 넘겼습니다. 그래도 이만하면 하늘의 복을 받았다고 믿습니다. 내일 그분이 날 데려가신다 해도 감사할 따름입니다.

　따라서 남은 세월은 덤이요, 특별 보너스로 여깁니다. 그래서 허투루 하루하루를 보낼 수 없습니다. 나를 자세히 살펴보니 아직도 꿈을 꾸며 살아갈 수 있을 것 같습니다.

　농사를 지을 힘이 있습니다. 글을 쓰고 책을 읽을 수 있습니다. 장구, 색소폰, 기타 등 다양한 악기를 연주할 수 있습니다. 멋진 강의도 할 수 있습니다.

　이른 아침에 잡풀을 베고 책상에 앉으니, 신선이 된 기분입니다.

　농사철이라 바쁜 고향 친구나 서울의 친구들에게도 잠시 연락을 끊고 혼자 시간을 보내니 이 또한 너무 좋습니다.

　인간관계에서 스트레스를 받지 않고 아무 걱정, 염려가 없으니, 이것이 신선의 삶이 아닌가 생각합니다.

　돌고 도는 것이 세상사 이치라고 합니다. 고향에서 지난날을 회고해 봅니다.

　남은 세월을 조용히 그려봅니다.

　언젠가 그때가 오면 모든 것을 다 내려놓고 자연으로 돌아가고 싶습니다. 우리 선조들이 다 그러했듯이.

인생 등산길의 깔딱 고개

등산하다 보면 군데군데 깔딱 고개를 만납니다.

말 그대로 올라가기까지 많은 인내를 요구해서 없는 힘까지 다 내야 올라갈 수 있습니다. 일단 그 고개를 넘으면 막혔던 곳이 훤히 보입니다.

도시가 보입니다.

중·고등학교 시절에 자주 가던 부산의 '성지곡수원지' 뒷산을 오르면 날씨가 좋을 땐 일본의 대마도가 보였습니다.

인생의 길에도 깔딱 고개가 있습니다.

아홉수와 비슷한 개념이라 할 수 있겠습니다. 이를테면 서른아홉, 마흔아홉, 쉰아홉, 예순아홉, 일흔아홉 등을 들 수 있겠습니다.

정상을 향해 오르다가 만나는 이 깔딱 고개를 슬기롭게 잘 넘어가야 합니다. 여러 아홉수 깔딱 고개를 넘어 칠십의 고지에 오르니 지금까지 보지 못했던 게 보이기 시작합니다.

사방팔방(四方八方)이 다 보입니다. 저만치 정상이 보입니다.

그동안 참고 견디며 올라온 인생 여정이 새삼스럽게 되새겨지며 스스로에게 박수를 보내게 됩니다. 머지않아 맞이하게 될 79 깔딱 고개가 희

미하게 보입니다. 정상 바로 아래에 있습니다.

칠십과 팔십 사이는 인생길의 마지막 여정으로 생각하고 준비해야 하는 시기라고들 합니다.

맞습니다.

이제 생로병사의 큰 흐름에 순종하여 후손들에게 자리를 물려주고 흔쾌히 이 땅을 떠나야 합니다. 배운 자나 부자나 권세를 가진 자나 모두에게 공평하게 주어졌습니다.

인생길은 고생길이라고 합니다.

하지만 그 길이 행복을 가져다주는 행복길이기도 합니다.

평탄한 길을 걷다가 깔딱 고개를 만나면 잘 참고 견디며 올라갈 수 있는 지혜를 짜내야겠습니다.

얼마 후 깔딱 고개를 넘으면 행복이 기다리고 있기 때문입니다.

늦기 전에 인생을 즐깁시다

"사랑하면서 살아도 모자라고 감사하면서 살아도 모자랄 짧은 인생, 우리에겐 그리 길게 남아있지 않기 때문에 항상 웃는 날로 아름답고 멋있게 그리고 행복하게 잘 살아야 합니다."

늘 주고받는 지인과의 카톡 내용입니다.
백번 천번 옳은 말입니다.
그런데 알면서도 실천을 제대로 하지 못하는 게 우리 현실입니다.
우리 민요, 태평가의 한 대목입니다.

"짜증을 내어서 무엇 하나 한숨을 쉬어서 무엇 하나 인생 일장춘몽인데 아니 놀지는 못하리라. 니나노 늴리리야, 늴리리야 니나노 얼싸 좋다, 얼씨구나 좋다, 벌 나비가 이리저리 펄펄 꽃을 찾아서 날아든다."

'아니 놀지는 못하리라.' 참 재미있는 표현입니다.
그냥 놀자고 하면 될 것을 부정에 부정을 해서 긍정을 만들었습니다.

그만큼 노는 것을 강조한 것입니다.

인생은 일장춘몽이라, 즉 봄에 꾸는 한 자리 꿈에 지나지 않으니 덧없음을 에둘러 표현했습니다. 물론 일은 열심히 하고 여가 시간을 잘 활용하자는 말로 들립니다.

칠십이 되어 남은 날을 계산해 보니 평균 수명을 산다고 해도 얼마 남지 않았습니다. 아니 할 말로 하루를 금같이 귀하게 여기고, 있는 돈을 너무 아끼지 말고 과감하게 다 쓰고 죽자는 말이 가슴에 와닿습니다.

이제는 즐겁게만 살아도 괜찮을 나이가 되었습니다. 거듭 얘기하지만 공자도 "인생을 즐기는 사람이 으뜸이다"라고 하셨습니다.

돈에 관한 얘기를 좀 더 해봅니다.

먼저, 은행에 있는 돈은 내 돈이 아닙니다. 내 주머니에 넣고 써야지 그게 진정한 내 돈입니다. 은행 지점장 시절에 보니 정기예금을 만기일에 가서 해지하지 않고 이자를 보태어 재예치하는 어리석은 부자를 많이도 봤습니다.

이젠 아닙니다.

또한 돈을 많이 남기면 자식들에게 좋은 것이 아니라 싸움만 시킨다는 말이 있습니다. 부모가 돌아간 후 형제자매 간에 원수로 지내는 사람들이 많습니다.

실제로 오늘 그나마 이 정도로 건강할 때 쓰는 돈과 아파 누워서 쓰는 돈은 천양지차가 납니다. 빠르면 빠를수록 좋습니다. 한 살이라도 젊었을 때, 하고 싶은 것을 해야 하는 이유입니다.

하기야 "늦었다고 생각할 때가 가장 빠르다"라고들 합니다.

노년기에 접어들었다면 이 말도 좀 거시기하게 들립니다.

"늦었다고 생각할 때는 이미 늦었다. 당장 시작하라"라고 반론을 펴는 성질이 급한 사람도 있기 때문입니다. 저도 이 말에 한 표를 보태고 싶습니다.

"건강하게 그리고 재미있게 오래오래 살고 싶다."

모든 사람의 똑같은 소망일 것입니다.
그렇습니다.
결론적으로 늦기 전에 하고 싶은 것을 원 없이 하고 이 땅을 훌훌 떠날 수 있다면 대성공을 거둔 인생이었다고 해도 무방할 것입니다.

☞ (사족)

우리 주위에 은퇴 자금이 여유롭지 않아 집에서만 지내는 은퇴자들이 많습니다. 또한 어느 정도 여유가 있는데도 불구하고 쫌생이처럼 사는 불쌍한 노인들도 많습니다.

생각해 보니 인생이 그리 길지 않습니다. 두 발로 걷고 약간의 여유가 있다면 머뭇거리지 말고 즐기면서 재미있게 살아야 합니다. 그래야 후회 없이 이 땅을 떠날 수 있을 것입니다.

나는 오래전부터 실천해 오고 있습니다.
그 노하우(knowhow)를 이웃에게 전하면서 살아가고 싶습니다.

반려견을 생각하며

요즘 반려견(伴侶犬)을 키우는 사람이 늘어나고 있습니다. 갓난아기를 태우고 가야 할 유모차를 강아지가 차지하고 아파트 구내에서도 애완견과 함께 산책을 나서는 사람들을 쉽게 볼 수 있습니다. 이제 애완견은 한 가족처럼 사람과 더불어 살아가는 반려견이 되었습니다.

엊그제 반려견을 아파트 10층에서 던져 숨지게 한 40대 남성 A 씨에게 법원은 동물보호법 위반 혐의를 적용하여 징역 6개월에 집행 유예 2년을 선고했다고 합니다.

내용인즉슨 반려견이 자기의 손가락을 물어 상해를 입히자, 순간적으로 격분해서 범행했다고 하네요. 이혼 후 우울감이 있는 상태에서 저질렀다고 하지만 모든 반려견 동호인에게 충격적인 사건이었을 것입니다.

나도 딸이 키우는 반려견 3마리를 무척이나 좋아했습니다. 골고루 귀여워해 주고 놀아주었는데 어느 날 외출 후 집에 돌아와 안아 주려고 손을 뻗었더니 순식간에 내 오른쪽 두 번째 손가락을 꽉 물고 말았습니다. 피가 나고 물린 자국이 선명하여 한동안 어찌할 바를 몰랐습니다. 그래도 내가 좋아서 그랬겠지, 하는 생각이 들어 이내 참고 응급조치를 취했습니다.

그 이후 내가 먼저 조심해서 접근하게 됩니다.

우리는 평생을 같이할 사람을 반려자라고 합니다.

살아가면서 여러 가지 모임에서 반려자급 인간관계를 맺고 살아갑니다. 그런데 위와 같이 뜻밖의 사건을 당하여 가슴이 아픈 경우를 허다하게 봅니다.

이렇듯 우리의 인생사에서 가장 큰 아픔을 주는 사람은 가장 가깝게 있는 경우가 많습니다. 반려자에서 웬수가 되어 남남이 됩니다. 그렇게도 친했던 친구가 의리를 저버리고 남보다 못한 사이로 변합니다.

우리 한국 사회는 어릴 때부터 경쟁사회에서 자랐습니다. 좋은 학교, 좋은 대학, 좋은 일자리를 놓고 경쟁하다 보니 승자와 패자를 양산하고 말았습니다.

그 결과 남이 잘되는 것을 무조건 싫어하게 되었습니다. 심지어 4촌이 논을 사도 배가 아픈 세상이 되었습니다.

이러다 보니 "남의 불행이 나의 행복"이라는 비뚤어진 생각을 낳고 말았습니다. 다 경쟁 사회가 빚어낸 결과입니다.

돌이켜보니 지금까지 살아오면서 수많은 경쟁을 뚫고 용케도 잘 살아냈습니다. 크게 출세한 것은 아니지만 내가 하고 싶었던 공부(경영학 박사와 일본 유학)를 실컷 했고 사회적인 성공(은행 지점장과 대학교수)도 거두었습니다.

그런데 그렇게도 건강했던 내가 편도에 악성 종양이 발견되어 졸지에 암 환자가 되었습니다. 진단을 받고 인간적인 고뇌의 순간들이 뇌리를 스치고 지나갔습니다.

반려견에게 물렸던 그 순간보다 더 마음이 아팠습니다.

늘 활달했던 내가 치료받는 기간 동안 우울해서 각종 모임에 나가지 않았습니다. 오로지 책과 운동 그리고 신앙생활을 통해 그 힘든 과정을 잘 이겨냈습니다.

집사람과 가족들, 교회 식구들의 간절한 기도가 이어졌습니다. 너무나도 고마웠습니다.

한편으로는 "너무 잘 나갔던 나를 시기한 나머지 오히려 잘 되었다"라고 비아냥대는 사람들도 있는 것 같았습니다. 충분히 이해하고도 남았습니다. 경쟁 사회에서 나보다 잘난 사람을 시기하고 그 사람이 못되면 좋다고 생각하는 것이 보통 사람들의 마음이니까요.

대충 눈치를 보면 이와 같은 두 부류의 마음을 읽어낼 수 있었습니다. 하지만 다 이해합니다. 그 사람들을 탓하지 않습니다.

나는 "인간의 본성이 선하다"라는 맹자의 성선설을 따르고 싶습니다.

반려견이 너무 사람을 좋아한 나머지 손가락을 물은 것이지 결코 미워서 그러지는 않았다고 믿습니다.

사람도 마찬가지입니다.

암 환자라고 비아냥거리며 잘못되기를 바라는 것같이 들릴 수 있지만 깊은 속내는 그런 것이 아닐 것이라고 장담할 수 있습니다. 인간은 본래 착하니까요.

암은 곧 죽음이라는 생각이 들 정도로 무서운 질병입니다. 하지만 이제는 의술의 발달로 치료할 수 있는 질병입니다.

내 경우, 우연히 목 명울이 만져져 일찍 발견한 덕분에 항암과 방사선 치료로 완치할 수 있는 길을 찾았습니다. 오히려 남은 인생을 더 알차게 보낼 수 있는 계기가 되었습니다.

우리 주위에 암 환자가 너무 많이 발생하고 치료를 받은 후 완쾌하여 정상적으로 살아가는 암 경험자도 수없이 많다고 합니다.
 이러한 현상은 서구화된 식생활과 옛날에 비해 장수하다 보니 자연적으로 늘어난 것으로 생각됩니다.
 통계적으로도 잘 나타나고 있습니다. 일평생을 살아가면서 현재는 3명 중 1명이 암에 걸리지만 머지않아 2명 중 1명꼴로 많아진다고 합니다. 결코 예외가 없습니다.
 여러 가지 검사를 통해 사전에 방지할 수 있지만 오는 병은 어찌할 수가 없습니다. 가장 좋은 방법은 불청객이 찾아왔다면 친구로 맞이하여 잘 놀면서 보내는 것입니다.
 언젠가는 이 땅을 떠나야 합니다.
 건강하게, 보람 있게 살다가 자연으로 돌아간다면 더 이상 무엇을 바라겠습니까?
 여기서 건강은 나 스스로 일상생활을 할 수 있고 정상적으로 판단할 수 있는 최소한의 수준이면 만족합니다.
 주님께서는 일평생 물어뜯은 나를 내팽개치지 않으시고 변함없이 사랑해 주시니 너무나도 감사합니다. 남은 세월은 나도 그렇게 살아가도록 혼신을 바쳐 노력을 다할 각오입니다.

소소한 행복, 집수리

은퇴 이후 집에서 지내는 시간이 늘어납니다. 설거지, 빨래, 형광등 교체를 비롯하여 할 일이 자꾸 생겨납니다. 특히 20년이 지난 아파트이다 보니 소소하게 수리할 곳이 생깁니다.

어제는 세면대 수리를 했습니다. 양치질이나 손 씻기, 세수 등 하루에도 여러 번 사용하는데 며칠 전부터 물이 시원하게 내려가질 않았습니다. 중간에 이물질이 끼여 막힌 것입니다.

보통은 배관 청소용 롱 브러시(brush)나 탄산소다(炭酸 soda)를 이용한다는데 직접 뜯어서 중간에 끼인 머리카락, 오물 등을 제거하기로 하고 작업을 시작했습니다. 나사를 조이는 플라이어도 장만했습니다.

그런데 시행착오를 겪었습니다.

나사를 풀고 배관을 분리하여 머리카락 등 오물을 잘 제거했는데 문제가 생겼습니다. 조립할 때, 고무 패킹(packing)13)을 잘못 집어넣어 자꾸 물이 새는 바람에 고생을 좀 했습니다.

---

13) 패킹(packing): 관(管) 따위의 이음매 또는 틈새 따위에 물이나 공기가 새지 아니하도록 끼워 넣음. 또는 그런 물건. 고무, 가죽, 삼실 부스러기, 석면, 구리, 납 따위로 만든다.

할 수 없이 철물점 아저씨의 도움을 받았습니다. 생전 안 해봤던 일이라 간단한 것도 힘이 들었습니다.

이젠 자신이 있습니다.

내친김에 화장실 변기 밑바닥에 발라놓은 시멘트가 떨어져서 보기가 흉했는데 백시멘트를 발라 튼튼하게(?) 해 놓았습니다.

요령은 백시멘트(2,500원)를 못 쓰는 플라스틱 용기에 물을 붓고 수제비 반죽 정도로 해서 바릅니다. 비닐장갑을 이용하면 좋습니다.

지난번에는 대문 하단 문고리를 사다가 직접 교체했는데 그렇게 편할 수가 없었습니다. 조금만 노력하면 집이 새로워지고 기분까지 좋아집니다.

사람도 마찬가지라고 생각합니다. 칠십이 되도록 사용하니 이곳저곳에서 보수할 곳이 생겨납니다. 미리미리 대비하여 면역력을 키우고 건강을 지켜나가려고 했지만 틈이 생깁니다.

집수리를 직접 해보니 작은 일이지만 소소한 행복을 느낍니다. 더불어 건강에 대해서도 새삼스럽게 관심을 가지게 됩니다. 집수리하듯이 내 몸이 소리를 내면 적극적으로 고쳐 나갈 것을 다짐해 봅니다.

댄스 이야기

코로나가 수년째 지구촌을 뒤덮고 있습니다. 지금도 현재 진행형입니다. 이러한 때에 웬 댄스 이야기를 꺼내느냐고 질책하는 분이 계실 줄 모르겠습니다.

얼마 전 지역농협의 문화센터에서 개설 중인 댄스(사교댄스와 댄스 스포츠) 과정이 신청 당일 새벽에 마감되었다고 합니다. 그만큼 경쟁이 치열합니다. 한때 댄스는 가정집에서 숨어 배우고 카바레나 콜라텍에 갈 때도 떳떳하게 다니지 못했습니다.

이제는 아닙니다. 젊은이들뿐만 아니라 노인들의 놀이로도 손꼽히는 취미로 변모하였습니다. 지역 문화 센터나 노인 복지관에서 제일 먼저 마감이 되는 과정이 '사교댄스'입니다.

그도 그럴 것이 예전에 춤이라면 바람이 난다고 해서 숨어서 야매14)로 배웠습니다.

---

14) 야매: 일을 제대로 된 절차를 밟지 않고 대충대충 날림으로 하는 것을 뜻하는 말. 비슷한 말로는 '가라', '유도리'가 있으며, 반대말은 'FM'이다. 사실은 바로 밑의 소항목에서 의미가 파생된 것으로 추정된다.

세월이 바뀌었습니다.

이제 댄스는 취미 생활로 당당히 자리를 잡았습니다. 특히, 사교댄스는 은퇴 후 가장 해보고 싶은 취미 가운데 1순위라고 하네요.

우선 50~60이 넘었는데 지금 배워서 잘 놀 수 있는지 궁금할 것입니다. 한마디로 얼마든지 할 수 있습니다. 나와 같이 탱고와 왈츠를 배우는 분은 올해 팔십이 넘었는데도 젊은이 못지않은 열정을 내뿜고 있습니다.

다만 약간의 노력과 초기에는 레슨비가 좀 들어갑니다. 여자에 비해 남자는 더 어렵고 시간이 더 걸립니다. 넉넉하게 2~3년은 생각하면서 시작하는 것이 좋겠습니다. 약간은 미쳐야 기간을 단축할 수 있습니다.

시행착오를 최대한 줄이고 꿈을 이루기를 바라면서 제 경험담을 솔직하게 들려주고 싶습니다.

잠깐, 우리가 즐기는 취미에 대해 살펴보고 갑시다. 한평생 살아가면서 삶의 질을 높이기 위해 여러 가지 취미를 가지게 됩니다.

우스갯소리로 그것도 단계가 있다고 하네요.

이를테면 탁구나 배드민턴 → 수영이나 테니스 → 골프 → 승마나 요트 순으로 이어진다고 합니다. 어찌 보면 돈이 많이 들어가는 취미로 나열한 것은 아닌지 모르겠습니다.

물론 우리가 개인별로 즐길 수 있는 것이, 어디 이것뿐이겠습니까?

스키, 당구, 라이딩(riding)[15], 낚시, 그림 등등 열거할 수가 없을 정도로 많지요. 나도 젊었을 때는 낚시광이었고 당구도 놀이 정도는 됐습니다. 애완견을 키워 인근 산을 즐겨 오르기도 하였습니다.

이젠 다 접고 테니스, 골프, 사교댄스와 댄스 스포츠를 주로 하고 색소폰, 기타, 오카리나 그리고 민요와 장구를 즐깁니다.

농사철에는 스무 평이 넘는 텃밭을 가꾸고 독서와 글쓰기, 특히 일본어를 열심히 배우고 있습니다.

이렇듯 많고 많은 취미 생활이 있지만 그중에 댄스를 너무 좋아합니다. 좀 더 구체적으로 얘기해 보겠습니다.

일반적으로 댄스는 사교댄스와 댄스 스포츠로 나눌 수 있습니다.

사교댄스는 콜라텍에서 추는 가장 일반적인 춤으로 지르박, 블루스, 트로트 해서 3종목이 있습니다. 이 3가지만 추면 콜라텍을 이용할 수 있습니다.

그리고 댄스스포츠는 서양의 라틴댄스와 모던 댄스(modern dance)를 통틀어 일컫는데 10종목이 있습니다.

먼저, 라틴댄스는 라틴음악에 맞춰 추는 춤으로 룸바, 자이브, 삼바, 차차차, 파소도블레(paso doble) 등이 있습니다. 우리나라 콜라텍에서는 룸바, 자이브를 주로 추고 있습니다.

그리고 모던 댄스는 왈츠, 탱고, 퀵스텝, 폭스트롯, 그리고 비엔나 왈츠

---

[15] 라이딩(riding): 자전거를 타는 일. 단독 라이딩, 단체 라이딩, 장거리 라이딩 따위가 있다.

가 있습니다. 콜라텍에서는 왈츠, 탱고를 추고 있습니다. 콜라텍에 가 보시면 사교댄스와 댄스스포츠 추는 구간을 정해 놓고 있습니다.

일반적으로 사교댄스는 지르박, 블루스, 트로트를 추고 댄스스포츠는 자이브, 룸바, 왈츠, 탱고를 춥니다. 적어도 7가지 춤을 다 출 수 있다면 콜라텍에서 더 멋진 시간을 보낼 수 있을 것입니다.

여기서는 은퇴 후 노인들이 제일 하고 싶다는 사교댄스에 대해 비교적 자세히 알려 드리고자 합니다. 거듭 말씀드리지만, 사교댄스는 지르박, 블루스, 트로트 등 3가지를 말합니다.

콜라텍에 가면 간혹 탱고 음악이 나옵니다. 이때에는 블루스를 탱고 음악에 맞춰서 추면 됩니다.

지르박, 블루스, 트로트를 간단히 설명하면 첫째, 지르박은 6박자로 파트너끼리 붙어서 추는 것이 아닌 어느 정도 거리를 줍니다. 그만큼 변화가 자유롭고 기술도 많아 처음에는 배우기가 어려우나 나중에는 재미있습니다. 남성들이 리드해야 하므로 여성보다 배우기가 어려워 시간이 더 걸립니다.

둘째, 블루스는 느린 4박자에 맞춘 춤으로 부드럽게 이어지는 관계로 여성들이 좋아합니다. 처음 보기에는 쉽게 보이지만 입문 단계에서 좀 어렵습니다.

셋째, 트로트는 천천히 걷는 식의 춤으로 비교적 배우기가 쉽습니다. 나중에 단련이 되면 트로트를 추면서 동시에 지르박, 탱고를 함께 출 수 있습니다.

댄스를 하면 좋은 점이 한두 가지가 아닙니다.

우선 건강해집니다. 한두 시간 음악에 맞춰 즐겁게 운동하면 스트레스가 확 풀리고 근육도 늘어납니다. 특히, 나이보다 젊게 보이고 치매 예방에도 좋다고 합니다.

둘째는 자세가 좋아집니다.

블루스나 왈츠를 비롯하여 모든 춤은 자세를 똑바로 해서 춰야 멋있습니다. 자연적으로 허리가 꼿꼿하게 펴지기 때문에 평소에도 자세가 멋있습니다. 관절이나 허리에 큰 무리가 없습니다. 노인 티가 나지 않습니다.

셋째는 건전하게 이성 친구를 사귈 수 있습니다. 노인이 되면 친구가 꼭 필요하다고 합니다. 백 살이 넘도록 왕성하게 활동하고 계시는 김형석 교수님은 나이 들면 꼭 이성 친구를 사귀라고 권면하십니다.

물론 건전하게 사귀라는 말씀이겠지요.

다른 취미 생활을 하면서도 이성 교제를 할 수 있을 것입니다. 댄스는 서로 모르는 사람끼리 추는 것이라 예의가 상당히 중요합니다. 그런데 여러 사람과 추다 보면 나와 딱 맞는 이성을 만나게 됩니다. 자연스럽게 친구가 되어 댄스를 즐깁니다.

또 하나 좋은 점은 노는 비용이 적게 들어갑니다. 요즘 콜라텍의 입장료가 2천 원에 옷을 맡기는데 천 원입니다. 3천 원에 놀 수 있으니 정말 가성비가 높습니다.

이제 사교댄스는 '생활 체육'으로 국민 건강을 도모하고 삶의 활력을 주는 건강한 운동으로 자리를 잡았습니다.

이렇게 좋은 댄스에 어떻게 입문하게 되었느냐고요?

내 경험담을 솔직하게 들려주고 싶습니다.

배우게 된 동기는 이렇습니다.

제주도 여행을 갔을 때 좀 비싼 호텔의 연회장을 찾았습니다. 한참 시간이 지나자, 생음악이 나오고 나를 빼고 모두 무대로 나가 춤을 췄습니다.

처음 보는 여성과 멋지게 춤을 추는 모습을 보고 너무 부러웠습니다.

특히 블루스를 출 때, 안고 돌아가는 모습이 너무 좋았습니다.

그때 서울로 돌아가면 꼭 배워보고 싶었습니다. 우선 사교댄스에 관한 책을 모조리 구매하고 일독을 했습니다. 그런데 댄스가 몸으로 하는 운동이라 책을 봐서는 통 이해가 되지 않았습니다.

40대 중반을 넘어선 은행 지점장 시절이었습니다. 퇴근 후 짬을 냈습니다. 남자 원장을 면담 후 바로 접수했습니다. 1년 치를 선납하면 두 달 치를 깎아 준다는 말에 선뜻 거금(!)을 지급하고 등록했습니다.

첫 수업은 지르박이었습니다. 6박자인 지르박은 사교댄스의 가장 핵심 과목입니다. 한데 이게 생각보다 쉽지 않았습니다. 특히 남자는 여자를 리드해야 하므로 더 어려웠습니다.

땅바닥에 그림을 그려서 발을 완성해 놓으면 손이 안 되어 진도가 좀처럼 나가지 않았습니다. 나중에 알았지만, 레슨비를 한꺼번에 주면 원장들이 잘 가르쳐 주지 않는다고 합니다. 빨리 배우고 싶은 마음을 춤 선생들이 교묘하게 이용한다고 하니 주의해야 합니다.

1차 시도에 실패했습니다.

한동안 포기하다가 다시 학원의 문을 두드렸습니다. 두 번째 만난 원장 선생님은 성실하게 가르쳐주는 분이었습니다. 나중에 춤 선생 하려고 그렇게 열심히 배우느냐는 핀잔을 들을 정도로 열심을 냈습니다. 이후 서너 분의 선생을 거쳐 어느 정도 춤을 출 수 있게 되었습니다.

처음에는 댄스 학원을 찾아 개인 교습을 주로 받았습니다. 나중에는 학원이나 문화 센터 등에서 하는 단체 반에 등록하여 꾸준히 기술을 연마했습니다. 아무래도 단체 반은 수강료가 개인 교습에 비해 저렴(대개 월 10만 원)합니다.

요즘에는 개방이 되어 배울 곳이 많습니다. 우선 동사무소 문화 센터

나 지역농협의 문화 센터, 노인 복지관, 댄스 학원, 심지어 대학의 최고위 과정에서도 댄스를 가르치고 있습니다.

처음에는 학원의 개인 교습을 추천해 드립니다. 단체 반에서와 달리 개인 특성에 따라 가르치기 때문에 기간을 단축할 수 있기 때문입니다.

제 경우, 콜라텍에서 하는 7종목을 다 추는 데 아직도 탱고와 왈츠는 돈을 내고 배우고 있습니다. 프로들의 동영상도 열심히 보고 있습니다. 더 잘 추려는 욕심도 있지만 댄스는 학문과 같이 끝이 없기 때문입니다.

일본 도쿄에 유학 시절에도 댄스를 즐겼습니다. 일본은 샤코 단스(社交ダンス)라고 합니다.

우리는 지르박, 블루스, 트로트, 탱고, 왈츠, 룸바, 자이브가 주라면 일본은 왈츠, 룸바, 탱고, 삼바 등 댄스 스포츠가 주를 이루고 있습니다.

동네 문화 회관에서 파티 형식으로 만나 춤을 춥니다. 7, 80대는 기본이고 90대도 신나게 춤을 추는 모습을 봤습니다. 일본인들이 건강수명이 긴 것은 댄스를 비롯하여 다양하게 취미 생활을 즐기는 데에서도 그 이유를 찾을 수 있지 않니 생각합니다.

이 글을 읽는 분 가운데 댄스에 관심이 있다면 과감하게 대시해 보실 것을 적극적으로 권해 드립니다.

할 수 있습니다. 인생 100세 시대입니다.

결코 지금도 늦지 않았습니다.

비 오는 날에는 색소폰이 제격입니다

봄비치고는 제법 양이 많습니다. 아침부터 내리기 시작했는데 저녁까지 이어지고 있습니다.

늘 하던 대로 아침 테니스는 빠질 수 없습니다. 웬만한 비가 와도 테니스장에는 여러 사람의 발걸음이 이어져 오고 있습니다.

비 예보가 있어서 평소보다 한 30분 일찍 테니스장으로 향했습니다. 예상했던 대로 나이순으로 미리 와있었습니다.

팔십 대, 칠십 대 그리고 육십 대, 오십 대, 사십 대가 골고루 섞여 있는데 테니스 치기에는 아무런 문제가 없습니다. 오히려 나이가 많을수록 더 잘 칩니다.

빗방울이 제법 굵어질 때까지 게임을 했습니다. 케미컬 코트라 가능합니다. 적은 인원이지만 비 오는 날에도 운동하러 나왔으니 진정한 테니스 마니아입니다.

이렇게 진종일 비가 오는 날에는 책을 보는 것도 좋지만 색소폰 연주가 제격입니다. 마침 다니는 신명교회가 비어있어 혼자서 연습하기에 안성맞춤입니다.

지하철을 타고 교회 연습실로 향했습니다. 색소폰 경력이 근 10년이 넘고 보니 이제 혼자서도 얼마든지 서너 시간은 재미있게 연주할 수 있습니다.

먼저 기본 연습 시간을 가집니다. 호흡법, 박자, 음정, 바이브레이션 등 기본적인 훈련을 충분히 합니다. 이어서 복음 성가나 찬송가를 연습합니다. 언제 요청하더라도 멋지게 연주할 수 있도록 평소에 준비하는 것입니다.

"찬송은 멜로디 있는 기도이다"라는 말이 있습니다.

내가 연주하면서도 은혜를 받습니다. 깊은 감정이 선율에 묻어납니다. 대예배 시 모든 성도에게 진한 감동을 전할 수 있습니다.

이어서 내가 좋아하는 가요, 민요 등을 연주합니다. 칠갑산, 봄날은 간다, 장녹수, 흙에 살리라, 꿈에 본 내 고향 등 흘러간 명곡들입니다.

하도 연주를 많이 했더니 이제 모양을 내며 부를 수 있게 되었습니다. 이렇게 연주하다 보면 두서너 시간은 눈 깜짝할 사이에 지나갑니다. 악기 중에 색소폰은 소리가 커서 집에서는 연주할 수 없습니다. 연습실이나 자기만의 한적한 곳을 찾아야 합니다.

지하철을 이용하니 만 보를 걷는데 도움이 됩니다. 기분이 상쾌합니다. 일본어 공부, 테니스 그리고 색소폰 연주로 하루를 재미있게 보냈습니다.

오늘도 성공한 인생입니다.

외로움을 달래주는 기타(Guitar)

기타는 누구나 한 번쯤 배워보고 싶은 악기입니다.

한때, 통기타 붐이 일어나 통기타 가수들이 가요계를 주름잡았던 적도 있었습니다. 기타는 값이 저렴하고 치기도 그다지 어렵지 않아 쉽게 접근할 수 있습니다.

그런데 가면 갈수록 어려워져 중도에 포기하는 경우가 많습니다.

기타 얘기를 좀 더 해봅시다. 기타는 여섯 개의 줄을 매어 왼손 손가락으로 음정을 고르고 오른손 손가락으로 줄을 튕겨 연주합니다.

중고교 시절, 기타를 들고 노래하는 통기타 가수들이 많았습니다. 그때 기타를 배우고 싶은 생각이 굴뚝같았습니다.

그런데 여러 가지 사유로 차일피일 미루다가 직장인 농협에 들어와 동대문 시외버스터미널 근처에 있는 기타 학원을 처음으로 찾았습니다. 코드와 반주 연습을 나름대로 열심히 했지만 이내 그만두고 말았습니다.

그 후 한참 시간이 흐른 후 대학 교수 시절에 학원 문을 두드렸습니다. 젊은 선생에게 차근차근 배워나갔지만 여기서도 느린 진도에 지쳐 포기하고 말았습니다.

또 시간이 흐른 후, 매주 토요일 저녁에 두 시간에 걸쳐 가르치는 동네 교회 문화 센터의 기타 교실에 등록했습니다. 젊은 직장인들과 함께 흥미진진한 시간을 보냈습니다. 약 4년에 걸쳐 꾸준히 노력한 결과, 눈에 띄게 실력이 늘었습니다. 이젠 선생이 가르치지 않아도 혼자 연습할 수 있는 단계로까지 발전했습니다.

시골 고향에 내려갈 때, 기타를 꼭 차에 싣고 갑니다. 적정한 시간에 기타 연주를 하면 시간 가는 줄 모르기 때문입니다. 유명한 기타 연주가의 말이 생각납니다. 자기는 매일 연습하는데 어떤 땐 단 5분이라도 기타를 만지고 다른 일을 한다고 합니다. 새겨들어야 할 말입니다.

나도 내 연구실 책상 옆에 늘 기타를 세워두고 있습니다. 언제나 기타를 연주하기 위해서입니다.

책상에서 책을 보거나 글을 쓸 때, 잠시 쉬는 시간을 이용하여 기타를 치면 기분 전환이 되고 새로운 힘을 얻게 됩니다. 외로움을 달래줍니다.

축하 모임에서 한두 곡을 연주하면 분위기를 살립니다.

앞으로도 기타는 내 분신으로서 쭈~욱 함께할 것입니다.

오카리나, 맑고 청아한 세계에 빠지다

오카리나는 흙을 빚어 가마에서 구워 낸 도자기형 취주 악기 즉, 불어서 연주하는 악기입니다. 토기 형태의 피리는 아주 오래전부터 존재하였으나 현대의 오 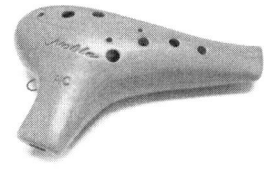카리나 형태는 19세기 이탈리아 부드리오 출신 주세페 도나티(Giuseppe Danati; 1836~1925)에 의해 고안되었습니다.

작은 거위라는 뜻을 가지고 있습니다. 흙을 주재료로 하여 나무, 플라스틱, 유리, 금속, 뼈, 세라믹 등 다양한 재료를 활용하여 제작됩니다.

연주자는 양손으로 악기를 쥐고 취구 부위에 입으로 바람을 불어 넣어 소리를 내는데 이때 악기에 있는 구멍을 손가락 끝으로 막거나 열어주어 음정을 표현합니다. 관악기를 연주할 때, 혀를 사용하여 연주하는 '텅잉(tonguing)' 기법을 사용합니다. 오카리나는 한 손에 쏙 들어오는 친환경적인 악기입니다.

오카리나는 10만 원 내외의 저렴한 가격으로 구매할 수 있으며 소리가 맑고 청아해서 금방 친해질 수 있는 악기입니다. 생활 악기 하나쯤 배워두고 싶은 분들에게 딱 맞습니다.

음악에 대한 깊은 조예가 그다지 없어도 쉽게 접근할 수 있습니다.

초등학교에서는 저학년에서부터 배우기 시작하고 있습니다. 요즘, 복지관이나 문화 센터, 유튜브를 통해서 오카리나를 배울 기회가 많이 있습니다. 나는 농협대학 교수 시절에 처음으로 오카리나를 접했습니다.

처음에는 호흡법이 어려웠습니다. 충분히 호흡을 들여 마시고 천천히 텅잉을 하며 내리 쉬어야 합니다. 자동적으로 복식 호흡이 되어 건강에도 많은 도움이 된다고 합니다.

또한 올바른 소리를 내기 위해 손가락을 정확히 구멍에 누르고 떼야 하는데 이게 쉽지 않았습니다. 연습에 연습을 거듭한 끝에 이것도 곧 숙달되었습니다.

축제 때에는 소프라노, 알토, 베이스 오카리나를 합주하여 큰 박수를 받기도 하였습니다.

오카리나는 각종 행사에 유용하게 사용되고 대외 강의 시에도 연주하면 분위기가 달라집니다. 자주 연주하는 곡으로 '이리랑', '고향 생각', '어머님 은혜', '그리운 금강산' 등입니다.

교회 예배 시에도 뜻을 담아 찬송가를 연주할 수 있습니다.

일본 유학 시 대학의 축제나 공민관 행사 시 일본의 동요 모모타로상(桃太郎さん)과 우리나라 전통 민요인 아리랑을 연주하였는데 호평(好評)을 받았습니다.

은퇴 이후 부담 없이 악기 하나 배워두고 싶은 분들에게 적극적으로 추천하고 싶습니다. 혼자서도 소소한 행복을 느낄 수 있고 정서적인 안정도 찾을 수 있기 때문입니다.

잘 노는 사람이 농사도 잘 짓습니다

우수, 경칩이 지나니 봄이 성큼 다가온 기분입니다.

농사 준비를 서서히 시작합니다.

작년 가을에 수확한 후 남은 농자재를 정리하고 사용한 비닐, 노끈 등도 수거했습니다. 날씨가 더 풀리면 밭을 갈고 퇴비도 넉넉히 넣을 생각입니다.

올해도 집 근처 스무 평의 텃밭을 가꾸고, 시골 300평의 밭에는 고구마와 땅콩 등 농사를 지을 계획입니다. 초보 농사꾼에 지나지 않지만, 그동안 여러 해 짓다 보니 제법 영농 기술이 늘었습니다.

주 작목은 무, 상추, 쑥갓, 가지, 오이, 토마토, 고추 등입니다. 이 가운데 오이 농사는 해마다 성공하여 주위 사람들이 부러워할 정도입니다.

그 비결은 충분한 퇴비를 넣고 위로 잘 뻗어 갈 수 있도록 나무 층계를 만들어 줍니다. 무엇보다 오이 농사는 물 농사라 충분히 물을 주어야 잘 자랍니다.

또한 기본적인 얘기입니다만 매일 같이 돌봐야 합니다. 그리고 대화도 나누고 칭찬도 해주어야 합니다. 모든 작물이 다 그렇듯이 주인의 발걸음 소리와 칭찬을 듣고 성장하기 때문입니다.

그만큼 영농철에는 부지런해야 합니다.

재미가 있습니다. 무공해 채소로 식탁을 풍요롭게 합니다.

이웃에게 나누는 기쁨이 두 배입니다. 건강이 뒤따라옵니다.

특히, 정신 건강에 너무 좋습니다.

텃밭 농사가 은퇴한 노인들의 놀이로 손꼽히는 이유가 여기에 있습니다. 수십 년 동안 농촌 농업과 관련된 기관에서 일하다가 은퇴하고 꾸준하게 농사를 짓다 보니 이제 약간의 노하우가 생겼습니다.

농사는 사람이 짓습니다. 신바람이 나야 합니다. 부지런해야 합니다.

사실, 일이란 자체가 대부분 재미가 없습니다. 특히, 생계를 위해 돈벌이를 목적으로 하는 일이라면 더 그렇습니다. 실제, 직장인의 80~90% 정도가 현 직장에 만족을 느끼지 못한다고 합니다.

농업은 더 말해 무엇하겠습니까?

지난날, 농업 교육원 교수 시절에 만난 전국의 농민들은 하나같이 농사만큼은 자식들에게 물려주지 않겠다고 했습니다.

그만큼 힘들고 수지가 맞지 않기 때문입니다. 그런데 충분히 즐기면서 농가 소득도 올리는 멋쟁이 농업인들이 적지 않았습니다. 그 비결은 뛰어난 영농 기술과 더불어 농사 이외의 시간을 잘 보내는 것입니다.

공부도 하고 다양한 취미 생활을 마음껏 누리고 삽니다. 이 힘으로 농사를 잘 짓더라는 얘기입니다.

어떻게 하면 멋진 농사꾼이 될까요?

이제부터 그 얘기를 좀 구체적으로 하고 싶습니다.

앞서가는 농업인들이 걷고 있는 내용입니다. 초보 농사꾼인 제가 실천하고 있는 사항입니다. 다 아는 것이지만 실천이 문제입니다.

첫째, 건강해야 합니다.

"뭐니 뭐니 해도 머니(money)가 최고다"라는 우스개가 있습니다. 돈이 있어야 하고 싶은 것을 할 수 있지요. 하지만 돈보다 더 귀한 것이 있습니다. 건강입니다.

"돈을 잃으면 조금 잃은 것이고, 사람(명예)을 잃으면 많이 잃은 것이며, 건강을 잃으면 전부를 잃은 것이다."

그렇습니다. 건강은 건강할 때, 지키라고 합니다.
충분한 휴식과 골고루 영양을 섭취해야 합니다.
운동은 기본입니다.
인간은 원래 움직이며 살아가게 되어 있습니다.
농사 자체가 힘든 운동인데 따로 뭐 운동할 필요가 있느냐고 반문할지 모르겠습니다. 아닙니다. 농번기에는 그럴 수도 있지만, 농한기나 틈이 나면 언제라도 본인이 좋아하는 운동을 꾸준하게 해야 합니다.
그래야 효과가 있고 건강 수명이 연장되는 것입니다.
둘째, 끊임없이 배워야 합니다.
세상이 참 빠르게 변하고 있습니다. 농사도 땀 농사에서 '땀 머리 농사'(땀과 머리 농사의 합성어)로 바뀌었습니다. 앞서가는 영농 기술을 배우고 익혀야 합니다. 아울러 늘 책을 가까이하는 습관을 길러야 합니다.
농사지으면서 언제 책을 볼 시간이 있느냐고 할지 모르지만, 농한기도 있고 틈틈이 시간을 내면 이것도 얼마든지 책을 읽을 수 있습니다. 습관을 들이기에 달렸습니다.
농민도 글을 읽고 쓸 수 있습니다. 자연과 벗 하니 순수하고 맑은 글이

나옵니다. 우리가 이 땅을 떠날 때, 후회하는 것이 여러 가지 있지만 못 배우고 가는 것이 가장 크다고 합니다.

따라서 죽을 때까지 배우고 싶은 것이 있다면 주저하지 말고 시작해야 합니다. 나이 들어서는 좀 돈이 들더라도 과감하게 지를 줄 알아야 합니다.

죽을 때, 단 한 푼도 가지고 갈 수 없기 때문입니다.

농민신문에 소개된 인생 2막을 위해 은퇴 후 대학의 문을 두드린 사례입니다. 36년간 농협(홍천 내면농협)에 근무하다 2015년 조합장으로 퇴임한 허남호(65세) 씨 얘기입니다.

그동안 농사를 짓다가 여러 번 좌절을 맛보았다고 합니다. 결국 농업을 제대로 공부해 보겠노라 결심하고 강원대학교 농업생명 산업학과에 입학해서 2022년 졸업했습니다.

그렇습니다. 나이가 들어도 얼마든지 공부할 수 있습니다.

농업 강국인 덴마크의 경우, 은퇴한 노인들을 비롯하여 더 배우고 싶은 농민들로 대학은 늘 만원이라고 합니다.

우리도 그런 시대가 하루빨리 찾아왔으면 좋겠습니다.

셋째, 혼자서도 고물고물 잘 놀아야 합니다.

코로나19가 수년째 지구촌을 괴롭혀 왔습니다. 한때는 청정지역인 우리 농촌에도 바이러스가 침투하여 이웃 간 왕래가 끊어졌던 때가 있었습니다.

그래서 혼자서도 고물고물 잘 놀아야 합니다.

물론 주로 농한기를 이용해야 하지만 농번기에도 틈을 이용하여 즐겨야 합니다. 마음먹기에 달렸습니다.

예를 들면 색소폰이나 기타, 장구 등 자기에 맞는 악기 하나는 연주할 줄 알아야 합니다.

농촌지역의 가을 축제에 가 보면 농민들이 모여 연주도 하고 이런저런 공연을 합니다. 너무 좋습니다. 농사일로 고단하지만 틈을 내서 연습하고 취미 생활을 즐기다 보니 자연스럽게 모임이 만들어진 것입니다.

요즘 댄스 스포츠도 인기가 많다고 합니다. 동사무소 문화 교실에서도 배울 수 있는 인기 만점의 취미가 되었다고 합니다.

아직 입문하지 않았다면 적극적으로 추천을 드립니다. 배워 놓으면 참 좋습니다. 큰 무리가 가지 않고 돈도 크게 들지 않는 노인들의 최고 스포츠이기 때문입니다.

또 세월이 성큼성큼 잘도 갑니다.

농사철이 다가옵니다.

금년도 농사는 건강을 바탕으로 늘 공부하는 초보 농사꾼이 되려고 합니다. 무엇보다 혼자서도 고물고물 잘 놀면서 농사도 잘 짓는 멋쟁이 농사꾼이 되고 싶습니다. 올해도 풍성한 수확을 기대해 봅니다.

나와 이웃을 위해서.

인생은 순간이다

인생은 순간이다!

82세 현역 야구 감독인 야신 김성근 감독이 펴낸 에세이 제목입니다. 재일교포 야구 선수로 출발하여 한국 대표팀을 거쳐서 국내 여러 팀의 감독을 맡아 왔습니다. 특히 SK 와이번스 감독 시절에는 한국시리즈 우승을 차지하여 명감독 대열에 끼이게 되었습니다.

사실 김 감독에 대해서는 야구인들의 호불호가 갈립니다. 하도 선수들을 가혹하게 훈련하다 보니 자율 야구를 주장하는 사람들로부터 비판을 받고 있습니다.

나도 초등학교 시절, 정식 야구 부원으로 활동하였습니다. 옥수수 죽을 먹고 우승을 목표로 진한 땀을 흘렸습니다. 일본 와세다대학을 나온 코치 선생님이 스파르타식으로 훈련을 시켰지만 잘 이겨냈습니다.

이제 야구는 더 이상 하지 못하지만, 테니스, 골프, 탁구 등 공으로 하는 운동은 어느 정도 실력을 발휘하고 있습니다. 또한 학업이나 직장생활에서도 큰 힘이 되었습니다.

아마도 김 감독이 비판을 받고 있는 혹독한 훈련은 선수들 스스로에게 잠재력을 개발토록 하여 프로 세계에서도 살아남을 수 있도록 힘을 보태 주려는 것으로 생각됩니다. 알고 보니 김 감독 스스로 늘 공부하고 선수들과 동고동락하며 최선을 다했다고 합니다.

이번에 안 사실인데요. 암 진단을 세 번이나 받았는데도 불구하고 슬기롭게(?) 다 이겨냈다고 합니다. 특히, 구단 관계자나 심지어 가족에게까지도 알리지 않고 극비리에 수술하고 바로 다음 날 시합에 참석하여 감독 자리를 굳건히 지켰다는 것입니다.

기저귀를 차고 피를 흘리면서도 펑고(fungo)를 쳐주며 정신력으로 이겨낸 것입니다. "정신에 목적의식이 있는 사람은 육체에 지배당하지 않는다"라는 말을 남겼습니다.

참으로 대단한 분입니다. 야구할 때가 가장 행복하다고 합니다.

"미치면 미친다"라는 말이 있듯이 야구에 미친 분임에 틀림이 없습니다. "아직도 야구에 대해 잘 모르겠다"라고 너스레를 뜹니다. 그래서 다시 태어나도 야구를 하겠다고 합니다.

현재도 '최강야구'팀 감독입니다. 여든이 넘은 지금도 선수들과 똑같이 야구장을 누비고 공부를 쉴 새 없이 한다고 합니다.

하루하루를 허투루 보내지 않고 야구를 위해 혼신의 힘을 다 바치니 늙지 않는지도 모르겠습니다. 심지어 그 무섭다는 암도 물리치고요.

김 감독의 야구 인생을 통해 많은 것을 배웁니다. 나이 들어서도 자기가 진정으로 하고 싶은 것이 있다면 머뭇거리지 말고 끝까지 밀고 가라는 것입니다.

그러면 반드시 기회가 찾아온다는 것입니다.

특별히 아침저녁으로 운동을 게을리하지 않고 멋진 야구를 위해 끊임없이 책을 보고 연구하는 자세는 꼭 배우고 싶은 대목입니다.

반 귀촌 반 귀농

베이비부머 맏형인 1955년생이 칠순을 넘겼습니다. 대부분 농촌에서 태어나 도시로 나가 정착을 하고 은퇴했습니다. 물론 이 나이가 되도록 현역으로 뛰는 복 받은 이들도 더러 있습니다.

그런데 약 칠백만, 1차 베이비부머 가운데 극히 일부를 제외하고 도시를 떠나지 못하고 있습니다. 마음속으로는 고향으로 내려가서 옛 친구들과 함께 여생을 보내고 싶지민 그게 쉽지 않습니다.

우선, 집사람이 반대하고 아이들도 도시에서 자리를 잡고 있습니다. 따라서 고향에 혼자 내려가야 하는데 이게 말 같이 실행하기가 어렵습니다.

혹자는 농촌의 인구가 줄어 사라지는 지역이 많은 이때, 그 대책으로 베이비부머의 귀촌을 대안의 하나로 제시합니다. 이론적으로는 말이 됩니다. 하지만 앞에서도 언급했듯이 실행하기가 어렵습니다.

저는 이러한 와중에 재작년부터 반 귀촌 반 귀농을 계획하고 실행하여 오고 있습니다. 일주일에 2~3일 고향에 내려와서 농사를 짓고 있습니다.

반 귀촌을 생각하니 옛날 농촌 주택이라 주거가 제일 큰 문제로 등장했습니다. 그래서 컨테이너를 이용하여 조그만 농막을 준비했습니다. 책상, 잠자리, 냉장고를 비롯하여 색소폰, 장구, 골프채까지 준비하여 완벽한 나만의 세컨드 하우스가 되었습니다. 마음 놓고 공부하고 각종 악기를 연주하니 너무 좋습니다. 골프나 테니스도 얼마든지 즐길 수 있습니다. 요즘에는 농촌에도 골프를 즐기는 멋쟁이 중늙은이가 꽤 있습니다.

오늘 아침에 초등학교 친구와 함께 집 근처에 있는 14홀짜리 파3 골프장을 두 시간가량 돌고 왔습니다. 요금이 15,000원이라 저렴하고 등산 겸 운동을 할 수 있어서 너무 좋았습니다. 귀촌의 기쁨을 맛보았습니다.

다음으로 반 귀농 얘기입니다.

반 귀농은 귀농같이 상주해서 농사일에 매진하는 것이 아니라 틈틈이 농사를 돌보는 것입니다. 사실 농작물은 주인의 발걸음 소리를 듣고 자란다고 하는데 매일 들리지 않으니 제대로 농사를 짓기가 어렵습니다. 그래서 손이 좀 덜 가는 고구마, 땅콩 위주로 심었습니다. 3백 평이 넘는 밭을 혼자 다 하려니 이것도 보통 힘든 게 아니었습니다.

사실, 시골에 농사를 짓기 시작한 것은 여러 해가 지났습니다.

본격적인 농사는 작년부터였습니다. 관리기로 밭을 갈고 퇴비를 넣어 비닐을 덮고 모종을 사서 심었습니다. 틈틈이 내려와서 풀을 뽑고 물도 스프링클러로 충분히 주었습니다.

주위에서는 농협에서 근무하고 농협대학에서 교수를 하다가 은퇴했다고 하면 다들 농사에는 일가견이 있는 것으로 생각합니다.

하기야 농촌에서 태어나 웬만한 농사일은 다 경험하였지만, 직장생활을 하면서 손을 놓고 지내왔습니다. 물론 도시 근교 김포로 이사 온 후 주욱 텃밭 농사를 해왔습니다. 주요 작목으로는 무, 상추, 토마토, 오이, 옥수수, 고추 등입니다. 올해도 집 근처에 땅을 빌려 열심히 드나들고 있습니다. 풍년입니다.

주위 친지들과 나누는 재미가 쏠쏠합니다. 오늘도 고향 밭에 가을걷이가 이어집니다. 고구마를 캐고 내년 농사에 대비하여 씌웠던 검정 비닐을 다 벗기어 별도로 수거했습니다. 이번에 캔 골은 고구마 씨알이 좋고 다섯 박스 이상을 수확했으니 대만족입니다.

그런데 심기도 힘들지만 수확하기도 보통 힘든 게 아닙니다. 호미로 조심스럽게 파내야 하는데 잘못하면 고구마에 상처를 내기 때문에 조심조심해야 합니다. 땅콩도 제법 씨알이 굵어 성공했다고 생각합니다.

이런 와중에도 일본어 공부와 독서는 빠지지 않았습니다.

신나는 민요와 장구 그리고 색소폰 및 오카리나 연주도 곁들였습니다.

내일은 두 골 남은 고구마와 땅콩을 마저 캐야 합니다. 그리고 내가 잠자는 방의 재래식 부엌을 손질해야 합니다. 너무 오래 손을 보지 않았습니다. 마침 동네 친구가 함께 거들어 준다고 하네요. 시멘트와 섞는 모래를 꽤 먼 냇가에 가서 퍼왔습니다.

이만하면 그런대로 괜찮은 반 귀촌, 반 귀농이 아닌가 생각합니다.

물론 아직도 멀었습니다. 워낙 혼자서도 고물고물 잘 노는 데다가 농사로 재미를 붙이다 보니 세월이 어떻게 가는 줄 모르겠습니다.

저를 비롯하여 많은 베이비부머가 귀촌 귀농이 어렵다면 저처럼 반 귀촌 반 귀농을 우선 해 볼 것을 추천해 봅니다.

몸은 좀 힘들지만 재미있습니다. 행복합니다.

내일은 예정된 일을 끝내고 오후에 KTX를 타고 집으로 갑니다.

텃밭 농사를 돌보고 바쁜 일정들이 기다리고 있습니다.

제4편

노년의 지혜

은퇴 이후 시행착오를 겪으며
터득한 삶의 지혜들입니다.
노년의 지혜가 대부분이지만
누구에게나 해당하는 내용도 많습니다.
독자 여러분 모두가 지혜롭게 살아가는데
적은 밑거름이 되길 간절히 바랍니다.

골든 시니어

나이 많은 사람을 늙은이, 노인, 원로 등으로 부르다가 요즘은 시니어(senior)라는 영어를 많이 사용합니다. 예를 들어 노인대학을 원로청년대학이나 시니어 대학으로 고쳐서 부르고 있습니다. 늙는 것도 서러운데 노인이라고 하니 더 싫은 가 봅니다.

요즘은 나이는 노인인데 겉으로는 쌩쌩한 젊은 노인이 늘어나고 있습니다. 칠십이 넘어도 아니 팔십이 넘어도 여러 가지 취미를 즐기며 살아가는 멋쟁이 젊은 노인(young senior)들이 수두룩합니다.

저도 칠순을 넘겼지만 사오십 대 젊은이들과 함께 운동하고 활기차게 취미 생활을 즐기며 살아가고 있습니다.

바람직한 현상입니다.

건강하게 오래 살아야 진정한 장수의 의미가 있을 것입니다. 그런 의미에서 뉴 시니어(new senior)라는 신조어가 생겼습니다. 여유 있는 자산을 기반으로 적극적인 소비 활동을 하고 각종 레저를 즐기는 점에서 기존의 노년층과 구별됩니다.

나아가 골든 시니어(golden senior)라는 신조어도 만들어졌습니다.

베이비부머 세대인 1955~1974년에 출생한 W(Wisdom, Wealth, Well-being, Work) 세대 가운데 상위 10% 수준의 자산을 축적해 풍족한 노후 생활을 즐기는 시니어를 일컫습니다. 다양한 운동과 취미 생활을 즐기며 재산을 자녀에게 상속하기보다 자신을 위해 쓰는 게 특징입니다.

한마디로 멋지고 행복한 노인들입니다. 이 사회가 요구하는 선배 시민으로서 에너지가 넘치는 시니어(energetic senior)라고 할 수 있습니다.

나도 금전적으론 풍족하지 않지만 그래도 골든 시니어가 되고 싶습니다. 이 땅을 떠날 때 후회를 덜 하게 될 것이기 때문입니다.

국가도 마찬가지입니다.

우리나라도 은퇴가 곧 행복이라는 노인천국, 북유럽의 여러 나라를 본받아 골든 시니어를 양산하는 진정한 선진국이 되었으면 좋겠습니다.

나이 들어 혼자서도 고물고물 잘 놀면 그게 최고입니다

「혼자서도 고물고물 잘 놀자(박태호 에세이)」(2021. 4. 15)가 발간된 지 어언 4년이 넘었습니다.

꾸준히 독자의 사랑을 받고 있습니다.

특별히 고도원님께서 그 유명한 아침 편지를 통해 3번씩이나 소개를 해 주셨습니다. 덕분에 'YES24 에세이 부문'에서 베스트셀러 명단에 올랐습니다. 이러고 보니 작가로서 책임감이 느껴집니다.

저의 주요 관심사입니다.

"은퇴 이후 20~30년을 어떻게 하면 잘 보내겠는가?"

주위를 살펴보니 아직도 일을 하는 노인들이 있습니다. 생계형 일자리에 나가는 사람들이 대부분입니다.

생각해 보니 저도 은퇴 이후 10년이 넘는 세월이 흘렀습니다. 그동안 말 그대로 혼자서도 고물고물 잘 놀면서 지내왔습니다. 물론 은퇴 교수 요 강연자로서 대학 시간 강의와 대중 강연을 간헐적으로 해왔습니다.

짧은 시간이나마 데이케어 센터 기사로서 힘든 운전 경험도 쌓았습니다. 돈의 소중함과 육체적인 일이 얼마나 어려운가를 새삼 깨닫게 되었습니다. 그런대로 잘 살아냈습니다.

나이 들면 건강, 돈, 친구가 필요하다고 합니다.

맞습니다.

하지만 결국 혼자가 되고 병이 찾아와 외로움이 들이닥칩니다. 그래서 혼자서도 고물고물 잘 노는 기술을 익혀야 하는 것입니다.

저는 오래전부터 은퇴 이후를 대비해 왔습니다. 사실 혼자라고 하면 우선 외롭고 두렵기까지 합니다. 나 같은 베이비 부머는 혼자서 영화관이나 심지어 식당에 들어가는 것조차도 익숙해 있지 않습니다.

이제 과감히 한번 해 봐야 합니다.

우선 동네 산책, 조조 영화 보기, 맛집 순례, 대형 서점 둘러보기 등 쉬운 것부터 실천해야 합니다. 무조건 집을 떠나 1박 2일 무작정 떠나보는 것도 권장 사항입니다.

집안에서도 각방을 써보고 청소, 빨래, 요리, 설거지 등은 혼자서도 해야 합니다. 나이 들면 여성 호르몬이 많이 나와서 그런지 이런 일이 부담이 아니라 오히려 재미가 있습니다. 계란말이, 부침개, 찌개 등 간단한 요리에 조, 콩 등을 섞어 밥을 지어 먹으면 그렇게 맛있을 수가 없습니다.

식사 후 깨끗하게 그릇을 닦고 음식물 쓰레기를 내다 버리면 주방이 깨끗하게 됩니다. 빨래는 세탁기가 다 해주니 너무 간단합니다.

은퇴 후 혼자 떠났던 일본 유학 시절에 이러한 습관이 많은 도움이 되었습니다.

한편 혼자서도 잘 지내려면 다양한 취미가 필수 요소입니다.

물론 자신에게 맞아야 합니다.

앞에서도 여러 번 소개하였습니다.

저의 주요 취미입니다.

우선 운동으로는 국선도, 테니스, 골프, 자전거 라이딩, 댄스 스포츠, 텃밭 농사 등을 들 수 있습니다. 그리고 악기 연주로 색소폰, 기타, 오카리나, 민요와 장구 등이 있습니다. 독서와 글쓰기, 일본어 공부도 쉬지 않고 하고 있습니다.

한마디로 과로 노인(?)입니다.

언제 이 많은 것을 다 하느냐고 궁금 해들 합니다만 잘 조절하면 해낼 수 있습니다. "나이 들어서 하고 싶은 거는 한다"라는 고집이 쌓인 결과입니다. 물론 현직에 있을 때부터 미리미리 준비해온 것도 비결 중의 하나입니다.

그 노하우를 나누고 싶습니다.

칠십이 넘게 살아보니 '오늘 하루'가 정말 소중하다는 것을 느낍니다.

주어진 오늘 하루를 멋지게 살아내야 합니다.

결론입니다.

혼자서도 고물고물 잘 놀면서 지낸다면 가장 멋있는 노년의 삶이 아닌가 생각합니다. 덤으로 작은 일에도 감사하며 늘 웃으면서 지낸다면 그게 행복이라 믿습니다.

'바보 철학'을 생각해 봅니다

바보 철학 얘기입니다.

흔히, '바보'는 멍청하고 어리석은 사람을 빗대서 하는 순우리말입니다. 지능이 부족하여 정상적으로 판단하지 못하는 사람을 낮잡아 이르는 말이기도 합니다.

이같이 순수한 의미로는 좀 덜떨어진 사람에게 하는 욕으로 사용되고 있습니다. 한데 이게 정반대의 의미가 되는 경우도 있습니다. 이를테면 딸 바보, 손주 바보, 아내 바보, 아들 바보, 조카 바보 등입니다.

여기서 바보 철학이 나옵니다. 바보 철학은 비록 바보는 아니지만 바보처럼 우직하게, 좀 겸손하게 낮은 곳에서 살아가는 생활 철학입니다.

인생길을 달리는 윤활유입니다. 이러한 바보 철학을 실천한 네 분을 소개합니다.

먼저 경봉 스님(대선사)이십니다.

선방의 수좌들에게 하신 말씀입니다.

"바보가 되거라. 사람 노릇 하자면 일이 많다. 바보가 되는 데에서 참사람이 나온다."

잔머리를 너무 굴리지 말고 오직 바보처럼 우직하게 살아가기를 권면하신 말씀입니다.

두 번째로 자칭 바보라고 하신 고 김수환 추기경님이십니다. 삶에 대한 겸양 때문에 바보라고 칭하셨지만, 늘 낮은 자리에서 이웃들과 함께 하셨습니다. 한마디로 바보 철학을 온몸으로 실천하신 분이셨습니다.

세 번째로 일본 굴지의 기업인 혼다의 창업자인 혼다 소이치로(本田宗一郎)입니다.

"머리가 좋으면 성공하는 데 오히려 방해된다. 바보처럼 철저히 몰입할 수 없기 때문이다. 무턱대고 도전하고 웃으면서 바보처럼 일해야 성공할 수 있다."라는 말로 바보 철학에 힘을 실어 주었습니다.

네 번째로 미국의 애플 창업자인 스티브 잡스입니다. 창의력 하나로 세계적인 기업을 일군 그가 한 말입니다.

"계속 배고프고, 계속 바보스러워라(Stay hungry, Stay foolish)."

배고프고 바보스러운 데에서 멋진 아이디어가 나온다는 것입니다.
역시 바보 철학의 선구자였습니다.
저도 바보 철학의 신봉자입니다. 사회생활을 하면서 자연 발생적으로 생긴 내 좌우명입니다.

"항상 웃자. 모두에게 감사하자. 바보가 되자."

이렇듯 바보 철학은 내 좌우명의 하나가 되어 지금까지 지켜오고 있습니다. 사실 세상 사람들은 상대방에 대해 그렇게 신경을 쓰고 있지 않습니다. 하지만 상대가 나보다 더 잘났다고 생각하면 그때부터 시기심이 일어납니다. 심할 경우, 상대방의 자존심이 상할 정도의 스트레스를 주곤 합니다.

한평생 살아오면서 맞닥뜨리는 문제가 참 많았습니다.

내가 어렵게 쌓아 놓은 열매를 너무 시기하여 내게 상처를 준 이들이 더러 있었습니다. 그래서 생긴 것이 "바보가 되자"입니다. 알아도 모르는 척, 바보스럽게 살려고 노력합니다. 늘 겸손한 자세를 유지하려고 노력합니다.

바보에게 손가락질하는 사람은 드물기 때문입니다.

바보 철학은 남은 인생길에도 꼭 지니고 가려 합니다.

나를 위해 그리고 내 이웃 모두를 위해.

화(火)를 잘 참아 내는
도사(道士)가 되고 싶습니다

"화(火)가 나면 15초 정도 참아라.
그래도 못 참으면 밖으로 잠시 나가라."

화를 내지 않는 묘책 가운데 하나라고 합니다. 내가 실천해 보려고 노력해 왔고 앞으로도 지키고 싶은 원칙입니다.

한데 이게 참 어렵습니다.

속 좁은 인간이라서 그런지 내 자존심을 심하게 건드리면 아직도 참기가 힘듭니다. 오죽했으면 내 좌우명을 '바보가 되자'로 정했겠습니까.

칠십이 넘도록 나이를 먹었으면 이제 철이 들고 웬만해선 덜된 놈(?)들의 화나는 말에 일희일비하지 않아야 하는데 그렇게도 다짐하고 훈련했지만, 지금까지 불씨가 남아있습니다.

살다 보면 나도 화를 내야 할 때가 종종 있습니다.

운전 중에 갑자기 끼어드는 차를 보고 급브레이크를 밟습니다. 동시에

"마음이 우울할 때 성질날 때 거꾸로 돌려보세요."

쌍욕이 자동으로 터져 나옵니다. 이럴 때는 상대방이 들을 수 없어 잠깐 화를 내도 문제가 되질 않습니다.

그런데 가장 친한 사람들이 나를 화나게 하는 경우가 있습니다. 주로 동창회나 동호회 모임입니다. 어느 모임에나 그 한 명은 반드시 있다고 합니다. 아니 실제 있습니다. 그 한 사람 때문에 상처를 받습니다.

나이 들어 한 번 마음의 상처를 입으면 영원히 지워지지 않는다고 합니다. 그래서 점점 모임이 줄어들고 혼자서 지내는 시간이 많아지는 가 봅니다.

그래도 어떻게든 남은 세월은 참아 내야 합니다.

정 참기가 어려우면 15초를 참고 밖으로 나오라고 합니다. 실천해 보니 역시 효과가 있었습니다. 앞으로도 명심하여 화를 참아 내는 도사가 되고 싶습니다.

인생 2모작에서도 활발하게 움직이는 나에게 시기의 돌팔매질을 하여 화를 못 참게 하는 놈(?)들이 간혹 있습니다.

그들 입장은 충분히 이해가 갑니다.

"사촌이 논 사면 배가 아프다"라는 인간 본연의 마음을 표출한 것이기 때문입니다.

다짐입니다. 너무 나를 내세우지 말고 바보가 되어 묵묵히 내 앞길을 걸어가고자 합니다.

상처받는 모임에는 과감히 연을 끊어 아예 미래의 화를 방지해야겠다고 다짐합니다.

끝까지 '바보' 철학을 신주 모시듯 가슴에 품고서.

화불단행의 하루

화불단행(禍不單行)이란 "화는 홀로 다니지 않는다"라는 뜻이니 재앙은 빈번히 겹쳐 온다는 말로 주로 사용되고 있습니다.

순수한 우리말로 "엎친 데 덮친다"가 있습니다. 지난날을 되돌아보니 정말 그런 일이 많았습니다. 힘들고 어렵고 안 좋은 일들이 겹쳐 일어난 적이 부지기수였습니다. 그래도 다 이겨내고 오늘에 이르렀습니다.

오늘이 그런 하루였습니다.

갑자기 포럼 식구 중의 한 분이 모친상을 당해 성남시 장례식장을 향했습니다. 동료들과 느긋하게 만날 수도 있었지만, 오후에 신나는 댄스스포츠 연습이 있는 관계로 혼자서 핸들을 잡았습니다. 갈 때는 낮이라 막히지 않고 티맵의 안내에 따라 잘 도착해서 문상을 마치고 곧바로 나왔습니다.

오는 길이 문제였습니다. 빨리 가려고 하다 보니 티맵의 목적지를 우리 집이 아닌 강화도 식당을 누르고 출발했습니다. 티맵의 최근 목적지가 여러 개라 우리 집 바로 옆에 기록된 자주 가는 강화도 식당을 잘못 누른 것입니다.

성남에서 출발한 탓에 가는 방향이 비슷해서 목적지가 잘못된 것을 모르고 계속 달렸습니다. 평소 같았으면 외곽순환도로를 계속 달려야 하는데 이상하게 인천 방향으로 안내했습니다. 아마 상습 정체 구간인 중동 지역이 밀려서 다른 곳으로 안내하나 보다 생각하고 계속 밟았습니다.

인천에 들어서면서 뭔가 이상한 느낌을 받았습니다.

아뿔싸!

목적지를 잘못 입력했다는 걸 그때야 발견하고 곧바로 정정했습니다. 약 30km를 잘못 간 것입니다. 평소 티맵의 내비게이션을 너무 믿은 탓입니다. 아는 길이라면 사람이 더 나은데…….

알면서도 당했습니다. 꼭 사기를 당한 기분이었습니다.

그래도 댄스 스포츠 연습 시간 안에 도착할 수 있어서 다행이라고 위안을 삼았습니다. 여러 남녀가 모여 왈츠, 탱고, 룸바, 차차차 등을 함께 하는 문화 센터 단체 반이라 늘 화기애애합니다.

실력의 차이는 있지만 서로 이해하고 도와줍니다. 개중에는 별난 사람도 있습니다. 좀 잘하는 표시를 내면서 상대방의 실수를 콕 짚어 무안을 주는 못된 심보를 가진 사람이 있습니다.

언젠가 왈츠 시간에 크게 잘못된 동작이 아닌 데에도 손을 탁 치며 무례하게 하는 바람에 무척 기분이 나빴었습니다. 꾹 참았습니다.

오히려 잘한다고 칭찬의 말을 수시로 건넸습니다.

이게 잘못된 것이었을까.

룸바 시간에 또 그런 못된 버릇이 나왔습니다. 내가 크게 틀린 것이 아닌데 반복적으로 지적 질을 세게 하는 것이었습니다. 이번에는 가만히 있지 못하고 싫은 내색을 표시하고 이내 손을 놓고 말았습니다.

수업이 끝나고 좀 거시기해서 사과 조로 말을 건넸습니다. 금방 화를 내면서 오히려 큰 소리로 대꾸해서 순간적으로 놀랐습니다. 스무 살 정도 아래의 딸 같은 젊은 여자에게 그런 황당한 일을 당하니 참 난처했습니다.

모든 것이 내 욕심 때문에 일어난 것이었습니다.

더 잘 춰 보려고 무리하게 댄스 스포츠를 배우다 보니 이런 악재를 만난 것입니다. 또한 쳐다보지 말아야 하는 데 칠십 노인이 잠시 환상에 빠진 대가이리라 생각합니다.

하기야 인생 살면서 늘 좋은 일만 생기면 뭔 재미가 있겠습니까.

살다 보면 좋은 날이 있고 궂은날도 있는 것입니다.

화불단행의 하루입니다.

그러려니 하고 넘어갑니다. 전화위복의 희망을 안고서.

손뼉 칠 때 떠나라

사람은 태어나서 혼자서는 살아갈 수 없습니다. 누군가의 도움을 받기도 하고 주기도 하는 사회생활을 해야 합니다. 그러다 보니 커가면서 이런저런 모임에 가입합니다. 친목이나 관심 분야가 같은 사람끼리 모이는 경우가 대부분입니다.

은퇴 이후에 돌이켜보니 그동안 참 많은 모임에 가입했었습니다. 직장, 고향, 학교, 취미 생활 등등 헤아리기도 힘들 정도로 많있습니다.

그런데 은퇴 이후에는 자연적으로 모임이 줄어듭니다.

대부분 직장 관련 모임이 많았었는데 퇴직하고 보니 자연적으로 없어진 것입니다. 어느 모임이나 다 마찬가지이지만 구성원 모두가 내 마음과 같지는 않았습니다. '안 맞는 사람'이 꼭 있었습니다.

심지어 그렇게도 좋아하는 테니스나 골프 모임에도 거시기한 사람이 꼭 한둘이 끼어있습니다. 운동 그 자체를 좋아하다 보니 그런 사람을 끌어안고 가야 합니다.

하지만 은퇴 이후까지 이런 사람들을 만나 스트레스를 받을 필요가 없습니다. 과감히 정리해야 합니다.

회자정리(會者定離), 즉 만나면 언젠가는 헤어지게 되어 있습니다.

질질 끌다가 속으로 온갖 스트레스를 다 받고 끝내 원수가 되어 완전히 남남으로 지내는 경우를 많이 보았습니다.

결국 때를 놓쳤기 때문입니다.

"잘 나가고 손뼉 칠 때 떠나라"라는 말이 있습니다. 코믹 영화로도 상영된 적이 있습니다.

"가야 할 때가 언제인가를 분명히 알고 가는 이의 뒷모습은 얼마나 아름다운가!"라고 어느 시인은 읊었습니다.

노년에는 혼자서도 고물고물 잘 놀아야 합니다.

가급적 구성원들 때문에 스트레스를 받지 않도록 모임을 정리해 나가는 것이 좋습니다. 많은 모임을 정리했습니다.

그래도 정리해야 할 모임이 남아있습니다. 누구에게나 먼저 주려는 내 성격 때문에 가입된 모임에서 선뜻 정을 떼기가 어렵습니다.

지금까지 그래왔듯이 내 가슴속에 무엇인가 딱 걸리면 그때가 나올 때입니다. 누가 박수를 쳐 주지 않더라도 아쉬움이 남는다면 성공적인 헤어짐이라 생각합니다.

물론 약간의 아픔이 수반되겠지요. 사람과의 만남이라 정을 떼기가 쉽지 않습니다. 하지만 내 뜻과 맞지 않은 모임에 계속 남아있다면 그것이 오히려 고통이라 생각합니다.

오늘(3. 20)이 춘분(春分)입니다. 낮의 길이가 밤보다 더 길어집니다. 뒷산에 오르니 진달래가 꽃망울을 터뜨렸습니다. 만물이 소생하는 봄입니다. 이런 좋은 계절에 '헤어짐'을 생각하다니 겨울을 보내는 내 마음이 아쉬웠는가 봅니다.

어느 노부부의 멋진(?) 인생 마무리

한 주간의 인생 등산길을 지나가면서 내리막길에 접어드는 목요일입니다. 여느 때와 같이 테니스장을 찾았는데 날씨 탓인지 고정 멤버 네댓 명이 나오지 않아 출근 순위 4번을 받아 일찍 게임을 시작할 수 있었습니다. 평소보다 적은 인원이지만 운동 후 늘 찾는 콩나물 해장국집에 모였습니다.

자연직으로 나이별로 자리에 앉게 됩니다. 나는 여덟 살 위인 칠십 내 후반의 두 분 형님과 같이합니다. 식사 중에 이런저런 얘기를 하다가 세월이 너무 빠르다는 한탄과 더불어 늘 죽음을 생각하게 된다는 데에까지 이르렀습니다.

나이 들면 누구나 죽음을 생각하게 됩니다.

내 경우, 아직 왕성한 체력을 보유하고 있지만 칠순을 넘고 보니 죽음을 자주 떠올리게 됩니다. 실제 친구들이 하나둘씩 먼저 가니 죽음이 현실로 다가온 것입니다.

하지만 죽음은 마음대로 할 수 없습니다. 아무리 기도를 열심히 하고 굿을 거창하게 해도 제명대로 살다가 이 땅을 떠나야 합니다.

늘 아침마다 만나는 두 분은 나이에 비해 참으로 젊게 살고 계십니다. 하기야 일흔일곱이면 살 만큼 산 나이입니다.

옛말에 "인생 칠십 고래희(人生七十古來稀)"라고 했습니다.

지금은 수명이 길어져 100세까지도 사는 사람들이 점점 늘어나는 세상이니 할 말은 아닙니다. 하지만 정리를 하고 죽음을 준비해 나갈 나이임에는 틀림이 없습니다.

얘기를 하다가 모두 눈시울을 적시는 얘기를 나눴습니다.

얼마 전 과수원 농사를 크게 해서 자식 다섯을 대학까지 공부시키고 노후를 보내다가 스스로 목숨을 끊은 노부부 얘기입니다.

부인은 여든여섯, 남편은 여든아홉인데 부인이 치매에 걸려 고생하고 있었다고 합니다. 자식들은 고령의 아버지가 돌보는 것이 무리라는 생각에 요양원에 모시려고 아버지께 강권했다고 합니다.

그런데 요양원이라는 데가 현대판 고려장이 아니던가요.

스스로 원해서 요양원에 들어가는 사람이 몇 분이나 되겠습니까? 대부분 아들딸이 부양하기 힘드니까 등을 떠밀어 보내는 형편입니다.

나를 비롯하여 많은 분이 혼자 살면 살았지, 요양원에는 가지 않겠다고 합니다. 이런 사실을 누구보다도 잘 아는 그 남편은 차마 사랑하는 부인을 요양원에 보낼 수 없었습니다.

오랜 생각 끝에 이런 결론을 내렸답니다. 본인도 살 만큼 살았고, 힘도 부치니 자식들 걱정도 덜고 같이 생을 끝내자고. 어느 날 부인에게 좋은 옷을 입히고 본인도 신사복을 갈아입고 집을 나섰습니다.

자식들에게는 이런 유서를 남겼습니다.

"네 어미와 나는 한평생을 잘 살았다. 너네에게 부담을 주지 않기 위해 오늘 함께 세상을 떠나려고 한다. 너무 슬퍼하지 말고 화장해서 합장하기를 바란다. 윗마을 저수지에 내 차를 찾으면 될 것이다."

이 말을 전하면서 두 분도 눈이 충혈되고 말하는 나도 눈물이 글썽이었습니다. 동병상련의 마음이기 때문입니다.

신문에 이 뉴스가 나왔는데 그 기사에 수많은 사람이 댓글을 달았습니다. 명복을 비는 사람부터 '멋지다'라는 표현까지 안타까운 마음을 담았습니다.

특이한 댓글도 눈에 띄었습니다.

이제 살 만큼 산 구십이 가까운 노인의 글이었습니다.

"차를 팔고 싶었는데 나도 팔지 말아야겠다"라고.

요즘 혼자 사는 일인 가구가 점차 늘어나고 있습니다. 정신이 말짱하면 요양원에 들어가지 않습니다. 그러다 보니 혼자서 쓸쓸하게 세상을 하직하는 고독사가 늘어나고 있습니다.

사즉생(死卽生)이라 했습니다. 삶이 곧 죽음입니다.

죽음은 늘 우리 곁에 그림자처럼 따라다닙니다. 죽음 복도 타고나야 하는가 봅니다.

죽기 전에 후회 없이 살다가 내가 원하는 대로 이 땅을 떠나고 싶습니다. 부부가 한날한시에 떠난다면 그것은 복중의 복이리라 생각합니다.

백수(白手)가 과로사(過勞死)한다

돈 한 푼 없이 빈둥거리며 놀고먹는 건달을 백수라고 합니다.

직장에서 은퇴 후 유유자적하게 살아가는 나 같은 사람도 백수이긴 한데 본래의 의미와는 좀 다릅니다. 이를테면 연금을 받고 어떤 일이든 조금씩이나마 수입이 있으니, 정규직원과는 다른 넓은 의미의 백수에 해당한다고 하겠습니다.

백수의 가장 큰 이점은 시간입니다. 본인이 좋은 시간을 골라서 쓸 수 있습니다. 얼마만큼의 시간을 어떻게 쓸지를 결정할 수 있는 특권이 부여되었습니다.

우리나라 사람들의 평균 기대 수명이 과거에 비해 급격하게 늘어났습니다. 보건복지부의 발표에 의하면 어느덧 83세(2023년 기준)입니다.

얼마 전까지만 해도 환갑이 지나 죽으면 호상(好喪)이라 했었는데 90은 넘어야 그런 소리를 들으니 세상 참 많이 변했습니다.

"백수가 과로사한다"라는 우스개가 있습니다.

백수를 다른 말로 표현하는 말도 여러 개가 있습니다.

교회 집사나 장로 직분을 빗대서 그 말에 '님'자를 붙여 호칭해 주는 것입니다. 이를테면 '집사'는 집에서 사는 사람이고 '장로'는 장기적으로 노는 사람을 일컫습니다.

모처럼 만난 지인들이 근황을 물어오면 '거안 실업'에 취업했다고 둘러댑니다. 뜻인즉슨 거실과 안방을 오가는 실업자들이 모인 회사라는 뜻이라고 합니다.

한발 더 나아가 '마포 불백'이라는 말도 있습니다. 언뜻 들으면 그 유명한 마포 불고기 백반으로 들립니다.

백수에게는 달리 해석이 됩니다. "마누라도 포기한 불쌍한 백수"의 준말이랍니다.

강남의 백수들은 호칭이 좀 다르다고 합니다. 돈 있고 시간 있으니 좀 고상하게 불러준다고 합니다. 성에다가 화백이라는 별칭을 덧붙입니다. 물론 이때 화백은 그림을 잘 그리는 화백이 아니라 "화려한 백수"의 약자입니다. 웃자고 지어낸 말이지만 백수라는 말이 싫은가 봅니다.

본론으로 들어가 봅시다. 과로사 얘기입니다.

실제 내 주위에 놀면서 과로사하는 사람은 보지 못했습니다. 하지만 내 경우, 하는 것이 많다 보니 현직에 있었을 때 보다 더 바쁩니다.

공부하는 시간이 좋습니다. 책을 읽는 시간이 너무 좋습니다.

글 쓰는 시간은 더 좋습니다.

색소폰, 기타, 오카리나, 장구 등 악기 연주와 테니스, 골프, 댄스, 라이딩, 등산, 농장 관리 등 취미 생활을 즐기기에도 하루가 모자랍니다.

다니는 교회나 이런저런 모임에서 나한테 주어진 역할을 다하는 봉사활동도 금방금방 돌아옵니다.

세월이 유수같이 흘러가고 있습니다.

월요일이 어제 같은데 벌써 불금, 금요일입니다.

안 그래도 세월이 빠르다고 하는데 노년의 시간은 젊을 때보다 두세 배 더 빨리 지나가는 것 같습니다.

남은 세월을 생각하니 땅속으로 들어갈 날이 머지않았습니다.

비록 과로사하는 일이 있더라도 하고 싶은 것은 돈 아끼지 말고 과감하게 써야겠다고 다짐합니다.

훗날 후회해 봤자 아무 소용이 없을 것입니다. 자식들 싸움만 시킨다고 하니 가진 돈은 다 쓰고 장례비만 남기려 합니다.

천주교 황창현 신부님은 5백만 원만 남기라고 했는데 조금 더 보태려고 합니다. 요즘 보통의 장례비가 한 천만 원 정도 들어가니 이 정도만 남기면 될 것 같습니다.

코로나19로 인해 썰렁한 장례식장을 가보니 정말 앞으로는 가족만 참석하는 시대가 오지 않을까 생각합니다.

결론입니다.

백수가 과로사해도 좋습니다. 하고 싶은 것을 실컷 하다가 죽는다면 행복한 죽음이라 생각합니다. 본인에게도 좋고 자손들에게도 좋을 것입니다. 그런 과로사라면 쌍수 들고 환영합니다.

젖은 낙엽이 되지 말자

정년퇴직 이후 집안에서 마누라 치마폭에 쌓여 살아가는 노인들을 일컬어 '젖은 낙엽(濡れた落ち葉)'이라고 합니다. 노인의 나라 일본에서 나온 말입니다. 비가 온 뒤, 땅에 딱 달라붙은 낙엽은 떼기가 쉽지 않습니다. 물기가 있어서 더 그렇습니다.

이와 같은 현상을 빗대서 한 말이 '젖은 낙엽'이고 대책 없는 노인들을 두고 이르는 말입니다.

늙어서 꼭 필요한 것이 첫째가 부인이요, 둘째가 마누라요, 셋째가 집사람이란 말이 있습니다.

이처럼 노년에는 마누라한테 잘 보여야 따뜻한 밥 한 끼라도 더 얻어먹는다는 말입니다.

하지만 이젠 아닙니다. 인생 100세 시대입니다.

김형석 교수는 인생 정점기를 60세에서 75세까지로 봤습니다. 아니 8, 90이 넘어도 왕성하게 활동하고 있는 젊은 노인들이 늘어나고 있습니다. 칠십이 넘었다고 꼰대질을 하면 안 됩니다. 팔십이 넘었다고 산에 있는 분과 똑같이 지내면 안 됩니다.

살아있는 그 순간까지 꿈을 가져야 합니다. 비록 100세가 넘도록 현역으로 활동하는 김형석 교수 같이는 안 되더라도 그 근처까지는 가보고 죽어야 합니다.

오늘은 부처님이 오신 날입니다. 석가모니는 왕자로서 이 땅의 부귀가 보장되어 있었지만, 그 자리를 박차고 나와 중생을 구제하기 위해 일생을 바쳤습니다.

불교의 사상을 한 마디로 얘기하면 '자비'라고 할 수 있습니다. 자비(사랑 慈 슬플 悲)란 남을 깊이 사랑하고 가엾게 여기며 베푸는 혜택입니다. 불교에서는 중생들에게 즐거움을 주고 괴로움을 없게 하는 것입니다.

즉 사랑입니다.

나이 들어도 이웃에게 자비를 베풀 수 있습니다. 조금만 노력하면 나이 든 값을 얼마든지 할 수 있습니다.

'젖은 낙엽'이라니 당치도 않는 말입니다.

오히려 형형색색의 찬란한 낙엽으로 떨어져 책 속에 넣어 간직할 뿐만 아니라 누구에게나 아름답게 빛나는 낙엽으로 남아야 합니다. 한 번 더 강조하지만 나이 들어 '젖은 낙엽'은 되지 말자고 호소합니다.

물론 나부터입니다.

오히려 세상을 펄펄 날아다니는 멋진 낙엽으로 남아야 합니다. 그러기 위해서는 꿈을 잃지 말고 늘 새로운 목표를 향해 노력해야 합니다.

무엇이든 할 수 있습니다.

해봅시다.

설령 누가 도와주지 않아도 혼자서 얼마든지 고물고물 잘할 수 있습니다.

노인 만세입니다.

당신 아직도 멋져요

세상이 점점 각박해져 가고 있습니다.
결혼을 기피하는 세상입니다.
문제가 있는 가정이 늘어나고 있습니다.
덩달아 이혼율이 높아져 가고 있습니다.
황혼 이혼도 늘어나고 있습니다.
모두 서로 인정을 받고 싶은 욕구가 채워지지 않기 때문입니다.
그 옛날 연애 시절의 짜릿했던 감정은 다 사라지고 천생연분이 천생 웬수가 되는 사람들이 늘어나고 있습니다.
그 이유를 들어보면 제각각의 사연이 있습니다.
그중에 가장 큰 것이 인정 욕구가 채워지지 아니했기 때문이라 생각합니다. 그 누구와도 비교할 수 없었던 내 남편, 내 마누라였었는데 어느샌가 흠이 보이기 시작하면서 슬슬 금이 가기 시작합니다.
이 금을 메우고 다시 살리는 길이 있습니다.
그것은 이 한마디입니다.
당신 아직도 멋져!!!

옛말에 "말 한마디에 천 냥 빚을 갚는다."라는 말이 있습니다.

남편과 아내가 서로 이 말을 던지면 묘하게도 상처가 치유되고 새 힘이 솟아납니다. 출근하는 남편을 배웅하면서 다정하게 이 한마디를 건넨다면 큰 힘이 될 것입니다.

사랑의 불씨가 되살아날 것입니다.

여기에 사랑의 키스까지 곁들인다면 남편의 연봉도 올라갈 것입니다. (두상달 김영숙의 [아침 키스가 연봉을 높인다])

부부는 참으로 뜻깊은 인연입니다.

가만히 생각해 보니 부부는 전생에 내가 빚진 자를 서로 만나 한평생 그 빚을 되갚아야 하는 관계가 아닌가 생각해 봅니다.

나이 들면 다들 정으로 산다고 합니다.

상대가 불쌍해서 사는 부부도 있다고 합니다.

돈 한 푼 들이지도 않는 이 한마디를 서로에게 던지면 삶의 핵폭탄이 되어 행복한 부부로 다시 태어날 것으로 확신합니다.

당신 아직도 멋져요!!!

거듭 강조하고자 합니다. 이 한마디가 기적의 묘약이 될 것입니다.

사랑이 식어가는 부부들에게. 그리고 나에게.

치약을 짜면서 배우는 인생의 지혜

지난날을 돌이켜보니 절약(節約)하지 않고 함부로 시간이나 재물을 헛되이 헤프게 쓴 낭비(浪費)하는 경우가 참 많았습니다.

꼭 사지 않아도 될 물건을 기어이 구매해서 집안 곳곳을 차지하게 하였습니다. 필요한 물건을 샀지만 제대로 다 사용하지 않고 버리는 경우도 많았습니다.

그 옛날 가나안농군학교를 창설한 고 김용기 장로님은 특히 근검질약 정신을 강조하셨습니다.

우리가 먹는 밥풀 하나, 물 한 잔, 치약에 이르기까지 아끼라고.

한편, '소비가 미덕'이라고 주장했던 시대가 있었습니다. 공장이 돌아가고 국민 경제가 잘 순환한다는 의미를 담았습니다. 그 결과 경제는 좀 좋아졌는지 모르지만, 국민 각자의 절약 정신이 결핍되고 낭비하는 습관이 몸에 배었습니다.

1회 용품이 늘어났습니다. 튼튼하고 예쁜 종이컵에 비싼 커피 한 잔을 따라 마시면 그 자리에서 버립니다. 아깝습니다. 그 한 컵 한 컵을 만들기 위해 수많은 나무가 베어졌을 것입니다.

우리 주위에는 절약 정신을 가지고 한평생을 살아온 아름다운 얘기들이 많이 있습니다.

신사복 한 벌에 구두도 밑창만 갈아 십 수 년 신고 다니며 돈을 모아 대학에 다 기부하고 떠난 노부부들의 얘기를 심심찮게 듣고 있습니다. 일평생 봉사하다가 자기 몸과 재산을 훌훌 털어 사회에 다 기부하고 떠난 종교인도 많이 있습니다.

보통 사람들의 경우는 좀 다를 것입니다.

어느 정도 자기 건강을 지키며 취미 생활을 즐길 수 있는 최소한의 지출은 꼭 필요할 것입니다. 그것은 낭비가 아닙니다.

오히려 적극적으로 권장할 사항입니다.

인간답게 사는 것은 삶의 질을 높이는 것입니다.

낭비하지 않는 선에서의 지출이라면 아무런 문제가 될 것이 없습니다.

오늘 치약을 짜면서 절약과 낭비에 대해 생각하는 시간을 가져봅니다.

과거에는 어느 정도 치약을 짜고 나면 버렸습니다.

그런데 참 이상합니다. 짜고 짜도 나옵니다.

인생의 지혜를 배웁니다.

이제부터라도 낭비하지 말고 절약하며 살아야겠습니다.

하나밖에 없는 나와 이 지구를 위해.

잠시 멈춤

본격적인 휴가철입니다.

그런데 예년에 비해 한가한 모습입니다. 아파트 지하 주차장에 차들이 빼곡히 주차되어 있습니다. 유명 관광지도 한산하다고 합니다.

아마도 오랫동안 우리를 괴롭혀온 코로나19 때문이리라 생각합니다.

살아가면서 잠깐의 휴식은 참으로 필요합니다. 한평생을 쉬지 않고 계속 달릴 수는 없습니다. 쉬지 않고 달리다 보면 반드시 탈이 나게 되어 있습니다. 음악에서도 쉼표는 마디와 마디를 이어주는 중요한 역할을 합니다.

인생길도 마찬가지입니다. 잠시 멈춤의 지혜가 필요합니다. 하지만 주위를 살펴보니 자기 몸을 혹사하며 살아가는 사람들이 너무 많습니다.

돈을 더 모으려고, 명예를 더 얻으려고 물불을 가리지 않다 보니 멈추어야 할 때를 놓칩니다.

결국 덧없는 것들을 얻기는 하지만 하나밖에 없는 생명을 단축하고야 맙니다. 다들 이러한 사실을 알면서도 불길 속으로 뛰어드는 우를 범하고 있습니다.

질긴 코로나로 인해 집콕이 늘어나고 일자리마저 불안한 이때 잠시 쉬어가는 지혜를 얻는 것도 우리 인생길에 유익하리라 여겨집니다. 코로나를 핑계로 삼아 제대로 쉼의 찬스를 잡아 보자는 것이지요.

여러 성현이 쉬어감의 지혜에 대해 설파하셨습니다.

세계에서 가장 많은 신자를 거느린 기독교의 십계명에서 "엿새 동안 열심히 일하고 이레 되는 날은 쉬어라"라고 되어 있습니다.

불교에서도 마찬가지입니다.

틱낫한 스님이 대표적입니다. 스님이 운영했던 프랑스의 절에서는 일주일에 하루를 '게으른 날'로 지정하여 멈춤을 실천하고 있답니다. 서로 간의 인사도 "오늘 얼마나 게을렀습니까?"라고 실천 여부를 묻는다고 하니 상당한 의미를 부여하는 것 같습니다.

종교를 떠나 계속 달리다 보면 지칩니다. 멀리 뛰려면 적당한 거리로 물러나야 합니다. 뒤로 물러남은 결코 인생의 마이너스가 아닙니다. 오히려 더 멀리 나아가기 위해 힘을 모으는 시간입니다.

잠시 멈추어 가는 방법도 가지가지입니다. 자기 본업을 떠나 여행을 가거나 취미 생활을 즐기는 방법도 있습니다. 하지만 자칫 너무 과하게 하다 보면 오히려 더 스트레스에 쌓일 위험이 있습니다.

그래서 요즘 '멍때리기'가 멈춤의 지혜로 각광을 받고 있다고 합니다.

멍때리기는 "정신이 나간 것처럼 한눈을 팔거나 넋을 잃은 상태"라고 합니다. 한 마디로 멍청하게 지내는 것입니다. 잠시 바보가 되어 보는 것입니다. 이는 뇌에게 휴식을 주는 묘책이기도 합니다.

이러한 '멍때리기'를 통해 세상을 바꾼 창의적인 아이디어가 많이 나왔다고 합니다.

일례로 뉴턴이 사과나무 아래에서 멍때리고 있다가 사과가 떨어지는 것을 보고 만유인력의 법칙을 고안했다는 유명한 얘기가 있습니다.

이번 기회를 통해 '잠시 멈춤의 지혜'를 터득하고 싶습니다.

하기야 하루 놀고 하루 쉬는 '화백'(?)이 직업인 나 같은 은퇴자들은 쉽게 실천할 수 있습니다. 나이 들어감에 따라 세월은 화살같이 빨리 흘러가지만, 인생길은 천천히 흘러가기 때문입니다.

젊었을 때의 조급함은 사라지고 묵묵히 기다릴 줄 압니다. 한결 여유가 있습니다.

자연적으로 멈춤의 지혜를 터득하게 됩니다. 따라서 '멈춤의 지혜'는 물불을 가리지 않고 앞만 보고 달리는 젊은이들에게 더 필요한 삶의 기술입니다.

물론 나이 들어도 욕심의 끈을 놓지 않고 달리는 일부 노인들에게도 해당하지만. 나도 예외는 아닐 것입니다.

아침 일찍부터 운동과 공부, 다양한 취미 생활과 더불어 잠시도 쉬지 않고 이것저것을 하며 하루를 보내고 있으니 '폭주 노인'이라 할 수 있습니다.

이참에 '느리게 산다는 의미'를 깨달아야겠습니다. '잠시 멈춤'이 결코 인생 전체로 볼 때, 손해가 아니라는 사실을 되뇌이면서.

은퇴 후 부엌을 가까이하는 남자가 멋집니다

부엌은 우리 몸의 영양소를 공급하는 장소입니다. 음식을 만들고 설거지를 하는 곳입니다. 안방과 더불어 우리 집안의 가장 중요한 곳입니다. 부엌의 주인은 대개 아내 몫입니다.

그런데 은퇴 이후 나이가 들어가다 보니 남자인 내가 부엌 출입이 늘어나고 있습니다. 아직도 대외 활동이 왕성한 집사람을 대신하여 주방을 지키다 보니 반 주부가 다 되어갑니다.

아울러 남성 호르몬이 줄어드는 대신에 여성 호르몬이 증가한 탓인지 자꾸만 여성스러워집니다. 성질도 많이 죽었습니다.

더더욱 요리 등 부엌일이 재미있습니다. 집 안에 있는 시간이 늘어나다 보니 자연스러운 현상입니다. 이렇듯 나뿐만 아니라 은퇴 이후 남자가 해야 할 사항 가운데 집 안 청소, 요리, 쓰레기 버리기, 세탁 등 집안일이 기다리고 있습니다.

특히, 혼자 있을 때는 직접 밥도 해 먹어야 합니다. 내 경우는 콩이나 감자, 잡곡을 넣고 금방 해서 먹고 싶은데 집사람은 하얀 쌀밥을 한 솥 해서 냉장고에 넣어두고 식사 때마다 데워서 먹는 타입입니다. 또 콩을 싫어해서 하얀 쌀밥을 주로 짓습니다.

그래서 최근에는 1인용 밥솥을 사서 한 끼 정도만 내 취향에 맞도록 밥을 안칩니다. 금방 해서 그런지 그렇게 맛있고 좋을 수가 없습니다.

살아오면서 식습관이 달라 맞춰 보려고 노력했으나 사십여 년이 지나도 그대로여서 은퇴 후 내가 내린 결단이었습니다. 진작 그렇게 할 걸 후회막급(後悔莫及)입니다. 끼니마다 조금 일찍 안치면 늘 따뜻한 밥을 먹을 수 있습니다. 밥맛도 좋습니다.

나아가 집사람에 대한 서운함도 사라졌습니다.

요즘 요리 학원에 다니는 은퇴한 남자들이 많다고 합니다. 내 경우는 퇴직을 대비하여 40대 재직 시절, 사당동에 있는 동경요리학원에서 한식 요리 3개월 과정을 이수했습니다.

서울대학에 다니는 여학생과 같이 열심히 배우던 기억이 납니다. 그 학생은 현모양처가 되기 위한 준비라고 했습니다. 하지만 학원에서 배운 요리 솜씨를 집에서는 적용하지 못했습니다. 집사람이 요리를 잘하기 때문입니다.

은퇴 이후에는 서서히 실력을 발휘하고 있습니다.

일본 도쿄에서 유학 시절의 얘기입니다. 혼자 지내면서 그 당시 배운 요리 솜씨가 많은 도움이 되었습니다. 물론 집 근처에 있는 콤비니16)(우리나라의 '마트'와 유사)에 가면 웬만한 요리는 다 갖추고 있었습니다. 심지어 ATM기는 물론이고 각종 공과금도 수납하여 참으로 편리했습니다.

가끔 요리 재료를 사서 옛날 실력을 발휘하여 혼자서도 맛있게 잘해 먹을 수 있었습니다.

---

16) コンビニ'コンビニエンスストア(convenience store)'의 준말, (24시간) 편의점(CVS).

최근에는 내가 직접 농사를 지은 재료를 사용하여 이런저런 요리를 해 먹고 있습니다. 어제는 가지, 부추, 고추, 호박 등을 이용하여 부침개를 해서 먹었습니다. 막걸리 한 잔의 안주로도 그만입니다.

앞으로도 부엌 출입이 잦아질 것 같습니다.

멋진 남자(?)가 되기 위해서.

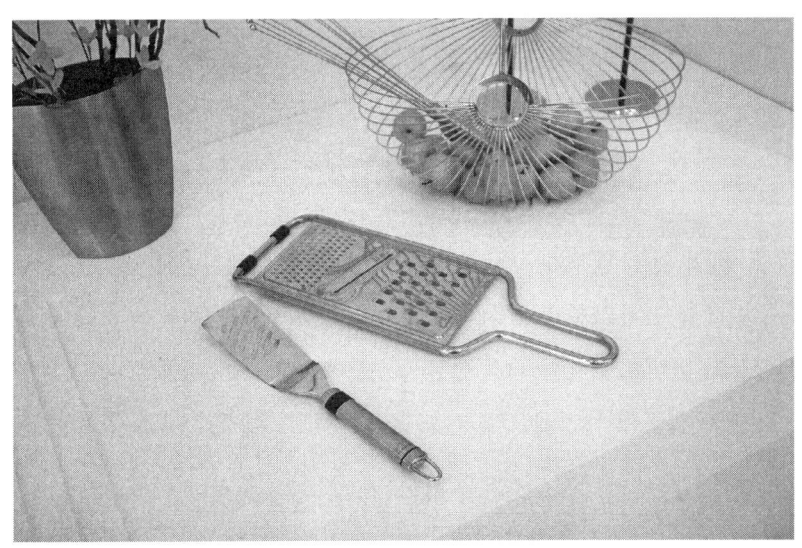

은퇴 노인의 개꿈과 진짜 꿈

오늘은 24절기 중 15번째 절기인 백로입니다. '흰 이슬'이란 뜻으로 가을이 본격적으로 다가왔음을 알립니다. 기온이 내려가 풀잎이나 물체에 이슬이 맺힙니다.

어제오늘 가을비가 내립니다. 비가 오니 제법 가을 냄새가 풍깁니다. 큰 비가 아니라 여느 때와 마찬가지로 테니스장으로 향했습니다.

인조 잔디로 바꾼 이후 웬만한 비가 와도 공을 칠 수 있습니다. 이런 사실을 알고 열성 테니스 회원들이 모였습니다. 약간의 비를 맞고도 운동으로 땀을 흘리면 더 상쾌해집니다.

우리 테니스장에서는 테니스뿐만 아니라 여러 가지 운동을 할 수 있습니다. 저의 경우 도착과 동시에 우선 국민 체조로 몸을 풉니다. 그 옛날 농민교육원의 체육 담당 교수 시절에 매일 아침 실시했던지라 지금도 교육생들과 반대로 자세를 취해 힘찬 구령을 붙여서 하고 있습니다.

이어서 입구에 체어웨이트17), 거꾸리 등 각종 헬스 기구가 있어 근육

---

17) '체어웨이트'는 안장에 앉은 자세에서 정면의 손잡이를 잡고 가슴에 힘을 주어 밀었다가 제자리로 가져오는 운동 기구이다. 어깨와 가슴 근육, 팔의 삼두근을 발달시키는 데 효과적이

강화 운동을 합니다.

또 게임 순서를 기다리는 동안 공터에서 골프 빈 스윙 연습을 합니다. 한 100번 정도 우드나 아이언 연습을 하면 필드에서 큰 효과를 볼 수 있습니다. 그리고 왈츠, 탱고, 자이브, 룸바 등 댄스 스포츠를 혼자 연습하면 파트너와 춤을 출 때 많은 도움이 됩니다.

이렇듯 테니스장에서 다양하게 즐길 수 있어 하루 중 가장 소중한 시간입니다.

아침 6시 정도부터 8시 30분까지 약 2시간 반이 소요됩니다. 집에서 국선도 기본 체조를 하여 몸을 풀고 자전거를 타고 약간 오르막길을 달리기 때문에 그 자체만으로도 다리 운동이 됩니다.

집 근처 공기 좋은 곳에 이런 테니스장(9면)이 있다는 것이 너무 좋습니다. 삭막한 도심보다 약간 떨어진 이곳 고촌에서 주욱 살고 싶은 이유 가운데 하나입니다.

결국 건강을 유지하기 위해서입니다. 노년의 건강은 아무리 강조해도 지나치지 않습니다.

건강 얘기를 좀 더 해봅시다.

"잘 먹고 잘 자고 잘 싸면 그게 제일이다"라는 말이 있습니다.

운동과 더불어 꼭 필요한 요소가 음식과 수면입니다. 보편적으로 적용되는 건강 정보입니다.

먼저 음식입니다. 골고루 먹되 위의 75% 정도만 채우고 절대 과식하지 말라고 합니다.

다음으로 수면입니다. 밤 11시 이전에 자고 아침 6시 해가 뜨기 전에

다. 등 근육, 이두근, 삼두근을 강화하는 운동 기구는 '풀웨이트'이다.

일어나 최소한 7시간 이상 수면을 취하라고 합니다.

여기에 두 가지만 더하고 싶습니다.

웃음과 사랑입니다.

웃음은 부작용이 없는 만병통치약입니다.

사랑은 가장 중요한 상비약입니다. 삶의 질을 높이는 보약입니다. 그래서 노인들에게 이성 친구가 꼭 필요하다고 합니다.

물론 저마다 습관이 다르고 행복의 기준도 차이가 날 수 있습니다.

그래서 균형 있는 삶이 무엇보다 중요하다 하겠습니다.

건강한 육체를 바탕으로 다양하게 하루를 보내야 합니다.

내 경우, 독서와 일본어 공부, 탱고와 왈츠 등 댄스 스포츠, 테니스와 골프, 색소폰과 기타 연주, 민요와 장구를 쉬지 않고 하는 이유가 여기에 있습니다.

또한 스무 평의 작은 농장에서 여러 작물을 재배하여 밥상을 풍성하게 하고 있습니다. 농작물들과 얘기를 나누면서 정신 건강에도 많은 도움을 얻고 있습니다.

어제는 좀 피곤했었나 봅니다. 아침 운동 후 회원들과 황태해장국으로 아침 식사를 같이 하면서 비도 오고 해서 막걸리를 두 잔이나 마셨습니다. 집으로 돌아와 잠깐 잠이 들었습니다. 깨어보니 그 짧은 시간에 꿈을 꾸었습니다.

"어느 개발 지역에 갔었는데 얘기를 끝내고 문을 열고 나오니 나이키 내 신발과 자전거가 없어졌습니다 ……."

깜짝 놀라 잠에서 깼습니다.

평소 중산층이 두꺼워져야 하고 골고루 잘 살아야 나도 행복하다고 생각하고 있었습니다. 개꿈이었지만 많은 생각을 갖게 했습니다.

그런데 '코로나19' 이전부터 반대로 흐르고 있는 현실을 보고 적잖이 걱정하고 있습니다. 빈부의 격차가 점점 더 벌어지고 있습니다.

소위 강남 부자들과 저소득층의 갭이 점점 늘어나는 것입니다.

이러다간 계층 간의 위화감이 더 커져 큰 사회 문제가 되지 않을까 걱정입니다. 실제 범죄 건수도 늘어나고 있습니다.

서구 유럽의 노인들은 은퇴 후 대부분 행복하게 지낸다고 합니다. 충분한 연금과 다양하게 놀거리를 만들기 때문입니다.

나를 포함한 우리나라 은퇴한 노인들도 그들처럼 건강하고 행복한 노년기를 보내는 진짜 꿈을 꾸어봅니다.

개꿈과 진짜 꿈이 함께한 비 내리는 초가을의 하루였습니다.

'노인의 날'에 느끼는 단상

매년 10월 2일은 나라가 지정한 '노인의 날'입니다. 경로효친 사상을 앙양하고 전통문화를 계승, 발전시켜 온 노인들의 노고에 감사를 표하기 위해 제정한 법정 기념일입니다.

현재 5/5 어린이날, 5/8 어버이날, 5/15 스승의 날, 5/21 부부의 날 등 50개가 넘는 법정기념일이 있습니다. 10/2 노인의 날이 1997년부터 추가되었습니다. 아울러 10월을 경로의 달로 정했습니다.

유엔이 정한 세계 노인의 날은 매년 10월 1일입니다. 우리나라는 10/1이 국군의 날이라 하루 뒤인 10/2로 정했다고 합니다. 우리나라는 빠른 속도로 노인 인구가 늘어나고 있습니다. 2025년부터 노인 인구가 전체 인구의 20%를 차지하는 초고령 사회로 진입하였습니다. 현재 노인의 나이는 65세입니다. UN도 65세부터 노인으로 정하고 있습니다.

얼마 전 노인의 나이를 70세로 올리자는 얘기가 정부와 대한 노인회에서 나왔습니다. 100세 시대에 65세는 너무 젊다는 것입니다.

실제 70세인 내 경우를 생각해 봐도 아직 무슨 일이든지 할 수 있는 자신감이 있습니다. 가끔 어르신이라는 호칭을 들으면 생소하고 무안하기까지 합니다. 지하철을 타면 경로석이 비어 있어도 일반석으로 향합니다.

그런데 세월이 너무 빨리 흘러갑니다.

노인은 노인다워야 합니다. 인생의 결산을 해야 할 시기입니다.

사실 이 땅에서 살 수 있는 날이 평균 수명 83세에 내 나이를 빼보니 그리 많이 남지 않았습니다. 올해 노인의 날은 내게 아무도 관심을 주지 않지만 내 혼자 여러 가지 상념에 젖습니다.

하루하루가 소중하게 생각됩니다.

칠십이면 사계절 가운데 가을에 해당한다고 하겠습니다. 이제 아름다운 단풍으로 옷을 갈아입어야 합니다. 짧은 이 가을을 만끽하고 보내야 합니다.

그런데 올해 가을은 이상 기온이 발생하여 10월 중순인데 벌써 겨울 날씨가 찾아왔습니다. 가을 한파라니 곧바로 겨울이 오는가 봅니다.

인간은 그 누구나 태어나면 죽습니다. 생로병사의 사이클을 벗어날 수 없습니다.

그래서 하루하루가 소중하게 느껴집니다.

'오늘'이 제일 중요합니다.

이런 말이 있습니다.

"우울한 사람은 과거에 살고 불안한 사람은 미래에 살고 평안한 사람은 오늘 현재에 산다."

그렇습니다.
어제는 지나갔고 내일은 오지 않은 미래입니다.
내 남은 인생의 가장 젊은 날이 바로 오늘입니다.

오늘은 어제 이 땅을 떠난 분들이 아쉬워했던 하루입니다.

그래서 허투루 보낼 수 없습니다.

내 일상을 살펴보니 여전히 바쁩니다.

아침에 테니스로 시작하여 회원들과 막걸리 한 잔에 해장국을 같이 하는 시간이 참으로 즐겁습니다. 이게 이 땅에서 보내는 천국이 아닌가 생각합니다.

낮에는 일본어 공부, 독서와 더불어 민요와 장구, 왈츠와 탱고를 열심히 배우고 있습니다. 매일 농장에 들러 여러 채소를 돌보는 것도 소중한 시간입니다.

저녁에는 색소폰 연습실에 나가 연주를 하면서 스트레스를 풀어냅니다. 이 밖에도 가끔 골프를 칩니다. 돈이 많이 들어가는 운동이지만 그만큼 재미가 있습니다. 책상 옆에 항상 놓여있는 기타와 오카리나도 외로움을 달래주는 귀여운 악기 친구입니다.

올해 들어 건강과 돈 문제를 부쩍 많이 생각하게 됩니다. 암 경험자이지만 건강은 이 정도면 나이에 비해 최상이라고 할 수 있습니다. 아직도 테니스 3게임을 해도 거뜬합니다. 젊은 친구들과 함께 게임을 해도 웬만해선 지지 않습니다. 골프도 싱글 수준을 유지하고 있습니다.

하지만 세월과 나이 앞에는 어쩔 수 없을 것입니다. 고혈압 초기라 조심하고 약으로도 관리하고 있습니다. 또 어떤 질병이 찾아와 약봉지를 하나 더 추가할지 모릅니다.

운동과 더불어 돈에 대해 여러 생각이 듭니다.

남들처럼 충분한 은퇴 자금을 준비하지 못했습니다.

다행히 그동안 미뤄왔던 주택연금을 신청하여 부부가 이 땅을 떠날 때까지 매월 백육십만 원 정도가 나오니 큰 힘이 될 것입니다.

국민연금과 퇴직 연금을 곁들이니 계산상으로는 살만합니다.

여생을 멋지게 보내려면 돈은 꼭 필요합니다.

돈은 써야 내 돈입니다.

내가 쓰지 않으면 내 돈이 아닙니다. 자식에게 상속한다고 해도 자식이 행복해 지지도 않습니다. 어떻게든 현재의 돈을 다 쓰고 이 땅을 떠나고 싶습니다.

은퇴 이후 내 삶의 궤적을 돌아보니 이만하면 멋지게 살아왔다고 생각합니다. 노인의 날을 맞이하여 젊은 노인이 이런저런 생각을 해봅니다.

후회 없이 이 땅을 떠나기 위해 오늘도 꽉 찬 스케줄을 다 소화해 내고 휴식을 취하고자 합니다.

요약하면 "혼자서도 고물고물 잘 놀자"입니다.

그리고 돈에 인색하지 말고 꼭 써야 할 곳에는 아낌없이 지갑을 열자고 다짐합니다.

노후의 3사~ 밥사, 감사, 봉사

나이 들면 "입은 닫고 지갑은 열어라"라고 합니다. 자꾸만 잔소리를 하게 되다 보니 젊은이들이 싫어할 뿐만 아니라 꼰대라고 놀려대기도 합니다.

돈도 그렇습니다. 노후가 걱정이 되어 될 수 있으면 지갑을 열지 않으려고 합니다. 그러다 보니 어딘가 추해집니다.

젊은이들이 함께 놀아준다면 계산은 노인이 먼저 해야 맞집니다.

그래야 자주 어울려줍니다.

지난날을 잠시 회고해 봅니다.

박정희 전 대통령이 서거하고 군사정권이 들어설 무렵이었습니다. 대학가는 "전두환 물러가라."라는 플래카드를 들고 연일 시위를 했습니다.

그 당시 맨 앞에서 구호를 선창하는 학생이 "학사 위에 뭐가 있습니까?" 큰 소리로 외치면 학생들은 일제히 '석사'라고 복창합니다. 이어서 "석사 위에 박사"로 이어지고 마지막에 박사 위에는 하면 일제히 이런 답변이 나왔습니다.

"여사요!!!"

전두환 대통령의 부인인 이순자 여사를 일컫는 말이었습니다.

우스갯소리로 지어낸 말이지요. 하지만 그 당시 권세가 실제로 대단했습니다.

민주화 시대에는 달라졌습니다.

학사, 석사, 박사보다 더 높은 학위는 "밥사"라고 합니다. 내가 먼저 따뜻한 밥 한 끼를 사는 마음이 학사, 석사, 박사보다 더 높다고 합니다.

나아가 밥사보다 더 높은 것은 "감사"라고 하네요.

항상 감사하고 사는 마음은 우리 노후의 삶을 마음으로나마 풍요롭게 합니다. 한 걸음 더 나아가 감사보다 더 높은 것은 "봉사"라고 합니다.

아낌없이 다 주고 이 땅을 떠나야 멋진 마무리가 되겠지요. 빈손으로 왔으니, 빈손으로 가는 것이 인생이니까요.

지금까지 그런대로 실천해 왔습니다. 남은 세월도 3사(밥사, 감사, 봉사)의 정신으로 꿋꿋하게 살아가려 합니다.

인생의 황금기(60~75세)를 지나가며

얼마 전까지만 해도 '인생 칠십 고래희(人生 七十 古來稀)'라고 했습니다. 이는 "70세까지 사는 것은 예로부터 드문 일이다"라는 말입니다.

실제로 얼마 전까지 칠십이 넘도록 사는 것은 크나큰 축복이었습니다. 이젠 아닙니다. 물론 예외는 있습니다. 평소 건강 관리를 소홀히 하여 칠십을 넘기지 못하고 이 땅을 하직하는 사람도 많이 있습니다. 대개 돌연사이고 불치의 병이 일찍 찾아와 저승사자가 모셔간 경우입니다.

누구나 죽음 앞에서는 공평합니다. 조금 먼저 가고 늦게 갈 뿐입니다.

우리나라는 2025년부터 초 고령 사회로 진입했습니다. 다섯 명 중 한 명이 노인인 나라가 된 것입니다.

이제 100세 시대입니다. 평균 수명이 83세입니다. 점점 늘어나고 있습니다. 칠순 잔치는 물론 팔순 잔치도 손사래를 치는 젊은 노인(?)들이 수두룩합니다.

인생의 황금기(60~75세)는 현재 105세(1920년생)인 김형석 교수께서 동료 철학 교수들과 협의해서 정하였다고 합니다. 여러모로 보아 일리가 있습니다. 이 기간 15년을 잘 보낸다면 죽어도 여한이 없을 것입니다. 어느새 이 기간도 반이 지나고 꺾어져 버렸습니다. 근육이 살아있고 정신이 멀쩡할 때, 하고 싶은 것을 후회 없이 하고 가야 합니다.

    은행에 있는 돈은 내 돈이 아닙니다. 과감하게 꺼내서 써야 내 돈입니다. 결코 낭비하라는 얘기가 아닙니다. 써야 할 때, 미루지 말라는 것입니다. 이러한 기본적인 원칙을 잘 알면서도 현실적으로는 그게 잘 안 됩니다. 이 기간에 꼭 하고 싶은 일입니다.

"그 무엇보다 정신적 그리고 육체적 건강을 유지하기 위해 운동을 쉬지 말자. 옷도 구질구질한 것은 버리고 멋지고 실용적인 것으로 사서 입자. 아끼지 말자. 가고 싶은 곳을 향해 무조건 떠나자.
만나고 싶은 이성이 있다면 과감히 대시하여 노년의 농익은 연애를 하고 멋진 시간도 보내자. 결코 바람을 피우자는 얘기가 아니다. 황혼 연애는 적극 권장 사항이라고 하니 말이다.
그리고 약간의 일이라도 찾아서 기꺼이 하자. 못다 한 취미가 있다면 돈을 들여서라도 하자. 치매를 예방하고 지식의 욕구를 충족하기 위해 끊임없이 공부하자. 가장 멋진 일인 나보다 못한 이웃을 위해 손해 좀 보더라도 봉사하며 살자."

5년 후 과연 잘 해냈는지 결산해 보아야겠습니다.
한순간 한순간이 소중합니다.
허투루 보낼 시간이 없습니다.
인생의 황금기!
남아있는 기간도 알차고 멋지게 보내고 싶습니다.

황금 인생을 만들고 싶습니다

우리 사회에 많은 영향을 끼친 정신건강의학과 이시형 박사가 제창한 황금 인생을 만드는 다섯 가지 요소입니다. 적당한 돈, 적절한 시간 활용, 친구, 취미, 건강이 그것입니다. 각각의 부자가 되라고 합니다.

어느 것 하나 빼놓을 수 없습니다. 사실 순서를 맨 뒤에 놓아서 그렇지 건강이 제일 중요하겠지요.

건강이 재산 목록 1호입니다. 건강 수명이 길어야 황혼길이 행복합니다. 돈도 그렇습니다. 깔고 앉은 돈은 내 돈이 아닙니다. 심지어 은행에 예금한 돈도 내 돈이 아닙니다. 내 주머니에 넣고 써야 그게 진정한 내 돈입니다.

은행 지점장 시절, 겪은 일화를 소개합니다.

칠십이 넘은 고객인데 거액의 정기예금을 해놓고 매년 이자를 붙여 재예금을 하곤 했습니다.

좀 쓰고 멋지게 사시라는 내 말에,

"지점장님, 이 돈을 어떻게 벌었는데 함부로 쓰다니요?"

이처럼 있는 사람이 더 벌벌 떨면서 못씁니다.

또 한 가지 사례입니다. 은행을 은퇴한 두 친구가 있었습니다. 한 사람은 돈을 더 벌려고 퇴직금과 융자를 내서 평소 하고 싶은 사업을 시작했습니다.

처음에는 잘 되었습니다. 쉬지도 않고 계속 일만 했습니다. 돈 벌리는 재미가 쏠쏠했습니다. 칠십이 넘어서도 일을 할 수 있다는 것을 친구들에게 자랑하고 다녔습니다.

그러다가 IMF 지원 사태가 터지고 경기가 가라앉아 순식간에 사업이 나빠졌습니다. 그동안 벌어놓은 돈뿐만 아니라 은행에 대출까지 받아 손실을 보전해야 했습니다.

한편 다른 친구는 국내외로 여행을 다니면서 노후를 멋지게 보냈습니다. 연금과 약간의 예금 그리고 은행 대출까지 받아, 하고 싶었던 것을 실컷 하고 다녔습니다. 남들은 빚내서 취미 생활을 하는 것을 보고 손가락질도 했습니다. 훗날 두 친구의 재산 상태를 결산해 보니 은퇴 생활을 즐긴 쪽이 훨씬 많이 남았습니다.

집값도 오르고 물려받은 고향의 땅 값도 올랐습니다.

우리 주위에 이런 사례는 얼마든지 있습니다.

칠십이 넘어 살만한데도 돈의 노예가 되어 주어진 삶의 여유를 충분히 누리지 못하는 불쌍한(?) 사람들이 많습니다. 사실 그들 가운데 대부분은 있는 돈을 다 못 쓰고 죽습니다. 자칫하면 본인 사후에 자식들이 재산 싸움에 휘말리는 경우도 다반사입니다.

그들이 일을 그렇게 고집하는 이유를 들어봅시다. 일을 하지 않으면 심심해서 못 견디겠다고 합니다. 취미를 다양하게 개발하지 못한 탓입니다. 돈과 시간이 있어도 놀 줄을 모릅니다.

거듭 얘기를 하지만 선진국의 노인들은 은퇴가 곧 행복이라고 생각합니다. 그도 그럴 것이 퇴직하면 4~6백만 원 이상의 연금이 나오니 굳이 돈을 더 벌겠다고 노력할 필요가 없습니다. 저마다 갈고닦은 취미 생활을 마음껏 누리고 인생의 마지막 단계를 충분히 즐기고 미련 없이 이 땅을 떠나는 것입니다. 행복한 죽음이 기다리고 있습니다.

시간 활용과 친구에 관한 얘기입니다. 노년에는 남는 게 시간이라고 합니다. 맞습니다. 출근할 때도 없으니 급할 게 없습니다. 하지만 시간이 많을수록 더 시간을 잘 활용해야 합니다.

그리고 친구가 꼭 필요합니다. 흉금을 터놓고 얘기할 수 있는 친구가 한 사람이라도 있으면 성공한 인생이라고 합니다. 노년에는 이성 친구를 사귀라고 합니다. 늦바람이 아니라 순수한 사랑을 나눌 수 있어서입니다.

끝으로 취미 부자가 되라고 합니다. 시니어가 즐겁게 사는 방법을 찾아보면 참 많이 있습니다. 여행, 음악, 운동 등 다양한 취미 생활이 그것입니다. 소위 '예체능'입니다.

젊었을 때는 이런저런 경쟁에서 뒤처지지 않으려고 '국영수'를 중시했으나 이젠 아닙니다. 그런데 돈부자가 취미 부자가 되면 좋으련만 현실적으로는 그렇지 않습니다.

우선 돈이 많으면 잘 안 씁니다. 쓴다고 해도 주로 골프 같은 돈이 많이 드는 운동을 취미로 합니다. 무게 잡고 뻐기려고 하는 짓거리입니다.

우리 주위에 돈이 얼마 안 드는 취미가 찾아보면 얼마든지 있습니다.

내 경우 젊은 시절부터 다양한 취미를 개발하여 하루를 풍요롭게 하고 있습니다.

아니할 말로 화백(화려한 백수)입니다. 했던 얘기를 또 하는 것은 그 무엇이든지 규칙적으로 꾸준히 하는 것이 중요하기 때문입니다.

아침 5시에 기상하여 한 30분에 걸쳐서 국선도 체조, 발끝 치기, 뒤로 걷기 등을 실시하여 몸을 충분히 풀어 줍니다. 이어서 아침 테니스 운동이 기다리고 있습니다. 꼭 자전거를 이용합니다. 40년이 넘었습니다. 낮엔 일본어 공부와 책 읽기 그리고 글쓰기로 보냅니다. 오후엔 더 바쁩니다. 민요와 장구, 댄스 스포츠, 색소폰 연습, 기타와 오카리나 연주로 즐겁게 시간을 보냅니다.

날씨가 좋으면 라이딩(자전거 타기), 등산도 가끔 합니다. 수십 년 이어온 골프도 아직 끊지 못하고 있습니다. 비용은 제법 많이 들어가지만 너무 재미있어 필드는 한두 번으로 줄이고 대신 저렴한 스크린 골프로 대하고 있습니다.

또한, 농장 가꾸기가 빠질 수 없습니다. 20평의 농장에 각종 채소를 심어 해마다 재미를 보고 있습니다. 무엇보다 이웃에게 나누는 재미가 쏠쏠합니다. 주는 사람이 더 행복합니다.

혹자는 너무 배부른 소리라고 할지 모릅니다. 결코 그게 아닙니다.

칠십을 넘기고부터 돈 욕심을 버리니 만사형통입니다.

노년에는 "혼자서도 고물고물 잘 놀아야 한다."가 정답이기 때문입니다. 내 건강 내 인생을 그 누가 책임져 줄 수 없습니다. 살아있는 한 내가 만들어 나가야 합니다.

앞으로도 건강을 바탕으로 있는 돈과 시간을 잘 관리하고 친구와 더불어 다양한 취미 생활을 영위해 나갈 각오입니다.

오늘은 테니스와 댄스 스포츠 위주로 신나게 운동을 하고 왔습니다.

잠자리가 행복할 것입니다. 내일 아침 일찍 일어나 자전거 페달을 신나게 밟고 테니스장으로 향할 생각을 하니 벌써 힘이 납니다.

이게 황금 인생이 아니고 무엇이겠습니까?

신 노인 십계명

성경에 모세가 하나님으로부터 직접 받았다는 십계명이 있습니다. 기독교인들이라면 꼭 지켜야 할 10가지 규칙입니다. 이에 걸맞은 '신 노인 십계명'(아래)이 누군가에 의해 만들어졌습니다.

동네 경로당 벽에도 걸려있습니다.

하나하나 곱씹으니 구구절절 맞는 말입니다.

은퇴한 노인 가운데 3가지 병신 아닌 병신이 있다고 합니다.

첫째가 모든 재산을 자식들에게 주고 병든 사람입니다.

둘째는 부인에게 돈 다 주고 타서 쓰는 사람입니다.

셋째는 재산이 아까워서 다 쓰지 못하고 죽는 사람입니다.

우스갯소리이지만 맞는 말입니다. 사지가 멀쩡한 사람이 처신을 잘 못해서 병신 소리를 듣는 경우입니다. 나도 다짐에 다짐을 하고 있습니다.

사람이 죽을 때, 후회하는 세 가지 '걸'이 있다고 합니다.

첫째, 좀 더 참을걸.

둘째, 좀 더 즐길걸.

셋째, 좀 더 베풀걸.

이와 같은 내용이 '신 노인 10계명' 안에 다 들어가 있습니다.

한마디로 얘기하면 너무 돈을 아끼지 말고 하고 싶은 것은 실컷 하고 이웃에게 베풀며 살아가자는 것입니다. 아울러 화가 나더라도 일단은 한 번 참는 지혜가 필요하다는 얘기입니다. 지나 놓고 보면 화내는 사람이 더 크게 상처를 받기 때문입니다.

바람직한 노년의 길을 알려주는 '신 노인 10계명'을 벽에 붙여놓고 죽을 때까지 실천해 나가고자 합니다.

신 노인 십계명

제1계명 자식에게 올인[18]하지 마라.
제2계명 며느리 잘 모셔야 집안이 화목하다.
제3계명 돈은 무덤까지 가지고 가야 한다.
제4계명 돈보다 먼저 건강이다.
제5계명 젊게 살려면 젊은이를 따라 하라.
제6계명 미워도 내 사람이 제일이다.
제7계명 뒤돌아보지 말고 남은 날들을 즐겁게 보내라.
제8계명 작은 것이라도 크게 기뻐하라.
제9계명 오늘 하루가 감사하면 일생이 감사하다.
제10계명 자기가 믿는 종교와 잘 거래하라. 얻는 것이 많을 것이다.

---

[18] 올인(all in): 한 가지 일에 모든 힘을 쏟아부음.

'행복'에 대하여

인간은 태어나서 죽기까지 줄기차게 추구하는 것들이 있습니다.

행복이 그 하나입니다.

행복(幸福)은 "생활에서 충분한 만족과 기쁨을 느끼어 흐뭇함. 또는 그러한 상태"로 정의하고 있습니다.

세상사 어디 충분한 만족과 기쁨이 있겠습니까?

그래서 나온 말이 있습니다. 행복은 자기만족에 의해서가 아니라 가치 있는 목적에 충실함으로써 이루어진다고 합니다.

사람은 누구나 살아가면서 말 못 할 고민을 하나쯤은 다 가지고 산답니다. 하지만 의미 있고, 보람되고 가치 있는 일을 하면서 진정한 행복을 느끼게 된다고 합니다. 실제로 우리 주위에 자기도 어려우면서 더 힘든 이웃을 말없이 돕는 진짜 천사가 있습니다.

수많은 자원봉사자가 그런 분들입니다. 힘들고 수지가 맞지 않은 장사이지만 삶의 진정한 보람을 느끼며 행복을 덤으로 얻어 갑니다. 그래서 행복은 고난의 문을 통과해야 얻어진다고 했나 봅니다.

한편 '소소하지만 확실한 행복', 즉 소확행(小確幸)의 기쁨도 있습니다.

이번에 영국의 BBC가 발표한 행복 헌장에서 다룬 행복의 요소입니다. "운동, 좋은 기억 떠올리기, 대화, 식물 가꾸기, TV 시청 줄이기, 미소, 문안 전화, 큰 소리 웃음, 자기 칭찬, 친절 베풀기" 등입니다.

우리 일상생활에서 마음만 먹으면 얼마든지 실천할 수 있는 소소한 것들입니다. 사람마다 느끼는 행복한 순간이 다 다를 것입니다.

요즘 내게 소소한 행복을 가져다주는 것들입니다.

아침에 회원들과 테니스를 치면서 마음껏 웃고 땀을 흘릴 때 행복합니다. 일본어를 공부하면서 새로운 단어나 표현을 익히고 TV 드라마를 시청할 때 대사가 귀에 쏙쏙 들어올 때 행복합니다.

댄스 스포츠를 즐기며 새로운 한 수를 배워 실전에서 써먹을 때, 행복을 느낍니다. 장구를 치며 우리 가락을 멋들어지게 부를 때 행복을 느낍니다. 기타를 치며 노래를 부를 때, 나만의 행복을 느낍니다. 색소폰을 연주하면서 서너 시간 동안 노래에 푹 빠질 때, 행복합니다.

텃밭을 가꾸고 매일 같이 여러 채소와 얘기하며 자라는 모습을 보면서 행복을 느낍니다. 다 자란 채소를 이웃들과 나눌 때, 행복은 '더블'입니다.

아침에 일찍 일어나 늘 하던 것을 하고 운동 나가기 전에 쾌변을 하고 나면 행복합니다.

혼자서 책을 읽으며 독서삼매에 빠질 때, 행복합니다.

이외에도 소소한 행복이 참 많이 있습니다.

천상병 시인은 '행복'이란 시에서 소소한 행복을 열거하며 자기가 제일 행복한 사나이라고 했습니다.

예쁜 아내가 있고 대학을 졸업했으며 하나님을 믿어 든든한 백이 있으니 행복하다는 것입니다.

그러고 보니 나도 '행복한 사나이'입니다.

뜻밖에 찾아왔던 편도암을 일찍 발견하여 잘 치료하고 근치의 길을 가고 있으며 이전보다 더 알차게 하루하루를 보낼 수 있으니 행복합니다.

이런저런 일로 속 썩이는 일이 많았지만, 일편단심으로 못난 남편을 위해 헌신하는 아내가 있어 행복합니다. 딸 아들 하나씩 낳아 아비로서 기쁨을 맛보고 자손을 퍼뜨렸으니 행복합니다.

꿈에서나 그렸던 경영학 박사에다 일본 유학까지 갔다 왔고 대학교수로서 강단에 서서 후진을 양성하였으니, 명예욕도 충족시켰으며 지금도 공부를 쉬지 않으니 행복합니다.

은행 지점장을 하면서 돈을 원 없이 만져봤고 은행 부채 없이 너른 집에서 살며 든든한 3층 연금 등으로 노후 준비를 해 놨으니 재물 걱정이 없어 행복합니다.

무엇보다 아내는 목사이고 나도 하나님을 믿으니 살아서도 감사, 죽어서도 감사입니다. "내게 능력 주시는 자 안에서 내가 모든 것을 할 수 있다"라는 굳건한 믿음과 든든한 백이 있습니다. 그래서 행복합니다.

이런 축복을 주신 하나님께 늘 감사하며 살아가고 있습니다. 주님께서 허락하신 남은 나날은 이웃을 위해 헌신하고 나누며 살아가고자 늘 마음속으로 다짐합니다.

"항상 웃으며 살고 싶습니다.
모두에게 감사하며 살고 싶습니다.
바보가 되고 싶습니다."

이것이 앞으로도 행복으로 가는 길이라 생각합니다.

자식들에게 남기고 싶은 이야기

정치적으로 온 나라가 시끄럽지만 계절은 어김없이 우리 앞에 다가왔습니다.

봄기운이 깊어지고 있습니다. 목련이 꽃망울을 터트린 지가 엊그제 같은데 벌써 잎이 떨어지고 있습니다. 벚꽃도 만개하여 아파트 정원을 아름답게 꾸몄습니다.

벌써 4월입니다. 아니 5월이 저만치 보입니다. 새 달력을 걸은 지가 엊그제 같은데 넉 장째니 빨라도 너무 빠릅니다. 계절이 바뀌어서 그런지 곳곳에서 부음 소식이 들려옵니다.

아직 더 살아도 될 나이인 또래 친구들의 부고도 이따금 받습니다. 가는 것이 남의 얘기가 아닙니다. 오는 순서는 있지만 가는 순서는 없다는 말이 있습니다.

맞습니다. 실감이 납니다. 모든 것이 한순간입니다.

법정 스님도 "이 세상에서 영원한 것은 아무것도 없다. 권력도 금력도 명예도 체력도 사랑도 증오도 모두가 한 때일 뿐이다"라고 인간 만사를 내다봤습니다.

흔히들 요즘 '인생 100세 시대'라고 하지만 그 나이까지 사는 사람은 극소수에 지나지 않습니다. 저도 이제 칠순을 넘겼습니다.

우리나라 평균 수명이 83세이니 따지고 보면 남은 세월이 얼마 되지 않습니다. 마땅히 서서히 인생 결산을 시작해야 합니다.

천주교 황창연 신부님은 "통장에 500만 원만 남기고 꼴까닥 죽자"라고 주장합니다.

있는 돈 아껴서 자식들에게 남기려 하지 말고 자신을 위해 멋지게 쓰고 남은 게 있다면 교회나 사회에 환원하라는 얘기를 덧붙입니다.

왜냐하면 자식들에게 재산을 남기면 서로 싸우고 원수처럼 지내는 경우가 많기 때문이랍니다.

아울러 "꼴까닥 죽자"라고 했는데 살 만큼 살다가 잠자듯이 고이 간다면 정말 멋진 죽음이라 생각합니다.

자식들 고생시키고 본인도 고통이란 고통은 다 당하고 간다면 얼마나 몹쓸 짓이겠습니까?

좀 욕심 같지만 '9988234'가 정답이라고 생각합니다.

99세까지 팔팔하게 살다가 2~3일 앓다가 죽으면 최고의 삶이요, 가장 멋진 죽음이 아닐까요.

내게는 딸 하나 아들 하나를 두어 잘 키우고 공부시켜 결혼까지 보냈으니, 아비로서 역할은 다했습니다. 이제 바라는 것은 자녀들이 손자들을 잘 키우고 이 땅에서 맡겨진 사명을 잘 감당해 주길 바랄 뿐입니다.

내 경우는 시골의 부모님께 매월 생활비를 보내드리고 끝까지 자식의 도리를 다했습니다.

하지만 나는 우리 자식들에게 아무것도 요구하지 않습니다. 아니 제 자식들 키우느라 기대할 수도 없습니다. 솔직히 손을 벌리지 않으면 천만다행으로 생각합니다. 사실 분가할 때, 최소한의 살림 밑천을 장만할 수 있도록 지원했습니다.

그런데도 이따금 손을 벌리는 경우가 있습니다. 그럴 때마다 은퇴 자금을 갉아먹는 자식들에게 실망하곤 합니다.

돌이켜보니 제 아버님은 경찰 공무원을 조금 하시다가 농사를 지으며 90평생을 잘사시다가 5년 전에 돌아가셨습니다.

은행과 대학에서 근무한 아들에게 "절대로 남의 돈을 먹지 말거라. 정직하게 살아라"라고 당부하셨습니다. 큰 재산을 남겨주지 않았지만, 지금까지 이 말씀을 삶의 지침으로 삼고 있습니다.

살아계셨을 때는 친구나 이웃 사람들에게 늘 베푸시길 좋아하셨습니다. 이런 아버님께 명절 때 내려가면 꼭 용돈을 챙겨 드렸습니다. 어느 때에는 오토바이 공구함 안에 몰래 넣어두고 온 적도 있습니다.

직접 얘기는 안 하셨지만, 이런 아들의 마음을 잘 이해하셨으리라고 생각합니다.

나도 똑같은 마음입니다. 내 아들딸이 이렇게 살아주길 바랍니다.

첫째, 정직하게 살아라.

둘째, 형제간에 우애 있게 지내라.

셋째, 이웃에게 나누고 베푸는 삶을 살아라.

넷째, 부모에게 기대지 말고 떳떳하게 살아라.

다섯째, 하나님을 믿고 신앙생활을 잘해라.

우리 자식들이 이렇게 살아간다면 더 바랄 게 없을 것입니다.

'귀한 인연'에 대하여

인연(因緣)은 '사람들 사이에 맺어지는 관계'입니다. 태어나 지금까지 살아오면서 수많은 인연이 내 곁을 스쳐 지나갔습니다.

가족, 친지, 학교, 직장, 사회에서 만난 지인들입니다. 그런데 내 마음속에 살아있는 인연은 점점 줄어들어 이젠 손가락으로 셀 수 있을 정도밖에 안 됩니다.

법정 스님의 '귀한 인연이길(아래)'을 읽으니 나도 그런 인연을 만나고 싶고 그 누군가에게 되고 싶습니다.

힘든 인생길의 진정한 위로가 되고, 터놓고 싶은 이야기를 아무 거리낌 없이 나누고, 생각만 해도 행복과 기쁨을 느끼는 그런 인연과 함께.

하지만 결국은 나 혼자만 남습니다. 아무리 친한 인연이라도 세월이 흐르면 다 떠납니다. 마음속에 남아있긴 하지만. 이 땅과 이별을 할 때에는 모든 인연을 뒤로하고 혼자 가야만 합니다.

그래서 나이 들어서는 혼자서도 고물고물 잘 놀아야 합니다.

세상사는 동안 귀한 인연을 만나면 금상첨화이겠지만.

부활절 아침입니다.

세상 모든 짐을 다 십자가에 지고 돌아가셨다가 사흘 만에 부활하신 예수님을 기리는 날입니다. 죽음이 끝이 아니라는 것입니다.

기독교의 핵심입니다.

불교에서의 환생과 같은 의미입니다.

그러고 보니 예수님과 맺은 인연이 가장 소중합니다.

힘들 때나 기쁠 때나 변함없이 들어주는 친구 같은 예수와 함께 계속 걸어가고 싶습니다.

물론 아직도 내겐 세상적인 꿈이 있습니다.

누군가에게 귀한 인연이 되고 나도 그런 인연을 만나고 싶습니다.

법정 스님의 "귀한 인연이길"

진심 어린 맘을 주었다고 해서
작은 정을 주었다고 해서
그의 거짓 없는 맘을 받았다고 해서
그의 깊은 정을 받았다고 해서
내 모든 것을 걸어버리는
깊은 사랑의 수렁에 빠지지 않기를

한동안 이유 없이 연락이 없다고 해서
내가 그를 아끼는 만큼
내가 그를 그리워하는 만큼
그가 내게 사랑의 관심을 안 준다고 해서
쉽게 잊어버리는 쉽게 포기하는
그런 가볍게 여기는 인연이 아니기를

이 세상을 살아가다 힘든 일 있어
위안을 받고 싶은 그 누군가가 당신이기를
그리고 나이기를

이 세상 살아가다 기쁜 일 있어
자랑하고 싶은 그 누군가가 당신이기를
그리고 나이기를

이 세상 다하는 날까지
내게 가장 소중한 친구
내게 가장 미더운 친구
내게 가장 따뜻한 친구라고
자신 있게 말할 수 있는 이가 당신이기를
그리고 나이기를

이 세상 다하는 날까지
서로에게 위안을 주는
서로에게 행복을 주는
서로에게 기쁨을 주는
따뜻함으로 기억되는 이가 당신이기를
그리고 나이기를

지금의 당신과 나의 인연이
그런 인연이기를

나이 들어 쓰는 돈은
절대 낭비가 아닙니다

'100세 시대'라고들 합니다. 그만큼 오래 산다는 말입니다.

돌이켜보니 우리 부모님들의 회갑, 칠순 잔치를 제법 크게 해 드렸습니다. 시골 방 벽에 온 가족이 모여 기념 촬영한 부모님의 회갑 사진이 아직도 걸려있습니다. 자세히 보니 나이가 든 모습입니다.

그런데 요 몇 년 사이에 확 바뀌었습니다.

요즘 61세라면 노인이 아닙니다.

실제 UN은 18~65세를 청년, 66~79세를 중년, 80~99세를 노년으로 규정하고 있습니다.

매우 현실적인 규정이라고 생각합니다. 아버지는 90을 넘기고 돌아가셨으니 비교적 장수하셨습니다. 이제는 60에 은퇴한다 해도 30~40년을 더 살아내야 합니다. 꽤 긴 세월입니다.

그러다 보니 지레 겁을 먹고 긴 노년을 대비해서 쓰고 싶은데도 참고 자린고비가 되고 맙니다. 하지만 이젠 아닙니다.

나이 든 선배들의 한결같은 훈수는 이렇습니다.

"한 살이라도 젊었을 때 하고 싶은 거 하고 쓰고 싶은 곳이 있다면 과감히 지갑을 열어라."

"제발 얍삽하게 굴지 말고 베풀어라."

"자신을 대접하며 살아라."

한 마디로 나이 들어 타인에게나 자신에게 너무 인색하지 말라는 것입니다. "재산을 남기는 것은 자식을 버리는 것이다"라고 극단적으로 주장하는 사람들도 있습니다.

우리 주위를 살펴봅시다.

그 많은 재산을 한 푼도 못 쓰고 고스란히 남겼는데 죽고 나서 자식들이 재산 싸움에 휘말려 천하 원수처럼 지내는 경우를 허다하게 봅니다. 차라리 다 쓰고 죽든지 좋은 곳에 기부하고 떠났다면 자기 이름도 남기고 자식들도 살렸을 것입니다.

또한 은행에 넣어둔 돈은 쓰지 않으면 내 돈이 아닙니다.

내 얘기를 좀 해봅니다.

최근 가계부에 기록되는 항목과 금액이 늘어났습니다. 먼저 자동차 유지비, 길흉사 관련 비용이 만만치 않습니다. 그리고 활발한 나의 취미 생활 관련 비용입니다. 골프, 테니스, 댄스, 색소폰, 텃밭 농사, 민요와 장구, 책 구매비용 등을 들 수 있습니다. 그중에 골프 관련 비용이 제일 많습니다. 그도 그럴 것이 한번 라운딩에 근 이삼십만 원이 들어가니 은퇴 자금을 갉아먹는 주범입니다.

하지만 이것이 낭비라고는 절대 생각하지 않습니다.

"기껏해야 한 달에 한두 번인데" 하고 나 자신을 다독입니다.

전에 비해 필드를 대폭 줄이고 저렴한 스크린골프를 즐기고 있습니다.

아직도 싱글 실력을 유감없이 발휘하는 내가 그 좋아하는 골프를 끊을 수 없기 때문입니다.

한편, 은퇴 준비가 잘되지 않아 일하지 않으면 먹고살기가 힘든 이도 있을 것입니다. 이때에도 노후에는 쓰는 것을 너무 아끼지 말라고 합니다. 물론 낭비는 안 되겠지요.

버는 것보다 쓰는 것이 더 중요하다는 의미일 것입니다. 노후에는 내일보다 오늘 하루하루가 더 소중하기 때문입니다.

달력을 또 한 장 뜯고 보니 어느샌가 금년도 하반기로 접어들었습니다. 이제 집사람과 내가 칠순을 넘겼습니다. 아직도 하고 싶은 것이 많고 매사 정열적으로 살아가고 있습니다.

최근 조금 늘어나는 가계부의 지출 내용을 보면서 줄여 나가야겠다고 잠시 생각해 보았습니다. 그런데 이런저런 생각을 해보니 결론은 '아니다'입니다.

낭비가 아니었습니다. 대부분 꼭 써야 할 곳에 썼습니다.

건강을 지키며 들어간 비용입니다.

이후로도 내가 좀 손해 보고 써야 할 때에는 과감하게 지갑을 열어 나가려 합니다. 나이 들어 꼭 쓰는 돈은 절대 낭비가 아니기 때문입니다.

내일 일은 난 몰라요, 하루하루 살아요

"한 치 앞도 모르는 게 인생이다"라고 합니다.
정말 내일 일은 아무도 모릅니다.
성공도 모릅니다. 실패도 모릅니다.
불행이나 요행함도 내 뜻대로 못 합니다.
얼마 전에 이웃 나라 일본의 전 수상이었던 아베가 선거 유세 중에 저격수의 총탄을 맞고 세상을 떠났습니다. 나와 동년배라 나라를 떠나 인생의 허무함을 느끼게 됩니다.
은퇴 이후 강산이 한번 바뀐다는 10년이 넘고 보니 이제 칠십 고개를 넘었습니다. 이곳저곳에서 뭐가 그리 바쁜지 평균 수명을 다하지 못하고 이 땅을 떠나는 분들을 많이 봅니다.
하지만 기대 수명이 늘어나 100세 시대라고 합니다.
그런데 따져보니 그게 아닙니다. 생존 확률로 보니 80세까지가 30%, 85세까지가 15%, 90세까지 생존 확률이 5%입니다.
즉 90세까지 살아남을 확률이 100명 중 겨우 5명에 지나지 않습니다.
현재 평균 수명이 83.5세이니 남은 세월이 그리 길지 않습니다.

여기에 건강 나이가 73세 정도이니 10여 년 동안은 병치레한다는 얘기입니다. 그러고 보니 지금의 하루하루가 정말 소중하다고 생각합니다.

남은 세월이 얼마 되지 않다고 생각하니 더 그렇습니다.

태평가의 한 구절이 생각납니다.

"짜증을 내어서 무엇 하나, 성화를 받치어 무엇 하나, 속상한 일이 하도 많으니 놀기도 하면서 살아가세."

역시 어떤 일이 있어도 고물고물 잘 놀아야 합니다.

하루하루가 기념일처럼.

한평생을 살면서 순탄한 삶을 마치고 평온하게 이 땅을 떠난 사람은 아마 드물 것입니다.

대부분 이런저런 풍파를 헤치며 살아가고 있습니다.

얼마 전 세상을 떠난 이어령 선생의 마지막 대화집, "이어령의 마지막 수업"에 대한 얘기입니다. 한마디로 '메멘토모리' 즉 "늘 죽음을 생각하라"는 짧은 메시지가 가슴에 남아있습니다.

죽음을 겁내지 않았습니다.

삶과 같은 개념, 다른 세계의 개념으로 깨닫고 죽음의 증상을 적극적으로 관찰하셨습니다. 평생을 호기심으로 살아온 이답게 죽음마저 들여다본 것입니다.

병원 대신 서재와 연결된 집필실에 병원 침대를 들여놓고 거기에서 세상을 떠나고 싶어 했습니다. 결국 본인의 소원대로 잠들어 있던 중 세상을 떠나셨습니다.

향년 88세였습니다.

그는 문필가, 교수, 장관 등으로 활동했으니 세속적인 면에서는 대성공을 거둔 것입니다. 하지만 본인은 흉금을 터놓고 만날 수 있는 친구를 두지 못해 실패한 인생이라고 한탄하셨습니다.

그렇지만 그분은 우리에게 '죽음에 대한 당당한 자세'를 몸으로 보여주셨습니다.

어느새 올 한 해도 반환점을 지나 연말을 향해 달려가고 있습니다.

남은 기간이 점점 줄어들고 있습니다.

내일 일은 아무도 모릅니다.

그래서 오늘 이 시간이 너무나도 소중하게 생각됩니다.

나도 멋지게 살다가 멋지게 이 땅을 떠나고 싶습니다.

마음의 상처

살다 보면 내 부주의로 인해 우리 몸 곳곳에 상처를 입습니다.

어릴 땐 산에 나무하러 갈 때나 소 꼴을 뜯으러 갈 때 가시에 찔리고 낫에 베여 피를 흘리곤 했습니다. 별다른 치료법이 없어 상처 부위에 된장을 발랐습니다.

그때, 상처 난 곳을 살펴보니 아직도 약간의 흔적이 남아있습니다.

하지만 그것이 내 삶의 아픈 흔적으로는 남아있지 않습니다. 그런데 마음으로 받은 상처는 세월이 흘렀는데도 선명하게 남아있습니다.

그중에도 직장 생활을 하면서 동료나 상사로부터 받은 상처는 지금까지 잘 지워지지 않습니다. 병원 상담을 받고 처방을 받았지만, 완전히 흔적을 지울 수 없습니다.

일일이 다 밝힐 수는 없습니다만 상대가 대개 시기심의 발로로 인해 자기 본마음을 오버해서 내 마음을 아프게 한 경우가 대부분입니다. 한 귀로 듣고 한 귀로 내보내면 되는데 그것이 말같이 쉽게 되지 않습니다. 대개 큰 상처를 받습니다.

지나고 보니 이럴 때는 '바보 철학'이 특효약이었습니다.

얘기를 꺼내니 돌아가신 작은 아버님이 생각납니다. 촌놈인 나를 부산에 데려다가 중 고등학교를 보내주신 은인이셨습니다. 가끔 작은 아버님은 술 한잔하시고, 소변을 보실 때나 혼자서 지낼 때, 누군가에게 욕설을 내뱉었습니다.

지금 생각하니 그게 가슴에 지워지지 않은 마음의 상처가 되살아나 자기도 모르게 나온 욕지거리였습니다.

나도 그 나이를 먹고 보니 이해가 됩니다. 요즘 이따금 그럴 때가 있습니다. 샤워하다가도 막걸리 한잔 걸치면서도 과거 거시기했던 일이 생각나 괜히 욕지거리가 나오는 경우가 있습니다. 내면에 잠재되어 있던 것이 불현듯 튀어나온 것입니다.

요즘 지혜가 생겼습니다.

여러 가지 취미 생활을 마음껏 즐기고 있는지라 자칫 마음의 상처를 받거나 주기 쉽습니다. 그래서 터득한 것이 "내가 좀 손해 보고 바보가 되는 것이다"입니다.

예를 들면 내가 거의 하루도 빠지지 않는 베니스장에서는 남들이 하기 싫은 쓰레기통을 비우고 청소를 합니다. 가끔 밥도 사고 술도 한 잔 삽니다. 남의 단점이나 정치 얘기 등은 내 입에서 나오지 않도록 각별히 유념합니다.

유행가에 이런 가사가 있습니다.

"얼굴만 예쁘다고 여자냐, 마음이 고와야 여자지."

맞습니다. 남자도 마찬가지입니다.
몸도 중요하지만, 마음도 그만큼 중요합니다.

코이케 류노스케19)가 지은 '화내지 않는 연습'을 읽고 있습니다. 남은 세월은 어떠한 일이 있더라도 마음의 상처를 받거나 주지 않기 위해 굳게 다짐합니다.

정말이지 이제 더 이상 상처를 받지 말아야 합니다. 주지도 말아야 합니다. 백 퍼센트 완치가 없는 무서운 병이기 때문입니다.

---

19) こいけりゅうのすけ, Koike Ryunosuke 승려, 작가.

젊은이들에게 대꾸하지 말고
가르치려 하지 말아야 합니다

늙어감의 기술 중 하나입니다.
요즘 들어 이 말이 실감납니다.

"젊은이가 뭐라 해도 노인은 절대 대꾸하지 말고 가르치려 하지 말라."

바야흐로 노인 공경 시대가 지나가고 에이지즘(Ageism), 즉 노인 차별의 시대가 도래했습니다.

내 어린 시절의 얘기입니다.

동네 어귀에서 젊은 사람이 내놓고 담배를 피우면 지나가는 노인이 꼭 한마디를 했습니다. 젊은 여성의 옷차림이 좀 야해도 어김없이 싫은 소리를 해댔습니다.

그래도 그 당시 젊은이들은 대꾸하지 않고 다 받아들였습니다. 노인의 권위를 인정한 것입니다. 노인은 집안의 어른일 뿐만 아니라 마을에서도 어른의 역할을 했었습니다.

요즘 젊은이들이 들으면 "호랑이 담배 먹던 시절 얘기"라고 치부할 것입니다.

　하기야 그 당시에는 60이 넘은 노인들이 귀했습니다. 환갑 잔치도 동네 잔치로 크게 했습니다. 그래서 귀한 대접을 받았는지 모릅니다.

　세월이 흘렀습니다. 아니 세상이 바뀌었습니다.

　이제 60은커녕 65세가 넘는 노인들이 넘쳐납니다.

　2025년부터 우리나라도 일본과 같은 초고령 사회로 접어들었습니다.

　노인이 노인을 부양해야 하는 시대가 온 것입니다.

　이제 거꾸로 되어 노인이 젊은이들의 눈치를 봐야 하는 세상입니다.

　출퇴근 시간에 노인이 등산복을 입고 복잡한 지하철의 자리를 차지하고 있으면 힐끔힐끔 눈총을 줍니다. 차를 몰다가 조금이라도 실수를 하면 젊은이들의 욕지거리를 들어야 합니다.

　내 차 앞에 주차를 해서 점잖게 한마디 했더니 대뜸 "왜 반말이냐고"라고 대들어서 되레 무안을 당한 일도 있었습니다. 오늘 아침에 테니스 회원들과 합창으로 부른 노래가 그나마 위안이 됩니다.

　서유석의 '너는 늙어봤냐, 나는 젊어 봤단다' 입니다.

　한 마디로 나이 들어서도 당당하고 멋지게 살아내자는 노년의 울부짖음입니다.

　노인이란 젊은이들을 훈계하라는 훈장이 아닙니다.

　될 수 있으면 입을 닫고 살아야 합니다. 그렇다고 지갑까지 닫지는 말고. 한마디로, "젊은이들에게 대꾸하지 말고 가르치려 하지 말고 그러려니 하고 살자"입니다.

메모, 나이 들면 큰 위력을 발휘합니다

나이 들면 깜빡깜빡할 때가 잦아집니다. 심하면 건망증이나 치매로 이어지기도 하지요. 하지만 대부분 경미합니다. 조금만 주의를 기울이면 극복할 수 있습니다.

스마트폰 시대입니다. 어지간한 일은 스마트폰에서 손가락을 누르면 다 할 수 있습니다.

그런데 노인들에게 골칫거리가 하나 있습니다.

소위 ID와 PW 즉, 개인번호와 비밀번호를 잘 잊어버린다는 것입니다. 사고를 방지하기 위해 자주 바꾸라고 하니 더 그렇습니다.

한 번 잊어버리면 찾기가 어렵습니다. 그러다 보니 점점 인터넷과 멀어집니다.

그런데 노인에게도 한 가지 방법이 있습니다. 바로 메모입니다.

기록을 잘 해 두면 그때그때 유용하게 사용할 수 있습니다.

내 경우 아직도 매일 한 장씩 넘기는 탁상 메모지를 사용하고 있습니다. 그리고 매일 가계부를 적고 있는데 간단한 메모 기능도 합니다.

또한 틈틈이 적는 일기장도 훌륭한 메모장의 역할을 톡톡히 해냅니다.

물론 스마트폰 내에 있는 메모 기능도 충분히 활용합니다.

어제는 직장 후배의 혼사에 가지는 못하고 축의금을 보내야 하는데 통장 번호를 몰라 당황했습니다. 근무했던 농협의 퇴직 동인들의 모임인 '농협동인회'에 들어가면 경조사 등 여러 가지를 알 수 있습니다. 문제는 로그인하려니 아이디와 비밀번호가 생각나지 않았습니다.

마침 스마트폰을 바꾸면서 메모했던 것이 사라져 난감했습니다. 로그인을 포기하려다가 탁상 메모지를 한 장 한 장 넘기다 보니 연초에 기록했던 것이 눈에 띄었습니다. 참으로 반가웠습니다.

메모의 중요성을 다시 한번 깨닫게 되었습니다. 또한 메모는 글을 쓰는 데에도 큰 도움이 됩니다. 좋은 글이나 생각이 떠오르면 즉시 메모를 해 둡니다.

산행을 할 때나 혼자서 텃밭 일을 하면서 멋진 글귀가 떠오르면 스마트폰에다 녹음해 둡니다. 내 목소리를 들으면서 발음의 정확도도 점검할 수 있어서 일거양득입니다.

메모는 기록입니다. 기록의 달인이 됩시다.

늙었다고 핑계를 대지 맙시다.

조금만 신경을 쓰면 할 수 있습니다.

얼마든지 젊은이들처럼 인터넷 세상을 즐길 수 있습니다.

100세 시대입니다.

자연적으로 감퇴하는 기억력을 탓하지 맙시다.

메모가 있으니까요.

막걸리 한 잔 살 여유

　요즘 막걸리가 대세입니다. 어릴 때 농촌에서 살 때에는 막걸리 심부름을 자주 다녔습니다. 그 힘든 일을 막걸리 힘으로 다 해냈다고 해도 과언이 아니었습니다.
　저는 애주가는 아니지만 술상에서 기본은 하는 편입니다. 과거 직장생활 시절에는 소주와 맥주로 스트레스를 푸는 경우가 많았습니다. 이를테면 소맥입니다.
　가끔 회식을 하면서 과음할 때가 있었습니다. 지하철을 타고 깜빡 조는 바람에 내려야 할 역을 지나치기도 하였습니다. 심지어 좀 과음을 해서 지하철역 플랫폼에서 단잠을 자다가 지갑털이를 당한 적도 있었습니다.
　이젠 그렇게 과음을 하지 않습니다. 아니 그 옛날에 비하면 마시지 않는다고 할 수 있습니다.
　하지만 술에 대한 애환은 그대로 간직하고 있습니다.
　막걸리는 싸기도 하지만 우리들의 정(情)의 표시라고 생각합니다. 마음만 먹으면 가까운 지인들에게 한 잔 살 수가 있습니다.
　그런데 현실은 그렇지 않습니다.

남에게 지갑을 열기가 그리 쉽지 않습니다.

그 옛날 시골 아버지는 남들에게 너무 헤프게 술을 잘 사셨습니다.

그런 아버지를 할머니는 늘 나무라셨습니다.

부전자전입니다.

별로 가진 것은 없지만 가까운 이웃에게 술 한 잔 사는 버릇을 내가 물려받았습니다. 술뿐만 아니라 힘들게 살아가는 분들에게 그냥 주고 싶은 마음입니다.

그래서 큰돈을 모으지 못하고, 요 모양인지는 모르겠으나 후회는 없습니다. 갚아야 할 것보다 준 것이 더 많았으니, 마음의 부자가 된 것입니다.

이것이 진정한 부자라고 생각하면서 앞으로도 이 같은 정신은 변치 않을 작정입니다.

비록 통장에 노후 자금이 좀 줄어들지라도 가까운 이웃들에게 대포 한 잔 사면서 살고 싶습니다. 아울러 이 땅을 떠날 때까지 '쓰죽회(다 쓰고 죽자는 모임)' 회원의 본분을 다하고자 합니다.

중장년 남자의 '인정 욕구'

인간은 여러 가지 욕구를 가지고 일평생을 살아가고 있습니다. 그중에 하나가 인정 욕구입니다. 인정(認定) 욕구(欲求)는 타인에게서 자신의 존재 가치 따위를 인정받고자 하는 욕구입니다. 이 욕구가 너무 지나쳐도 문제입니다. 자기의 양에 차지 않는 경우가 대부분이기 때문입니다.

누군가에게 인정받는 것은 참으로 기분 좋은 일입니다. 직장에서 상사에게 인정받으면 힘이 나고 승진도 빠릅니다. 가정에서도 마찬가지입니다. 아내가 남편에게, 남편이 아내에게 서로 인정해 주면 부부싸움 대신 사랑이 용솟음칩니다.

인정이 칭찬과 함께라면 효과는 배가 됩니다. 상대방이 잘할 때, 인정해 주고 거기다가 칭찬까지 곁들인다면 없던 힘도 생길 것입니다.

바보 온달과 평강 공주의 얘기가 이를 잘 증명해 주고 있습니다.

평강 공주는 온달에게 늘 칭찬해 주고 인정해 주었을 것입니다. 그 결과 온달은 바보에서 일약 장군으로 승진하여 나라를 위해 크게 이바지하였습니다.

반면에 인정을 받지 못하거나 부족하면 여러 가지 문제가 생깁니다.

직장 내에서는 외톨이가 되기 쉽습니다. 결국 주변을 맴돌다가 견디지 못하고 떠나게 됩니다.

가정에서는 문제가 더 심각합니다. 아내에게 인정받지 못하는 남편들은 바깥쪽에 마음을 두게 됩니다.

실제로 나뿐만 아니라 칠십이 넘은 친구들의 공통적인 얘기입니다. 일례로 안 그래도 나이 들면 남자들의 발기력이 떨어지는데 상처를 주는 말을 들으면 더 이상 자연 발기가 되지 않아 부부 관계는 멀어져만 갑니다. 남자는 일평생 인정 욕구에 목말라하는지도 모르겠습니다.

"당신 아직도 멋져요."

이 한마디에 칠십 노인이 청년으로 변할 수 있습니다.
벌떡벌떡 일어날 수 있습니다.
이게 인정 욕구의 마력입니다.

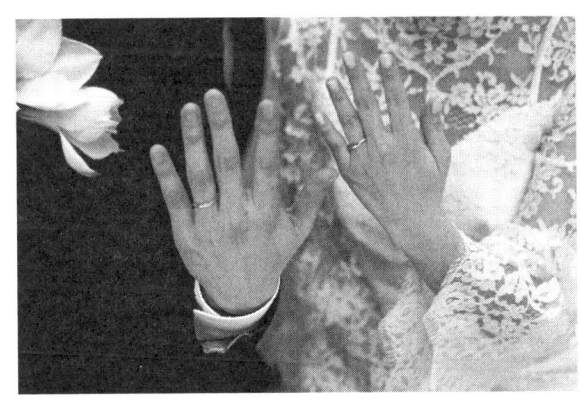

느리게 더 느리게

느리게 살아가는 이유입니다.

"오직 시간에 쫓기는 괴로움을 당하지 않기 위해서이다."

[느리게 산다는 것의 의미]를 지은 피에르 쌍소20)의 말입니다.

그렇습니다. 특히 노년은 시간에 구애됨이 없이 천천히 세상을 살아갈 수 있습니다.

한데 칠십이 넘어 남은 세월을 생각하니 하루하루가 소중합니다. 아직도 하고 싶은 것은 많고 시간이 절대적으로 부족합니다. 쓰잘머리 없이 바쁩니다. 진정한 삶의 여유를 가지고 살아가고 싶은데 실상은 그렇지 못합니다.

좋아하는 등산이 좋은 예입니다. 뭐가 급한지 정상을 향해 목표를 정하면 오로지 오르는 데에만 온 신경을 쏟습니다. 천천히 주위 경치를 보

---

20) Poerre Sansot 전 대학교수, 철학자, 출생 1928. 6. 9. (프랑스) 사망 2005. 5. 6.

면서 쉬엄쉬엄 오르내리면 좋으련만.

골프도 그렇습니다. 18홀을 돌면서 오로지 그린을 향해 샷을 하고 주위 아름다운 경치는 다 지나칩니다.

살아온 지난날을 회상해 보니 내 인생길도 그러했습니다. 꼭 가보고 싶은 곳도 미루고 또 미루었습니다. 오로지 직장과 학업에만 온 신경을 쓴 나머지 다 그냥 지나쳤습니다.

이제라도 늦지 않았겠지요.

남은 세월은 좀 천천히 가고 싶습니다.

천지 만물을 창조하신 그분의 숨결을 느끼면서 느리게 더 느리게.

횡재

살다 보니 뜻밖에 재물을 얻는 횡재를 만날 때가 있습니다. 노력하지 않고 들어오는 돈이라 떳떳하지는 않습니다.

어제는 4월 초반인데도 초여름 날씨라 무척 더웠습니다. 겨울 바지를 벗고 일본에서 살 때, 입었던 청바지를 꺼내 입었습니다. 그런데 입어보니 오른쪽 바지 주머니에 뭔가가 들어 있었습니다. 아마도 마스크이겠지 하고 꺼냈더니 5만 원권 2장에 민 원권 나섯 상이 들어 있었습니다.

언젠가 바지에 넣어두었다가 깜빡 잊은 것입니다. 순간 기분이 야릇했습니다. 내 돈이지만 횡재를 만난 기분이었습니다.

마침, 일본어 수업이 끝나고 학우들과 점심 식사하면서, 오늘은 내가 내겠다고 선언했습니다(今日私がおごります。).

공돈같이 돈이 생기기도 했지만, 만학의 열정을 불태우는 분들과 같이 하는 것이 너무 기분이 좋아서였습니다.

일본 유학 시절의 얘기입니다. 학교에서 제공해 준 주택에서 혼자 지냈습니다. 매일 청소기로 방 청소를 했습니다.

어느 날 상자 안에서 청소기를 꺼내는데 평소에는 보이지 않았던 상품

설명서 같은 흰 봉투가 바닥에 보였습니다.

꺼내보니 봉투 안에 거금 20만 엔(우리 돈으로 약 2백만 원)이 들어있었습니다. 전에 거주하던 분이 깜빡 잊고 놔두고 간 것입니다.

잠시 망설였습니다. 그런데 이내 마음을 고쳐먹었습니다.

대학 본부를 찾아가서 사정 얘기를 하고 주인에게 돌려주도록 정중하게 부탁했습니다.

앞으로도 내 돈이 아니면 그 어떤 횡재를 얻더라도 절대 욕심을 내지 않겠다고 다짐해 봅니다.

뜻밖의 돈이 생겨 지갑에 고액권을 여러 장 넣어두니 부자가 된 기분입니다. 지금까지 지내온 과거를 되돌아보니 내 인생 전체가 큰 횡재를 얻은 셈입니다.

농사를 지을 수밖에 없었던 시골 촌놈이 도시로 나와 뜻밖의 큰 수확을 얻었으니 이게 횡재가 아니면 무엇이겠습니까?

보이지 않는 손, 그분이 나에게 준 대가 없는 선물이라고 생각합니다.

감사하고 감사합니다.

소통과 고통

소통과 고통, 한글로는 글자 한 자가, 한문으로는 두 자 모두 다릅니다. 소통(疏通)은 뜻이 서로 통하여 오해가 없는 막히지 아니하고 잘 통하는 것입니다.

고통(苦痛)은 몸이나 마음의 괴로움과 아픔입니다. 이렇게 자세히 설명을 하는 데에는 이유가 있습니다. 소통이 안 되면 고통이 오기 때문입니다.

가족 간, 직장 상하 간, 동료 간, 동호인들 상호 간 등 무수한 인간관계에서 가장 중요한 게 소통입니다.

소통이 잘 되면 가정에 평화와 사랑이 깃듭니다. 직장에서 동기 유발이 됩니다. 동호인 모임에서 우정이 깊어집니다.

반면에 소통이 잘 안되면 반드시 고통이 뒤따릅니다.

남남이 만난 부부 사이가 제일 그렇습니다.

옛날 부부는 "원수니, 악수니 해도 부부밖에 없다"라고 서로 위안하며 모진 세월을 참고 살았습니다.

요즘 젊은 부부는 참을성이 부족한지 애들이 딸렸지만 조금만 뒤틀려도 과감하게 갈라섭니다.

다 소통이 부족하기 때문입니다.

직장에서 상하 간 또는 동료 간 소통이 잘 안되면 지옥이 따로 없습니다. 전생에 무슨 죄를 지었는지 만나면 바늘 방석 같은 사람을 만날 수 있습니다.

이럴 경우, 정말 고통입니다.

나도 이런 상사를 만난 적이 있습니다.

그것도 대학교수 시절에.

지금 와서 생각하니 이렇게 했더라면 어땠을까 후회 아닌 후회를 해봅니다.

만약 상사가 아무도 못 말리는 그런 사람이라면 차라리 바보처럼 '예스맨의 기질'을 발휘하여 위기를 모면하는 것도 한 방법이라고 생각합니다.

"지는 것이 이기는 것이다"라고도 하지 않았습니까?

동호인 모임에도 꼭 거시기한 사람이 한두 명 끼어 있습니다. 예를 들어 좋아하는 테니스를 치면서도 스트레스를 팍팍 주는 못된 아니 덜된 친구들이 있습니다.

다시는 같이 치고 싶지 않지만, 복식 게임을 주로 하므로 그럴 수도 없습니다. 이때에는 오히려 칭찬을 더 퍼붓고 가끔 밥도 사고 선물도 하면 의외로 좋은 결과로 이어질 수 있습니다. 이른바 햇볕 정책입니다.

세상 살아보니 사람마다 성질이 말 그대로 가지각색입니다.

맞춰 살아야 합니다.

세상의 남자들은 "당신 멋집니다!" 이 한마디에 뿅뿅 갑니다.

"아침의 키스가 연봉을 높인다"라고도 했습니다. 출근하는 남편에게 문 앞에까지 쫓아 나와 "당신 멋져요."

이 한마디와 함께 가벼운 키스까지 보탠다면 그 남편은 절로 힘이 날 것입니다.

나도 젊었을 때는 그랬습니다.

"칭찬은 고래도 춤을 춘다"라고 했습니다.

맞는 말입니다.

다 알면서도 은퇴 이후에는 좀 시들해집니다. 특히 나이 들면 조그만 일에도 잘 삐집니다. 특히 부부 간에는 사소한 잘못에도 상대를 질책하고 멀어집니다. 돈도 못 벌고 집에 있는 시간이 많다 보니 자연적으로 일어나는 현상입니다.

그래서 내겐 변치 않고 힘을 내는 비결이 있습니다. 일평생 믿는 하나님께 응석을 부리는 것입니다. 그분은 무조건 들어주는 소통의 왕이기 때문입니다.

"내가 너와 언제나 함께 하마. 걱정하지 말고 자신 있게 무슨 일이든 해라. 세상에서 너를 제일 사랑한다."

나이가 적든 많든 소통은 꼭 필요합니다. 소통이 안 되면 고통이 뒤따르지만 소통이 잘 되면 만사형통이요, 행복이 '만땅21)'입니다.

---

21) 滿(まん)タン 滿(まん)タン은 일본어와 외래어로 이루어진 일본식 외래어입니다. '가득'이라는 의미의 "滿"과 "タンク(tank)"의 줄임말인 "タン"이 합쳐진 말로, 연료 등을 탱크 가득히 넣는 것을 뜻합니다.

다섯 가지 인생 교훈

살다 보니 인생은 결정의 연속입니다. 쉽게 결정을 내리는 경우가 다반사이지만 우왕좌왕할 때도 있습니다. 지난날을 돌이켜보니 결정을 잘못하여 큰 손해를 보고 인생길이 틀어진 일도 있었습니다.

아래 다섯 가지는 남은 인생길에서 많은 참고가 되리라고 확신합니다. 특히 노년의 경우 가슴에 새겨야 할 명구(名句)라고 생각합니다.

첫째, 갈까 말까 할 때는 가라.

가도 되고 안 가도 되는 경우가 있습니다. 지나고 보니 이럴 때는 가는 것이 속 편하고 후회를 덜 했습니다. 물론 안 가는 것이 더 좋았을 때도 있었습니다만.

둘째, 살까 말까 할 때는 사지 마라.

요즘은 쿠팡을 이용하여 사지 않아도 되는 것을 자주 사게 됩니다. 각종 할인에다가 대금 결제가 간편하고 신청하면 대개 다음 날 아침에 물건이 오기 때문에 즉흥적으로 사게 됩니다. 결국은 낭비입니다. 망설여

질 때는 사지 않는 것이 좋습니다.

셋째, 말할까 말까 할 때에는 말하지 마라.
"나이 들면 입은 닫고 지갑은 열어라"라고 합니다. 그런데 살다 보면 이게 거꾸로 될 때가 있습니다. 말을 참아야 하는데 그만 내뱉어 놓고는 후회하게 됩니다. 그때는 꾹 참고 호흡을 깊게 하는 연습이 좋다고 합니다.

넷째, 줄까 말까 할 때는 줘라.
우리 인간은 누구나 다 빈손으로 이 땅에 와서 빈손으로 돌아갑니다. 내가 지금 가진 것은 잠시 맡겨 놓은 것입니다. 따라서 이웃에게 줄 수 있을 때, 과감히 지갑을 열어야 할 것입니다.
그것이 곧 주면 남는 진리입니다. 줄까 말까 할 때에는 망설임 없이 줘야 후회가 없습니다.

다섯째, 먹을까 말까 할 때는 먹지 마라.
요즘은 먹거리가 지천으로 널려 있습니다. 일부 극빈층을 제외하고 먹는 것을 걱정하는 사람은 드뭅니다. 배부르거나 먹고 싶지 않은 음식이 있다면 머뭇거리지 말고 수저를 놓아야 합니다. 그것이 건강에 좋은 경우가 많기 때문입니다.

얘기를 하고 보니 그럴듯합니다. 인생사 모든 것이 선택의 연속입니다.
결정을 쉽게 할 때가 있습니다. 반면에 결정을 망설일 때가 있습니다. 그럴 때 현명한 결정을 내려야 합니다. 100% 만족한 결정이 아니더라도.

노년의 친구

노년에 무엇이 행복을 가져다주는 것일까요?

보는 각도에 따라 다 다를 것입니다. 건강은 기본이고 충분한 연금에다가 하고 싶은 것을 마음껏 즐기고 사는 인생이 아닌가 생각합니다.

그러기 위해서는 현직에 있을 때, 노후 성공을 향해 열심히 뛰어야 합니다. 개중에는 성공이 곧 행복인 양 물불을 가리지 않고 앞만 보고 뛰는 사람도 있습니다.

결국 자기의 목표를 달성하여 소위 사회적인 성공을 거두고 부를 누릴 수도 있습니다. 그런데 인간은 제아무리 돈이 많고, 성공했어도 생로병사의 흐름을 따를 수밖에 없습니다.

또한 신은 공평합니다.

절대로 한 사람에게 모든 것을 다 주지 않았습니다.

시중에 나도는 우스갯소리입니다.

"60대는 아직 돈 벌고 있으면 성공,
70대는 건강하면 성공,

80대는 본처가 밥 차려주면 성공,
90대는 전화가 오는 사람이 있으면 성공"

일리 있는 말입니다.
여기에다 하나 더 붙이자면 "친구가 있으면 성공"을 들 수 있겠습니다. 어느 세대에나 다 해당된다고 하겠습니다.

"자신의 어려움에 뜨거운 눈물 한 방울을 흘려줄 수 있는 참다운 친구가 한 명이라도 곁에 있다면 노년 인생은 성공한 셈이다."

괴테의 말입니다. 그만큼 진실한 친구를 사귀기가 어렵다는 말일 것입니다. 특별히 인생 말년에 행복해지기를 원한다면 재테크뿐만 아니라 우(友) 테크 또한 잘해야 한다는 말로 들립니다.

나이 들면 자연적으로 집에서만 지내는 시간이 늘어납니다. 관절이나 각종 노인성 질환으로 인하여 외출을 자제하게 됩니다. 그래서 흉금을 터놓고 지낼 수 있는 친구가 필요합니다. 멀리 떨어진 친구도 필요하지만, 가까운 곳에 살면서 취미까지 같이 한다면 금상첨화라 하겠습니다.

내게는 이런저런 취미가 많아 친구가 많은 편입니다.

최근 테니스, 골프, 댄스에다가 농사일까지 좀 무리하게 했더니 허리쪽에 담이 생겼습니다. 꽤 오랫동안 낫지를 않아 할 수 없이 통증의학과와 한의원을 찾았습니다.

담 증상이니 무리하지 말고 좀 쉬엄쉬엄하라는 의사의 처방입니다. 그래도 늘 하던 테니스와 골프는 중단할 수 없습니다. 게임 수를 줄이고 과격하게 하지 않으려고 노력 중에 있습니다.

내게는 매일 아침 나가는 테니스 동호회가 있습니다. 많은 회원 가운데 나이는 나보다 위지만 친구 같은 교장선생님이 계십니다. 매일 만나고 같이 운동하고 막걸리 한잔하며 이런저런 인생사를 나누는 사이입니다.

그런데 요 며칠은 테니스장에 나오지 않아 궁금해서 전화를 하니 아뿔싸! 넘어져서 양손을 크게 다치셨다고 합니다. 관절이라 금방 낫지도 않아서 걱정이랍니다. 대소변을 비롯한 일상생활의 불편이 이만저만이 아닌 모양입니다. 빠른 쾌유를 빕니다.

십 수 년째 한결같이 만나다 보니 형제보다 더 가까운 사이가 되었습니다. 물론 언젠가 정상으로 돌아와 다시 테니스 코트를 누비는 찹쌀 궁합이 되겠지만 그 허전한 마음은 감출 길이 없습니다.

나이 들어 친구 한 명을 제대로 만들기가 참으로 어렵다는 걸 실감하고 있습니다. 하지만 남은 세월을 함께 갈 친구를 더 사귀고 싶습니다.

받고 싶은 마음 대신에 주고 싶은 마음을 더 앞세우면 어떤 만남도 다 성공하리라 믿습니다. 아울러 멀리 떨어져 있는 친구보다 가까이서 늘 만날 수 있는 친구가 진짜 친구라는 생각이 듭니다. 나이나 남녀의 구별이 없이.

칠십이 넘은 마당에 이것저것 고를 처지가 아닙니다.

멋진 친구는 내 하기 나름이라는 평범한 진리를 다시 되새깁니다.

후회 없는 인생

　기독교에서는 인생을 "잠시 왔다가 사라지는 안개와 같다"라고 합니다. 불교에서는 "한 조각의 뜬구름"으로 표현했습니다. 성녀 테레사 수녀는 "인생이란 낯선 여인숙에서의 하룻밤이다"라고 했습니다.

　인간의 일생이 그만큼 짧고 덧없는 것이라는 의미일 것입니다. 지구 전체로 보면 정말 찰나에 지나지 않은 하루살이 같은 게 인간의 삶이라 하겠습니다.

　그렇습니다. 천년만년 살 것 같지만 인생은 그 누구나 예외 없이 잠시 왔다가 이 땅을 떠납니다. 좀 일찍 떠난 두 분이 생각납니다.

　먼저 국민 건강 지킴이로서 인기 있는 강의로 유명했던 고 황수관 박사를 들 수 있겠습니다. 향년 67세의 나이에 급성 패혈증으로 세상을 떠났습니다. 국민에게 긍정적인 사고방식을 키워주고 신바람 나는 삶을 강조했던 웃음 박사이셨습니다.

　또 한 분은 최근 자전거를 타고 가다가 불의의 교통사고로 숨진 고 주석중 교수(서울 아산병원 심장혈관 흉부외과)입니다. 수많은 응급 환자들의 생명을 살렸지만 정작 본인은 허망하게 세상을 떠났습니다. 향년이

고작 61세였습니다.

   독실한 기독교 신자였던 고인은 모든 치료는 하나님의 손에 달려있다는 글을 벽에 붙여놓고 혼신을 바쳐 치료했던 국민 외과 의사였습니다. 두 분 다 신앙인이었는데 하늘에서 할 일이 있었는지 너무 일찍 부르셨습니다.

   한편, 천수를 다하고 떠난 두 분이 계십니다. 먼저, 김동길 교수입니다. 94세까지 비교적 건강하게 사시다가 돌아가셨습니다. 수많은 저서와 강연을 통해 인생의 혜안을 밝혀 주신 분입니다.

   또 한 분은 이어령 교수입니다. 한마디로 '시대의 지성'으로 불렸습니다. 특히, 마지막까지 암치료를 거부하고 본인의 서재에서 평안히 숨을 거두었습니다. 향년 88세였습니다.

   그는 죽음과 씨름하면서 "죽음이란 어린 시절에 신나게 놀고 있는데 엄마가 그만 놀고 들어오라는 것이다"라고 정의를 내렸습니다. 죽음과 탄생을 한 줄로 꿰어 죽음을 절망의 끝이 아닌 생으로의 회귀로 보았습니다. 대단한 식견입니다.

   이상의 두 분은 평균 수명 이상을 사시고 떠났습니다. 나도 죽음의 근처까지 갔다 온 경험이 있습니다.

   지난해 난생처음으로 암(편도암) 진단을 받았습니다. 불행 중 다행으로 초기 중의 초기라 잘 치료하여 추적 검사를 받고 있습니다. 암 경험자가 되었습니다.

"이로 말미암아 남은 인생은 더 건강하게, 알차게 보낼 수 있습니다."

   담당 의사 선생님의 말씀입니다. 큰 힘이 됩니다. 하지만 앞서간 사람들이 걸었던 길을 나도 언젠가는 가야 합니다.

　노년에 관한 책을 읽어보니 우리나라를 비롯하여 일본 등 동양인은 암이, 미국 유럽 등 서양인은 심근경색이 사망 순위 1위를 달리고 있답니다. 결국 우리는 대부분 여러 가지 암으로 이 땅을 떠나게 됩니다.

　실제로 일본의 한 노인 전문병원에서 80세 이후 사망자들을 해부해 보니 모두 인체 내에서 암세포가 자라고 있었던 것으로 밝혀졌다고 합니다. 사인(死因)이 암이 아니었던 사람도.

　현재 평균 수명이 83세이니 칠십이 넘으면 이러한 자연 현상을 깨닫고 미리 죽음을 준비해야 한다고 생각합니다.

　물론 김형석 교수같이 105세가 되도록 건강하게 현역에서 일하고 있는 분도 있지만 그건 예외 중의 예외일 것입니다.

　옛날에 읽은 책이 떠오릅니다. 교통사고를 당해서 전신을 크게 다친 분의 자전적인 수필이었습니다. 제목이 "사명을 다하기 전에는 죽지 않는다"라고 기억이 됩니다.

　그렇습니다. 우리 인간은 저마다 이 땅에 와서 맡겨진 사명이 있다고 믿습니다. 그 일이 각자 다르겠지만 마지막까지 삶의 의미를 부여할 수 있는 일들이 있을 것입니다.

　돌이켜보니 지금까지 받은 축복이 족합니다. 주신 은총이 넘칩니다.

　"이웃에게 아낌없이 사랑을 베풀고 오라"는 사명을 스스로 부여받았습니다. 기독교인에게는 희망이 있습니다. 천국입니다. 이 땅에서의 삶이 끝이 아니라는 것입니다.

　"너희는 마음에 근심하지 말라. 하나님을 믿으니 또 나를 믿어라. 네 아버지 집에 거할 곳이 많도다."(요 14:1~2)

"예수께서 이르시되 나는 부활이요 생명이니 나를 믿는 자는 죽어도 살겠고 무릇 살아서 나를 믿는 자는 영원히 죽지 아니하리니 이것을 네가 믿느냐?"(요 11:25~26)

어느 날 육신의 역할을 다하고 이 땅을 떠날 때가 찾아올 것입니다. 지금의 의술과 간절한 기도가 통하지 않아 요단강 입구에 다다를 때, 기쁨과 감사의 찬송을 부르며 주님을 영접하고 싶습니다.
그것이 진정한 '후회 없는 인생'이라고 믿습니다.

노인의 자존심

노인의 자존심에 관한 이야기입니다.

우선 자존심과 비슷한 고집에 대해 생각해 봅니다. 늙으면 고집이 세진다고 합니다. 고집이 세면 가정이나 직장 그 어디에서도 환영을 받지 못합니다.

특히 노년에는 외톨이가 되기 쉽습니다. 고집과 자존심은 대인관계에서 남에게 굽히지 않는다는 점은 같지만, 지향하는 바가 다릅니다.

고집(固執)은 잘잘못을 떠나 자기의 의견을 바꾸거나 고치지 않고 굳게 버티는 좀 부정적인 측면이 강한 말입니다.

자존심(自尊心)은 남에게 굽히지 아니하는 것은 고집과 비슷하나 품위를 스스로 지키는 마음입니다. 철학적으로는 자기 인격성의 절대적인 가치와 존엄을 스스로 깨달아 아는 일로서 독일의 철학자 칸트(Kant)는 이것을 도덕적 동기의 근본으로 보았습니다.

또한, 자존심은 그 밑바탕에 자기 사랑이 깔려 있습니다. 자기 사랑은 나를 인정하고, 믿어주고, 귀하게 여기는 마음입니다. 세상에서 가장 사랑해야 하는 사람은 자녀도 아니고 배우자도 아닌 바로 자기 자신입니다. 그 어떤 경우에도 자기 사랑을 할 수 있는 긍정적인 사고방식이 필요하고 또 그렇게 할 수 있는 길이 있다고 합니다.

일본의 일부 빈곤층 독거노인들의 사례입니다.

한 달 연금이 절대적으로 부족한데도 '생활보호대상자' 신청을 하지 않는 노인이 많다고 합니다. 그 이유를 조사해 보니 "창피해서 싫다"로 나왔습니다.

누구에게도 도움을 받기 싫다는 것입니다. 그것이 자존심을 지키는 것으로 생각하는 것입니다. 이로 말미암아 고독사가 늘어나고 있어 심각한 사회 문제로 대두되고 있습니다.

우리도 마찬가지입니다. 노인 빈곤율과 자살률이 OECD 회원국 가운데 최고가 된 지 오래입니다. 최소한의 자존심을 지킬 수 없다고 생각할 때, 인간은 극단적인 생각을 하게 되는 것입니다.

하지만 대부분의 노인은 저마다 지혜를 짜내어 자존심을 지키면서 노년기를 보내고 있습니다.

노인의 지혜 가운데 "지혜는 들음에서 생기고 후회는 말함에서 생긴다"라는 말이 있습니다.

즉, 자기의 주장만 고집하지 말고 상대방의 말을 듣는 자세로 전환해야 한다는 것입니다. 그리고 될 수 있으면 입은 닫고 지갑은 열라고 합니다. 수많은 다툼이 참지 못하고 입을 열어 생깁니다. 지갑을 먼저 열면 인간관계가 부드러워지고 친구가 생깁니다.

결국 자존심도 건강과 얼마간의 금전적 여유가 있어야 지킬 수가 있습니다. 이 땅을 떠날 때까지 내 자존심을 지킬 수 있다면 이 또한 성공적인 인생이라 할 수 있을 것입니다.

말 한마디

말에 관한 이야기입니다.

나이 들면 점점 말수가 줄어듭니다. 혼자 지내는 시간이 늘어 자연적인 현상이지만 "입은 닫고 지갑은 열어라"라는 금언을 지키려고 하기 때문입니다.

하지만 사람이 살아가는데 입을 완전히 닫고 살 수는 없습니다. 인간이 서로 소통할 수 있는 것은 말과 글이 있기 때문입니다. 특히 말은 태어나서 죽을 때까지 사용하는 소통의 도구입니다.

그런데 말은 양면성을 지니고 있습니다. 우선 긍정적인 면입니다.

예로부터 "말 한마디에 천 냥 빚을 갚는다"라는 말이 있습니다. 그만큼 말에 힘이 있다는 말입니다. 심지어 말을 잘하기 위해 웅변 학원에 다니고, 스피치 훈련을 받기도 합니다.

다음은 부정적인 측면입니다. 말 한마디 잘못해서 신세를 망치는 일도 있고 명예 훼손으로 인해 막대한 손해를 입는 일도 있습니다.

인간사에 자잘한 실언으로 인해, 상처를 받고 입히는 경우는 다반사입니다.

문제는 내 잘못으로 상대방을 아프게 했을 때입니다. 이 경우에는 내 잘못을 먼저 인정하고 '미안합니다', '잘못했습니다'라고 말할 수 있는 용기가 필요합니다.

오늘 하루도 다짐합니다.

"남들이 어떠한 말을 하든지 좋지 않은 말은 한 귀로 듣고 한 귀로 흘려보내야겠다."

이것이 말로 인해 화를 당하지 않는 최선의 비책이라 생각되기 때문입니다. 다만 상대방에게 힘을 주는 '사랑합니다', '고맙습니다', '존경합니다' 등은 아끼지 말고 써야 하겠습니다.

앞으로는 말로 인해 절대 상처를 주지도 받지도 않도록 최선을 다할 것을 다짐합니다.

아홉수

옛 어른들로부터 들어온 말입니다.

"아홉수를 잘 넘겨야 한다."

이를테면 우리 나이의 끝자리 수 19, 29, 39, 49, 59, 69, 79, 89 등이 그것입니다. 가만히 생각해 보니 이 나이는 인생의 기점을 형성하고 전환점이 되는 시기이기도 합니다.

신체적으로나 정신적으로도 무리를 하기 쉽습니다. 그러다 보니 어려운 일이 많이 생기고, 사고도 더 많이 발생하는지도 모릅니다.

그래서 이 시기를 각별히 주의해서 잘 넘기라는 뜻으로 아홉수에 특별한 의미를 부여했던 것으로 보입니다.

물론 미신입니다. 그 어떠한 확실한 근거도 없습니다.

하지만 결혼이나 이사, 사업 등 중요한 일을 앞두고 이 나이를 피해서 하는 경우가 많다고 합니다.

젊은 시절은 제쳐 두고 59살, 69살 두 나이만 살펴봅시다.

59살만 넘기면 육순, 환갑, 진갑을 넘어 당분간 순탄하게 지낼 수 있습니다. 69살도 마찬가지입니다. 이 고개만 잘 넘으면 칠순 즉 고희를 맞이하고 한동안 잘 달릴 수 있다고 합니다.

내 주위에는 칠십에 발을 달고 잘 살아가는 젊은 형님들을 심심찮게 보고 있습니다.

어릴 때부터 기독교에 입문하여 지금까지 신앙을 지켜왔습니다. 그래서 삼재니, 아홉수니 하는 말을 믿지는 않습니다.

지난 인생을 되돌아보니 아홉수가 아니더라도 곱이곱이 어려운 때가 있었습니다. 참기 어려웠던 그 세월을 잘 이겨내고 지금까지 용케도 잘 살아냈습니다.

그런데 그런 생각을 해서 그랬던지 예순아홉을 힘겹게 보냈습니다. 몸도 이곳저곳에서 소리를 내고 지금까지 겪지 못했던 희한한 수모를 당하기도 했습니다. 의식적으로 몸을 낮추고 건강도 좀 신경을 써서 열심히 운동하는데도 다소 무리하고 노화 탓인지 병원 문을 드나들었습니다.

급기야 편도에 종양이 악성으로 판명이 되어 큰 고초를 겪었습니다. 다행히 극히 초기라 잘 치료되어 예전의 건강을 되찾았습니다.

인터넷을 서핑하다 보니 아홉수는 남녀 상관없이 고개를 넘는 나이대이기 때문에 불운이 들어오는 사람이 꽤 많다고 합니다.

어느 역술인은 아홉수가 들어온 사람이라면 언행에 있어 각별히 조심 또 조심해야 한다는 당부를 잊지 않습니다. 아홉수를 힘겹게 넘겼습니다. 저도 아홉수에 걸린 분들에게 같은 조언을 해 주고 싶습니다.

생사화복을 주관하시는 하나님을 믿지만 '믿음 없는 나'의 뒷모습을 봅니다.

잘 산다는 의미

오늘은 노년에 어떻게 사는 것이 잘 사는 것인가를 곰곰이 생각해 봅니다. 짧지 않은 세월을 살아보니 세상사 이치를 조금은 깨닫게 되는 것 같습니다. 남들에게 못된 짓을 해도 잘 사는 사람이 있고 착하게 열심히 살아가는 이웃들이 가난의 굴레를 벗어나지 못하는 경우를 봅니다.

참 불공평하다고 생각했습니다.

그런데 잘 산다는 의미가 나이 들어감에 따라 달랐습니다. 돈이 많고 지위가 높다고 잘 사는 것이 아니었습니다.

일평생을 기독교인으로 살아왔습니다. 교리에 얽매인 신앙생활을 하기보다 생활 속에서 예수님의 가르침을 실천하고자 노력했습니다. 한데 나도 스스로에게 다짐을 하지만 세상으로 빠지는 일도 있었습니다.

주위를 살펴보니 기독교인 가운데에서도 너무 이기적이고 믿지 않는 사람보다 더 세상적으로 사는 모습을 많이 봅니다. 개중에는 상대방에게 상처를 주는 못된 버릇을 가진 사람도 있습니다.

도저히 믿는 사람으로 보이지 않는 경우도 있습니다.

참으로 개탄스럽습니다.

하기야 나도 예외는 아닐 것입니다. 좀 바보가 되고 좀 손해를 보고 먼저 주려고 노력해 왔지만 알게 모르게 지은 허물이 많았을 것입니다. 세상 사는 목적이 돈과 명예 그리고 권력을 추구하는 사람들이 많습니다.

결국 돈입니다. 재산을 더 많이 벌려고 야단들입니다.

그런데 돈이 인간의 행복을 가져다주기도 하지만 전부는 아닙니다.

옛말에 "천석꾼에 천 가지 걱정, 만석꾼에 만 가지 걱정"이라고 해서 재산이 많으면 그만큼 걱정거리도 많이 생긴다는 뜻입니다.

마음에 참 평안이 있고 몸이 건강해야 진정으로 잘 산다고 할 수 있을 것입니다. 물론 돈도 어느 정도 있으면 금상첨화이겠지요.

특히 인생 2모작에 해당하는 노년의 길은 더 그렇습니다.

인생의 결산기인 이 시대에 몸과 마음이 부자인 사람이 잘 사는 게 아닌가 생각해 봅니다.

진정한 행복은 평범한 일상에 있습니다

세상에 나도는 말입니다.

"예쁘다고 흔들고 다녀도 50이면 봐줄 사람이 없고 돈 많다 자랑해도 70이면 소용없고, 건강하다고 자랑해도 80이면 소용없다. 이빨이 성할 때 맛있는 것 많이 먹고 걸을 수 있을 때 열심히 다니고, 베풀 수 있을 때 베풀고 즐길 수 있을 때 마음껏 즐기고, 사랑할 수 있을 때 사랑하며 살아가는 것이 행복의 길이다!"

결국, "세월 앞에 장사가 없다"라는 말이 있듯이 흐르는 세월을 이길 수가 없다는 것입니다.

지난날을 돌이켜보니 희로애락이 함께한 세월이었습니다. 건강하고 여유가 있었을 때, 가족이나 이웃에게 좀 더 잘해주지 못했던 것이 후회스럽습니다.

특히, 자칭 기독교 신자임을 자처하고 살았는데 말씀의 거울에 비추어 보니 부끄러운 점이 너무 많았습니다.

치열한 경쟁 사회에서 살아남기 위해 최선을 다하다 보니 조그마한 열매를 맺었지만, 속으론 상처를 많이 입었습니다.

"신(神)은 공평하다"라는 말이 있습니다. 절대로 한 사람에게 건강, 돈, 명예, 권력을 다 주지 않았습니다.

대통령을 지낸 사람의 끝이 좋지 않은 모습을 자주 봅니다. 돈 많은 갑부가 건강 때문에 그 많은 돈을 다 써보지도 못하고 세상을 떠나는 안타까운 경우를 허다하게 봅니다.

결국, 진정한 행복은 평범한 일상에서 찾을 수 있습니다.

이번에 큰 아픔을 당해 인생길의 최말단까지 떨어져서 고초를 당해보니 평범한 일상(잘 먹고 잘 자고 잘 싸는 것)이 얼마나 감사한 일인지 새삼 깨닫게 되었습니다.

그래서 매일 아침 일어나자마자 주님께 이런 기도를 올립니다.

"주님, 오늘도 덤으로, 보너스로 하루를 주셨습니다. 감사합니다.
정말 값지고 보람 있게 보낼 수 있도록 지혜와 은총을 주시옵소서.
예수님의 이름으로 기도드립니다. 아멘."

오늘도 평범한 일상에서 창조자의 숨결을 느끼며 맡겨진 사명을 잘 감당하기 위해 한 걸음 한 걸음 걸어갑니다.

타인의 감정이 나를 지배하지 않도록…

캐런 케이시(Karen Casey)가 쓴 책, 「Change Your Mind and Your Life Will Follow」를 방수연 작가가 번역을 했습니다. '타인의 감정이 나를 지배하지 않도록'이라는 내용 위주의 제목을 뽑았습니다.

제목이 마음에 들어 정독을 했습니다. 살다 보니 인간관계에 있어서 상대방의 감정이 나에게 영향을 끼치는 일이 너무 많았습니다. 대부분 사람은 착합니다. 그래서 소위 막말을 함부로 못 합니다. 그런데 개중에는 상대방에게 상처를 주는 말을 너무 쉽게 내뱉는 사람을 종종 볼 수 있습니다.

정말 전생에 빚이 있었는지 내가 잘해주고 조심조심 처신하려고 애썼는데도 불구하고 또 한 방을 먹일 때가 있습니다. 이럴 경우, 어떻게 처신해야 내가 상처를 덜 받을 수 있을까 늘 고민입니다. 그 답을 이 책에서 찾아보고 싶었습니다.

인간관계가 참으로 어렵습니다. 타인과 일정한 거리를 두면 관계는 균형을 이루어 별문제 없이 잘 지낼 수 있습니다.

문제는 거리 두기입니다. 타인이 하거나 하려고 하는 일을 지적하거나 통제 또는 판단하고 싶은 마음이 들거든 일정한 거리를 두라는 것입니다. 금방 반응을 보이지 말고 "숨을 깊게 들이마시고 내쉬면서 반사적 반응을 슬기롭게 피하라"고 합니다.

특히 상대방을 판단하지 말라는 것입니다. 판단은 모든 관계를 망치기 때문입니다. 상대방과의 의견 충돌이 있을 때에는 아무 말도 하지 말고 평화롭게 지내는 것이 훨씬 유익하다고 주장합니다.

또한 타인의 일에 참견하지 말고 집착하지 말라고 합니다. 그리고 타인에게 절대로 해를 끼치는 일을 삼가야 하고 말이나 행동으로 상처를 내는 일도 절대로 해서는 안 된다는 것입니다.

예를 들어 무시당하는 것은 매를 맞는 것보다 더 아플 수 있다고 합니다. 맞는 말입니다. 우리는 주위 사람들을 깎아내리는 못된 습관이 깊숙이 배어 있습니다. 비판에는 사랑이 없고 타인을 비판하는 것은 자기의 모습을 보여주는 것입니다.

살아오면서 맞닥뜨린 수많은 인간관계에서 괴로운 경험이 많았지만, 즐거운 경험도 적지 않았습니다. 한데 괴로운 경험도 이제 와 생각하니 대부분 내가 성장해 가는데 필요한 것이었습니다.

그래서 성경은 "범사에 감사하라"라고 명령을 내리셨나 봅니다.

앞으로 나부터 타인의 감정을 통제하려는 의지를 내려놓아야겠습니다. 내게 무슨 말을 하든지 참고 넘어갈 수 있는 큰 그릇을 만들어 가야겠습니다. 사실 야박한 말도 내게 관심이 있으니까 하는 말입니다.

이 책의 말미에 이런 말이 가슴에 와닿습니다.

"서로 사랑하라. 서로 사랑할 수 없다면 적어도 서로 해를 끼치지는 말자."

그래, 타인의 감정이 나를 지배하지 않도록 큰 그릇을 늘 준비해야겠습니다.

심금을 울리는 달라이 라마의 기도

달라이 라마(1935년생), 티베트 망명 정부의 수반이자 정신적인 지도자입니다. 중국에 나라를 빼앗긴 후 인도에 망명 정부를 세우고 티베트뿐만 아니라 전 세계적으로 정신적인 영향을 끼치고 있습니다. 그는 살생을 금하고 용서를 주장하는 큰 스승입니다.

내 가슴을 울렸던 기도문의 한 예입니다.

"사람을 만날 때마다 언제나 나 자신을 가장 미천한 사람으로 여기고 내 마음 깊은 곳에서 상대방을 최고의 존재로 여기게 하소서. 나쁜 성격을 갖고 죄와 고통에 억눌린 존재를 볼 때면, 마치 귀한 보석을 발견한 것처럼 그들을 귀하게 여기게 하소서.

다른 사람이 시기심으로 나를 욕하고 비난해도 나를 기쁜 마음으로 패배하게 하고 승리는 그들에게 주소서.

내가 큰 희망에 차서 도와준 사람이 나를 심하게 해칠 때, 그를 최고의 스승으로 여기게 하소서. 그리고 나로 말미암아 직접 또는 간접적으로 모든 존재에게 도움과 행복을 줄 수 있게 하소서."

비록 종교는 다르지만, 그의 큰 자비 정신과 처세술을 배웁니다.

우리는 잠시 왔다가는 이 세상을 살면서 수많은 어려움을 겪으며 살아갑니다. 그러다 보니 자꾸만 주위를 돌아보게 됩니다.

남의 그릇이 크게 보입니다.

나보다 잘 되고 잘난 사람들을 괜히 시기하게 됩니다.

심지어 사촌이 논을 사도 배가 아픕니다.

사실 우리가 부러워하는 사람들도 깊이 알고 보면 그 사람 나름대로 말 못 할 삶의 고통이 하나 이상은 반드시 있습니다.

옥에도 티가 있듯이 이 세상에 완벽한 사람은 존재하지 않습니다. 가진 것에 만족하고 남과 비교하지 않으면 그게 진정으로 여유 있는 삶이라 하겠습니다.

한 가지 더 보탠다면 달라이 라마의 넓은 마음입니다.

특히, 시기심으로 나를 욕하고 비난해도 오히려 그를 스승으로 여기라는 가르침은 불교도가 아니라도 꼭 따르고 싶습니다.

세상 욕심을 다 내려놓은
젊은 노인의 하루

UN은 인류의 체질과 평균 수명에 대한 측정 결과를 토대로 66~79세까지를 중년, 80~99세까지를 노년으로 정했다고 합니다. 우리 나이로 올해에 일흔하나인 나는 노년이 아니라 중년에 해당하니 한층 젊어진 기분입니다.

김형석 교수(1920년생)는 100세를 훨씬 넘겼지만, 아직도 노년이 아닌 청년같이 살고 있습니다. 김 교수께서 늘 주장하시는 바인데 지난 인생길에서 제일 좋았던 시기는 60~75세까지를 꼽았습니다. 아마도 내 의지대로 움직일 수 있고 금전적으로도 약간의 여유가 있어 이 시기를 택한 것 같습니다. 하기야 이 나이를 못 채우고 이 땅을 떠난 사람도 많습니다. 어쩌면 나이에 상관없이 지금 살아있음이 축복이라고 생각합니다.

나이 들어감에 따라 점점 집콕('집에만 콕 처박혀 있다'라는 신조어)이 늘어나고 있습니다. 그래서 요즘에는 잔소리하지 않고 밥 먹었으면 집 밖으로 나가는 남편이 인기가 있다고 합니다. 충분히 이해하고도 남습니다.

노후에는 부부가 서로 각자의 시간을 갖고 여유롭게 지내는 것이 제일 멋있으니까요. 그러나 현실적으로는 그렇지 못합니다. 오히려 반대로 집콕이 늘어납니다.

    어떤 사람은 움직이면 돈을 쓴다고 나들이를 삼가는 사람도 있습니다. 하지만 대개는 인간관계를 통해 상처를 받지 않으려고 일부러 혼자 지내는 경우도 많습니다. 평생 친구가 없이 거의 혼자 지내다가 이 땅을 떠나면서 '실패한 인생'이라고 고백한 이어령 교수가 쓴 시 '나에게 이야기하기'의 일부입니다.

"너무 미안해하지 말라 하네. 우리 모두는 누구나 실수하는 불완전한 존재이므로 너무 뒤돌아보지 말라 하네. 지나간 날보다 앞으로 살날이 더 의미 있으므로."

    글에서는 적극적으로 사람들과 교제하면서 살았을 것으로 생각됩니다만 실제로는 그렇지를 못했습니다. 누구나 지난날의 실수를 가슴속에 묻어두고 아파하며 살아가고 있습니다. 특히 순한 사람일수록 더 그렇습니다.
    남에게 잘하려고 가급적 말수를 줄이고 지갑도 먼저 엽니다. 그런데 사람인지라 한두 번은 실수를 합니다. 그때마다 상대방의 감정이 섞인 말 한마디에 밖으로 표현은 못하고 마음이 여리고 순해서 스스로 상처받는 일이 많습니다. 저도 그런 부류의 한 사람입니다. 그래서 더 인간관계를 피하려고 하는지 모르겠습니다.

"은퇴한 백수의 시계가 더 빨리 간다."

    요즘 내가 느끼는 세월의 감입니다. 오늘은 중부 지방에 많은 눈이 온다는 예보가 있었습니다. 하지만 늘 하던 대로 아침 5시에 일어나 하루를 시작합니다. 감사 기도를 시작으로 충분한 기체조와 산뜻하게 화장실을 갔다가 자전거를 타고 뒷산으로 향합니다. 테니스장에 도착하여 불을 켜고 각종 쓰레기통을 비우고 동료들과 한두 게임으로 몸을 풉니다. 이어서 뒷산 초입에 있는 각종 운동 기구를 이용하여 부족한 근육운동 등을 합니다. 특히 뒤로 걷기를 하면서 날기새(날마다 기막힌 새벽, 김동호 목사) 새벽기도회를 유튜브로 들으면서 많은 은혜를 받습니다.

오전 시간에는 일본어 공부, 신문 읽기(사설과 칼럼 포함), 책 읽기로 보냅니다. 오후에는 막간을 이용하여 기타와 장구를 연습하고 책 읽기와 글쓰기로 보냅니다. 중간 중간에 집 공간을 이용하여 걷기와 체조를 하여 몸을 이완시킵니다.

저녁 시간에는 못다 한 글 읽기가 기다리고 있습니다. 가급적 10시 이전에 취침하려고 합니다. 다음 날 5시에 기상해야 하니까요. 이러다 보면 금방 하루가 다 지나갑니다. 물론 하루 이틀 정도 집에만 있지 나머지 날들은 밖으로 나갑니다.

주일날에는 교회 예배 및 봉사활동, 수, 금요일은 민요와 장구, 목요일은 스크린골프로 시간이 채워집니다.

오늘도 벌써 어둑어둑해지고 있습니다. 하루가 번개같이 지나갑니다.

"주님, 오늘 하루는 덤으로, 특별 보너스로 주셨습니다. 감사합니다.
값지고 보람 있게 보낼 수 있도록 최선을 다하겠습니다."

매일 아침 드리는 기도입니다. 평범하게 큰 욕심 없이 감사함으로 보내는 오늘 하루가 그래서 값집니다. 남은 세월은 예수님이 우리를 사랑했듯이 나도 이웃을 사랑하는 마음으로 하루하루를 살아가고 싶습니다.

사람 냄새가 나는 삶

　어릴 적 고향의 풍경이 그리워집니다. 집에서나 들판에서나 이웃과 음식을 나누고 모내기나 가을 추수, 나아가 관혼상제가 있으면 발 벗고 나섰습니다. 그게 사람으로서 마땅히 해야 하는 것으로 알고 있었습니다.
　한마디로 사람 냄새가 물씬 풍기는 삶이었습니다. 요즘 도시의 삶은 사람 냄새는커녕 콘크리트 벽에 둘러싸여 너무 삭막해지고 있습니다.
　과거 직장 생활을 잠시 회고해 봅니다. 대학교수 이전에 농협은행 지점장으로 근무하던 시절의 얘기입니다. 나름대로 사람 냄새나는 지점장이 되어 보려고 무진 애를 썼습니다. 일찍 출근하여 화장실 청소를 하고 직원들에게 군림하지 않는 지점장이 되기 위해 노력했습니다.
　특히 생일을 맞이하는 직원들에게는 내 돈으로 책을 사서 선물과 함께 전달했습니다. 취미 생활도 권장했습니다.
　오카리나를 구매해서 가르치기도 했습니다. 엊그제 15년 전 농협은행(풍무중앙지점)에서 같이 근무했던 멤버(member)가 모처럼 우리 동네를 찾아왔습니다.
　벌써 두 분은 명예퇴직을 했다고 합니다. 고촌에서 꽤 이름난 식당(채

선당)에서 맛있는 식사를 대접했습니다.

또한 인생 2모작 농사도 풍년작이 되기를 바라는 마음으로 지난해 발간한 내 졸저 [혼자서도 고물고물 잘 놀자] 수필집을 1권씩 정성껏 사인해서 주었습니다.

가정에서도 사람 냄새가 나는 가장이 되고자 노력하고 있습니다. 눈이 내리면 집사람 차를 몰래 치우고 설거지, 빨래, 청소, 각종 쓰레기 버리기 등은 내 차지가 되었습니다.

각종 동호인 모임에서도 내가 좀 손해 보고 바보가 되어 낮아지려고 합니다. 내가 가진 것을 나누려고 애를 씁니다.

그런데 진심 어린 마음으로 사람 냄새를 풍기려고 하는데 상대방은 전혀 반응이 없는 경우를 허다하게 봅니다. 그만큼 각박한 세상이 되었습니다. 가깝게는 우리 집사람도 최소한의 반응이 없어서 서운했을 때가 많았습니다.

새해부터는 마음을 바꾸기로 했습니다.

들판의 꽃들은 그 누구에게나 대가를 바라지 않고 향기를 내뿜습니다.

나도 그런 꽃들을 닮고 싶습니다.

걸림돌과 디딤돌

돌은 자연의 일부입니다. 산이나 들에 널브러져 있습니다.
흔하디흔합니다.
하지만 우리 인간사에 꼭 필요한 물건입니다.
돌도 여러 가지 종류가 있습니다.
길을 걷다가 돌부리에 걸리면 이것은 걸림돌이 되지만
냇가를 건널 때 물가에 놓인 돌은 고마운 디딤돌이 됩니다.
살다 보면 원치 않는 곳에서 인생의 돌부리를 만납니다.
그것이 건강일 수 있고 재산이나 명예일 수도 있습니다.
이런 말이 있습니다.

"재산을 잃으면 조금 잃은 것이요
명예를 잃으면 많이 잃은 것이며
건강을 잃으면 모든 것을 잃은 것이다."

건강의 소중함을 일깨우는 말입니다.

특히 목숨을 위협하는 암이라는 돌부리를 만나면 당황하고 실의에 빠질 수 있습니다. 하지만 우리 주위에는 무서운 암을 잘 치료하여 완치 판정을 받은, 이른바 암 경험자로 힘차게 살아가는 사람들이 의외로 많이 있습니다.

의술이 발달하여 조기에 발견하고 다양한 치료 과정을 거치다 보니 생존 확률이 높아지고 있는 것입니다.

이제 암은 죽는 병이 아니라 만성 질환으로 여기는 시대가 되었습니다. 암의 그늘에서 벗어난 사람들의 얘기를 듣습니다.

그들은 그것을 계기로 위축되기는커녕 암을 극복하고 더 건강한 삶을 영위하고 있습니다.

한마디로 암이라는 걸림돌을 디딤돌로 바꾸는 기적을 만들어낸 사람들입니다. 나를 포함한 많은 경험자가 그들로 인해 큰 힘을 얻습니다.

디딤돌로 만들어준 그분께 감사하면서.

노인들이여, 나를 위해 과감하게 다 쓰고 갑시다

십 수 년 전, 농협은행 지점장 시절의 얘기입니다.

칠십 대 중반의 할머니 단골손님이 있었습니다. 이분은 지점에 올 때마다 지점장실을 찾았습니다. 서금요법사인 내가 수지침에다가 뜸까지 뜨주면 그렇게 좋아할 수가 없었습니다.

"지점장님, 침을 맞고 집에 가면 기분이 너무 좋아요.
몸이 가뿐하고 저녁에 잠도 잘 온답니다. 감사합니다."

그런데 이 할머니는 적지 않은 돈을 정기예금에 넣고 있었는데 1년마다 이자를 보태서 재예치를 하곤 하셨습니다. 한 번은 보다 못해 부탁을 드렸습니다.

"여사님 매번 한 푼도 빼지 않고 재예치를 하시는데 이제 본인을 위해 과감하게 좀 쓰고 지내세요. 좋은 곳으로 여행도 다니고요, 맛있는 거 돈 아끼지 말고 사서 잡수시고요."

천주교 황창연 신부님도 늘 주장하는 사항입니다. 다 쓰고 죽자고요.

이른바 '쓰죽회(이 땅에 있을 때 다 쓰고 죽자는 철학을 가진 사람들의 모임)'에 가입하라는 부탁입니다.

한 살이라도 젊었을 때, 돈 아끼지 말고 나를 위해 또한 남을 위해 다 쓰고 이 땅을 떠나라는 말씀입니다. 전적으로 동의합니다.

생일날이나 결혼기념일 등을 맞이하여 누가 나한테 해 주려나 기다리지 말고 자기를 위해 럭셔리(luxury)하게 돈을 지출하라는 얘기입니다.

더 나이 들면 돈을 쓰고 싶어도 힘이 없어 쓰지 못하기 때문입니다.

세월이 자기 나이만큼 빠르게 흘러간다더니 칠십에 오르니 정말 실감이 납니다. 이를테면 칠십은 시속 70km, 팔십은 시속 80km, 구십은 시속 90km로 달린다고 하니 나이가 많을수록 점점 더 빨리 가는 게 세월인가 봅니다. 성경에서 인생을 "아침에 잠시 왔다가는 안개와 같다"라고 했습니다.

오늘 아침 운동을 하면서 그 옛날 할머니 고객이 불현듯 생각이 났습니다. 아직도 은행에 돈을 넣어두고 한 푼도 쓰지 않은 채 이 땅을 떠나는 불쌍한(?) 노인들이 너무 많습니다. 두 다리로 걷고 움직일 수 있을 때, 부지런히 다니고 있는 돈은 다 쓰고 가는 것이 나와 자손을 위해서도 좋은 일이라 생각합니다.

천주교 황 신부의 당부와 같이 죽을 때 사용할 장제비로 쓸 500만 원 정도는 별도로 남겨주면 좋을 것입니다. 모자라는 돈은 부조금으로 채우면 된다는 신부님의 유머가 웃음을 짓게 합니다.

우리나라 노인 빈곤율과 자살률이 OECD 국가 가운데 1위를 달린다고 합니다. 어쩌면 자신을 생각하지 않고 자식들에게 모든 것을 쏟아 붓다 보니 노후가 쓸쓸해졌는지도 모르겠습니다.

이제부터라도 마음을 새롭게 먹어야겠습니다.

나부터 얼마 되지 않은 노후 자금이지만 과감하게 쓰고 미련 없이 이 땅을 훌훌 떠나고 싶습니다.

그 옛날 할머니 고객처럼 은행에만 쌓아놓지 말고…….

여유를 가져다주는 생활 속의 작은 습관

늘 다람쥐가 쳇바퀴를 돌리듯이 살아가고 있으면서도 하는 거 없이 후딱 하루가 지나갑니다. 여유로운 삶이 그리워집니다.

은퇴하면 여유가 생겨 유유자적하게 지낼 줄 알았는데 그게 환상이었습니다. 은퇴 자금이 여유로운 사람이 그리 많지 않고 노년을 재미있고 알차게 시간을 보내는 사람이 또한 적습니다.

나는 이것을 미리 예견하고 혼자서도 고물고물 잘 놀기 위해 열심히 노력해 왔습니다.

요즘 생활의 지혜를 하나 더 찾았습니다. 자족하는 삶입니다. 비교하지 않고 내 있는 것으로 만족하며 살아가자는 것입니다.

더불어 여유를 가지기 위해 미리 준비하는 습관을 들이고 있습니다. 소소한 일입니다만 여유를 가져다주는 생활 속의 사례입니다.

우선 화장실에서 쓰는 물건입니다. 화장지, 비누, 치약, 칫솔, 수건, 면도날 등을 좀 여유 있게 미리 사다 놓습니다.

얼마나 여유로운지 모릅니다.

어제는 미리 화장지 두루마리를 사서 자전거에 싣고 오는데 부자가 된 기분이었습니다.

빨래도 미리 하니 좋습니다. 옛날에는 가득 쌓아두었다가 한꺼번에 세탁기를 돌렸었는데 이제 적당히 양이 차면 돌립니다. 팬티나 속옷 그리고 운동으로 젖은 체육복을 그때그때 세탁하여 말리니 갈아입을 옷의 여유가 생깁니다.

먹는 약도 그렇습니다.

나는 비타민C, 비타민(아로나민 골드) 그리고 가장 낮은 혈압약, 3개월 치를 병원에서 진료를 받고 약국에서 타서 먹습니다. 세월이 어떻게 빨리 흐르는지 엊그제 약을 타왔는데 벌써 다 떨어져 갑니다.

이것도 지금까지의 관행을 바꾸어 조금 앞당겨서 준비하니 한결 여유가 생깁니다.

매일 아침 테니스를 치고 뒷산에 올라가 부족한 운동을 더 합니다.

봄이 되니 진달래나 개나리가 꽃망울을 터트려 너무 보기 좋습니다. 사방 천지가 다 내 정원입니다. 비록 남들처럼 많은 재산이 없다 할지라도 하나도 부럽지 않습니다.

이제 더 채우려고 하는 욕심을 다 내려놓습니다. 욕망의 그릇을 비우니 한결 여유 있는 삶이 이어집니다.

이 땅을 떠날 때 빈 몸으로 가는 것이 인생이니 계속 비어나가고 싶습니다.

운칠기삼

오늘 아침에 예보에도 없었던 봄비가 부슬부슬 내렸지만, 여전히 테니스장을 향해 자전거 페달을 밟았습니다.

테니스의 맛을 잊을 수 없기 때문입니다. 사십 년이 넘는 테니스 경력이지만 실력은 아직도 동배 수준에 머물고 있습니다.

그런데 오늘같이 컨디션이 좋고 파트너를 잘 만나면 원사이드게임(one-sided game)으로 이기는 경우가 있습니다.

겸손한(?) 표현인 '운칠기삼'이 생각났습니다.

운칠기삼(運七技三)!

운이 칠 할이고 기술이 삼 할이라는 말입니다.

사람의 일은 재주나 노력보다 운에 달려 있음을 빗대어 이르는 말로 쓰이고 있습니다.

과거 고스톱이나 골프 라운딩 시에 써먹곤 했습니다. 자기가 가진 실력보다 결과가 좋았을 때, 동반자에게 미안한 표현으로 사용했던 기억이 있습니다.

물론 최선을 다하고 실력이 있어야 목표를 달성할 수 있는 것이 세상사 순리이자 진리이겠지요. 하지만 인간사에 실력만으로는 안 되는 일들이 많았습니다.

운도 같이 따라야 비교적 수월하게 넘어갔던 일이 적지 않았습니다.

지지리도 가난했던 어린 시절이었습니다.

6.25 전쟁이 막 끝난 시절에 태어났으니 제 또래 베이비부머들은 모두 힘겨운 어린 시절을 보냈습니다. 그 당시에는 농촌에서 중학교만 나와도 부러운 시선을 보냈습니다.

대개 농사를 짓거나 공장에 나가 일을 하면서 겨우 끼니를 이어가곤 했습니다. 그랬던 베이비부머들이 이제 칠십의 고지에 올랐습니다.

지금까지 운칠기삼의 행운이 같이하여 아들딸 낳고 위로는 부모님을 공경하며 살아왔습니다.

남은 세월도 우리 베이비부머들에게 멋진 인생 마무리의 행운이 함께 하길 기원합니다.

'과유불급', 몸으로 배운 하루

이제 무리하면 안 된다는 것을 몸으로 배운 하루였습니다.

간밤에 숙면을 취하지 못하고 몇 번 깨다 보니 베스트 컨디션이 아니었습니다. 이럴 때일수록 좀 여유를 가지고 천천히 가야 하는데 평소와 다름없는 스케줄을 다 소화했으니 칠십 노인으로서 무리였나 봅니다.

텃밭에서 그리고 오후에 일산에서 열린 스크린골프를 치면서 몸이 착 가라앉는 기분이었습니다.

하루도 빠짐없이 테니스장을 나가는데 오늘은 여느 때보다 일찍 나갔습니다. 테니스를 즐기면서 쳐야 하는데, 코트에 들어가면 늘 전투적으로 하게 됩니다.

오늘은 파트너를 잘 만나고 나 역시 혼신의 힘을 다 쏟아 붓다 보니 두 게임을 모두 6:0으로 이겼습니다.

하지만 마음만은 개운치가 않았습니다. 그렇게 무리할 이유가 없었는데.

이제 나이를 생각해서 이른바 영감 테니스로 바꾸고 승패에 너무 연연하기보다 즐겁게, 재미있게 쳐야겠다는 생각을 이 아침에 했습니다.

그리고 덤으로 하는 골프 스윙 연습이나 각종 체력 단련 기구를 이용한 스트레칭 운동도 적당히 조절해야 하겠다고 다짐합니다.

　오늘은 매사에 30%의 여유를 항상 남겨 놓으라는 '계영배'의 가르침을 잠시 잊은 날입니다.

과유불급!!!
"정도를 지나치면 미치지 못함과 같다."

다시 한번 마음속에 깊이 새깁니다.

노년의 배려하는 삶

가끔 순환 도로나 고속도로 등 중장거리 운전을 할 때가 있습니다. 내 차선을 지키며 충분히 앞차와 거리를 두면서 안전하게 운전하려고 합니다.

그런데 좁은 틈을 비집고 들어와 위험하게 추월하는 얌체 운전자를 꼭 만납니다. 깜짝 놀라서 주의 깜빡이를 켭니다만 아랑곳하지 않고 이곳저곳을 계속 비집고 다닙니다.

결국 사고와 직결될 수밖에 없는 위험천만한 운전입니다. 물론 거리의 운전자들이 다 그렇지는 않을 것입니다.

경기가 좋지 않아 많은 자영업자가 폐업한다고 합니다. 청년들도 자기가 원하는 직장을 찾기가 쉽지 않다고 하네요. 그러다 보니 잔뜩 신경이 날카롭게 돋아난 운전자가 도로에 즐비합니다.

따라서 조심조심 운전대를 잡아야겠다고 다짐합니다.

특히, 칠십이 넘은 노인들은 그 옛날 젊은 혈기를 버리고 방어 운전을 하는 것이 상책이라고 생각합니다.

돌이켜보니 직장생활을 하면서도 우리 주위에 그런 사람들이 나타나 길을 막고 때로는 깊은 상처를 주는 일도 있었습니다.

참다 참다가 속병이 걸리기도 하였습니다.

어떤 때는 대들다가 인간관계에서 영원히 멀어진 일도 있었습니다.

지금 와서 생각하니 그때 내가 좀 더 이해하고 참았을 걸 하는 후회를 가끔 해봅니다. 내가 한 번 참으면 술술 넘어갈 수 있었는데 배려심이 부족한 탓에 문제를 키운 것입니다.

이제 거리에서 내 앞을 위험하게 추월하는 운전자를 보면 필시 바쁜 일이 있을 것으로 생각하고 마음을 내려놓고 서행하려고 합니다.

사회생활을 하면서도 마찬가지입니다.

교만하고 분수를 모르는 사람을 만나더라도 내가 바보가 되고 이해하려는 폭넓은 마음의 소유자가 되자고 스스로에게 다짐합니다.

그것이 칠십 대에 올라선 노인이 가져야 할 바람직한 자세라고 여겨지기 때문입니다.

그래도 기뻐하라

어느덧 2월이 거의 다 지나고 봄이 오는 3월이 다가옵니다.

감기 기운이 있었지만 흥겨운 '민요와 장구' 시간에 참석하여 신나게 장구를 치고 우리 민요를 흥겹게 부르고 왔습니다. 온갖 스트레스를 날릴 수 있어서 너무 좋습니다. 우리 가락은 본래 흥이 나고 신바람이 납니다. 우리 조상님들은 그 힘든 농사일을 하면서도 신명나는 노래와 함께 했습니다.

이와 같이 세상을 재미있게, 즐겁게, 신명나게 보내야 하는데 실상은 그렇지 않습니다. 덧없는 세상입니다.

석가모니도 덧없는 세상을 강조하며 이 땅을 떠났습니다.

석가모니(본명 고타마 싯다르타)는 예수, 공자와 더불어 세계 3대 성인으로 불립니다. 80세를 일기로 이 땅에 살면서 수많은 깨달음의 지혜를 남겼습니다. 마지막으로 입적하기 전 제자들에게 남긴 말입니다.

"세상은 덧없으며 무릇 존재하는 모든 것은 사라져 간다. 부지런히 수행정진하라. 낙숫물이 바위를 뚫듯이."

이 말을 마친 석가모니는 돌아누우며 숨을 거두었다고 합니다.

이렇듯 덧없는 인생입니다. 대개 7, 8십에 세상을 떠납니다.

그보다 훨씬 앞에 떠나는 이들도 부지기수입니다.

그래서 살아있는 '오늘 하루'가 소중합니다.

기왕이면 즐겁고 기쁘게 살아야 합니다.

성경에 "주 안에서 항상 기뻐하라. 내가 다시 말하노니 기뻐하라"라고 기록되어 있습니다. (빌립보서 4장 4절)

또한, "항상 기뻐하라. 쉬지 말고 기도하라. 범사에 감사하라. 이는 그리스도 예수 안에서 너희를 향하신 하나님의 뜻이니라"라고 했습니다. (데살로니가전서 5장 16절~18절)

인생길에서 늘 기뻐할 일만 있는 건 아닐 것입니다. 그럼에도 불구하고 성경은 기뻐하라고 합니다. 분명히 깊은 뜻이 있을 것입니다.

한편으로 생각해 보니 세상을 살아가면서 기뻐할 일이 없다면 사는 재미가 없을 것입니다. 돈이 많고 건강하더라도 무미건조하게 세월만 축을 낸다면 사는 의미가 없기 때문입니다.

그런데 우리 주위에 많은 사람들이 제대로 된 취미 하나 없이 다람쥐가 쳇바퀴를 돌리듯이 살아가고 있습니다. 이 땅을 떠날 때가 되면 대부분 후회를 하게 됩니다.

걸을 수 있고 내 의지대로 할 수 있을 때 마음껏 즐기는 게 인생 최고의 행복이라 생각합니다.

그것은 기적 위의 기적입니다. 살아있는 게 기적이니까요.

덧없는 이 세상이지만 죽는 날까지 늘 감사하면서 기뻐하는 삶을 영위하고 싶습니다.

우정~ 망년지교

　벗을 사귀는데 나이를 따지지 않는 것을 '망년지교(忘年之交)'라고 합니다. 지금이야 한두 살만 많아도 선후배 대접을 깍듯이 하지만 예전에는 아래위 열 살 이내로는 으레 객지 벗으로 삼았다고 합니다.
　내게는 동네 테니스를 즐기면서 친구 이상으로 가까이 사귀어 온 여덟 살 위의 교장 선생님이 계십니다. 십 수 년이 넘는 세월 동안 매일 아침에 만나 테니스로 우정을 다져왔습니다.
　나이를 넘어서는 우정을 나누기가 쉬운 것이 아니지만 취미가 같고 마음이 통하다 보니 가능했습니다.
　오늘도 여느 때와 마찬가지로 테니스장을 찾았습니다. 칠십이 된 이 나이에도 여전히 라켓을 들고 힘차게 스윙을 할 수 있으니 얼마나 감사한지 모르겠습니다. 특별히 아들뻘 되는 청년들과 대등한 실력으로 코트를 누빌 수 있으니 이 또한 하늘이 내린 축복이 아닌가 생각합니다.
　올해는 내가 수십 년 동안 해온 텃밭 농사를 망년지교 사이인 교장 선생님과 같이하게 되었습니다. 나도 서툰 초보 농사꾼이지만, 아는 범위 내에서 훈수를 두고 있습니다.

오늘 아침에는 테니스 운동을 끝내고 같이 밭에 가서 풀을 뽑고 토마토와 가지, 고추를 끈으로 단단히 묶어서 위로 잘 자라도록 하였습니다. 물도 흥건히 주었습니다.

가끔 혼자 올 때에는 이런저런 밭 관리를 대신하고 있습니다. 오늘 아침은 잘 자란 상추와 속은 열무를 듬뿍 수확했습니다.

집에서 먹고 테니스 동호인들과 적은 양이지만 나누는 재미가 쏠쏠합니다. 테니스에다가 텃밭 농사까지 같이 하니 취미 생활이 더 풍족해졌습니다.

아침 식사를 인근 식당(감미옥)에서 맛있게 했습니다. 막걸리 한 잔씩 걸치면서.

오늘도 우정이 또 모락모락 자라납니다.

안락사를 생각하며

최근 안락사(安樂死)를 최초로 도입한 네덜란드에서 칠십 대 부부가 한날한시에 세상을 떠났습니다. 안락사를 통해서.

부부는 유치원 시절에 만나 결혼하여 50년을 해로(偕老)하였답니다. 그런데 남편은 지독한 허리 통증으로 인해 고통을 당하였고, 아내는 치매 증상이 나타나 삶의 의미를 잃어가고 있었습니다. 그래서 부부는 결단을 내린 것입니다.

이 기사를 보고 수많은 사람이 댓글을 달았는데 대부분 긍정적인 생각을 가지고 우리도 이 제도를 하루빨리 도입해야 한다고 의견을 모았습니다.

안락사는 2002년 최초로 네덜란드에서 합법화된 이후로 스위스, 벨기에, 포르투갈, 룩셈부르크 등이 도입하였습니다. 최근 미국의 일부 주에서, 호주에서도 안락사를 허용하는 등 점차 늘어나고 있습니다.

우리나라에서도 안락사 문제가 공론화의 장으로 나왔습니다. 한 조사에 의하면 76.3%가 안락사를 찬성하는 것으로 나왔습니다.

그 이유를 살펴보니

첫째, 남은 삶의 무의미 30%

둘째, 존엄한 죽음에 대한 권리 26%

셋째, 고통의 경감 20.6%

넷째, 가족 고통과 부담 14.8%

다섯째, 의료비·돌봄으로 인한 사회적 부담 4.6% 등으로 나왔습니다.

예상대로 '삶의 무의미'가 제일 큰 요인으로 나타났습니다.

내 의지대로 화장실을 이용하지 못하고 먹고 마시는 것을 남에게 의지해야 한다면 삶의 의미가 없다고 할 것입니다.

장수가 축복일 수도 있고 불행이 될 수도 있을 것입니다. 건강하게 오래 사는 거라면 누구나 환영할 것입니다. 하지만 누구나 생로병사의 흐름을 따라갑니다. 죽음의 시기를 조금 늦추거나 당기거나 하는 차이가 있을 뿐입니다.

행복한 장수 노인으로 올해 105세인 현역 김형석 교수님을 들 수 있겠습니다. 백 살이 넘도록 치매도 없고 큰 병치레 없이 왕성하게 활동하고 계시니 정말 대단한 분입니다. 물론 예외 중의 예외일 것입니다.

이렇게만 장수한다면 뭘 걱정이겠습니까?

하지만 대부분 사람은 평균 수명을 살고 이 땅을 떠납니다. 떠날 때, 큰 고통 없이 잠자듯이 갔으면 좋겠다고 노인들은 원합니다. 크게 보면 이것이 안락사일 것입니다.

회복의 기미가 보이지 않고 하루하루를 고통 속에서 산다면 안락사를 적극적으로 생각해 봐야 할 것입니다. 다만, 생명 존중 차원에서 신중해야 하고 특히 악용과 남용의 위험을 줄이는 제도적인 장치가 필요할 것입니다.

개인적인 의견입니다만 안락사는 하루빨리 도입되어야 한다고 생각합니다. 그것이 노인 자살률을 줄이는 길이 될 것입니다.

또한 그것이 웰다잉의 길이 될 것입니다.

나와 같은 또래의 네덜란드 부부가 은근히 부럽습니다. 사랑하는 부부가 살 만큼 살다가 한날한시에 이 땅을 떠났으니 죽음의 복을 스스로 만들었다고 생각합니다.

두 분께 진심으로 명복을 빕니다.

고향 가는 길에서 다짐하는
후회 없는 인생

내일이 고향(김천)에 계시는 어머님 생신이라 곧장 짐을 싸고 서울역으로 향했습니다. 자가용은 네댓 시간이 넘게 걸려 가급적이면 KTX를 이용하려 합니다.

열차를 타고 가다가 문득 이런 생각이 들었습니다. 열차는 왕복표를 끊을 수 있지만 인생 열차는 편도밖에 되지 않는다는 평범한 사실을 새삼스레 깨닫게 되었습니다.

"이제부터라도 마음을 새롭게 먹고 하루하루를 후회 없이 지내야겠다"라는 생각이 문득 들었습니다.

나이가 들긴 들었나 봅니다.

그렇습니다.

인생은 누구에게나 한번 주어졌습니다.

후회 없이 살고 싶지만, 그것이 쉬운 일이 아닙니다.

누구나 이 땅을 떠날 때에는 한 가지 이상 후회할 것이 있을 것입니다.

세상적인 출세를 한 사람이라 할지라도.

가장 후회를 많이 한다는 3가지입니다.

첫째, 왜 더 참지 못하고 사랑하지 못했는가?
둘째, 왜 더 관심을 주지 못하고 좀 더 행복하게 살지 못했는가?
셋째, 왜 더 베풀고 나누지 못했는가?
물론 이외에도 후회스럽기만 한 일들이 있을 것입니다.
칠십이 넘으면 그날을 늘 준비하면서 살아가라고 합니다.
나이 들면 남은 날이 얼마 남지 않았고 내일 일은 아무도 모르기 때문입니다.
이 땅을 떠날 때 후회하지 않기 위해 최소한 두 가지만이라도 실천하고 싶습니다.

"지금이라도 가족을 비롯하여 사랑해야 할 사람에게 관심을 가지고 더 사랑하자. 그리고 이웃에게 더 베풀고 나누며 살아가자."

빈손으로 왔으니, 빈손으로 가는 인생길이니 다 주고 떠난다면 행복한 마무리가 될 거라고 생각됩니다. 사랑했다는 고백과 함께.
고향으로 가는 길에서 후회 없이 이 땅을 떠날 생각을 미리 해봅니다.

안전거리 유지와 노년의 입

국민 휴가 기간에 밀리는 줄 예견했지만, 고향을 향해 운전대를 잡았습니다. 휴가철 고속도로는 군데군데 서행하는 곳이 많았습니다. 작은 추돌 사고로 갓길에 주차된 차들을 심심찮게 봅니다.

내비게이션에 서행 구간과 앞에서 급정거했다는 사인(sign)을 보내오기도 합니다. 대개 서행을 반복하다 보니 잠시 집중하지 않아 사고를 일으킵니다. 이는 한꺼번에 휴가를 실시하는 한국의 독특한 휴가 문화에도 그 원인이 있습니다.

물론 성질이 급한 우리 국민성에도 그 이유가 있겠지요. 나름대로는 늘 앞차와 옆 차를 주시하면서 조심조심 운전대를 잡습니다. 특히 앞차와의 간격을 충분히 유지하여 급정거를 예방코자 노력하고 있습니다. 이따금 급하게 끼어드는 얌체족 때문에 기분이 상하고 놀랄 때가 있습니다.

안전 운전을 위한 경구가 이곳저곳에 걸려있습니다. 이번 고향 가는 길에서 눈에 띄는 게 하나 있었습니다.

"안전거리 유지는 가장 좋은 에어백입니다."

에어백은 충돌이 일어날 때 생명을 보호하는 장치입니다. 안전거리를 유지하면 사고의 90% 이상은 예방할 수 있을 것이라 확신합니다. 다만 얄밉게 끼어드는 얌체족을 애교로 봐줄 수 있는 여유가 필요합니다.

노년의 삶도 운전에 비유할 수 있을 것입니다.

"될 수 있으면 입을 닫고 침묵을 지키는 것은 인생길의 가장 좋은 에어백이다."

노인이 되면 자꾸 참견하고 싶고 훈수를 두고 싶어 합니다. 그러다 보니 상처를 주고 본인도 상처받는 경우가 허다합니다. 좀 입을 닫고 그러려니 하고 넘어가는 넓은 아량이 필요합니다. 그게 노년의 행복을 가져다주는 안전벨트이자, 에어백이라고 생각합니다.

운전은 그런대로 안전거리를 유지하고 있지만 아직도 입은 신중하지 못할 때가 많습니다.

이제부터라도 "침묵은 금이다."라는 경구를 가슴에 깊이 새기고 남은 나날을 살아가고자 굳게 다짐합니다.

고희(古稀)를 맞은 이 아침에

드디어 오늘(음력 7월 14일) 칠순, 고희를 맞이했습니다.

고희(古稀)는 말 그대로 고래(古來)로부터 드문 나이란 뜻으로 일흔 살을 이르는 말입니다. 두보의 곡강시(曲江詩)에 나오는 말이라고 합니다.

하기야 '만' 나이로 치면 1년이 남았습니다만 아직도 음력을 사용하는 우리 세대이다 보니 그대로 지냅니다.

요즘 평균 수명이 늘다 보니 칠순은 물론 팔순 잔치도 건너뛴다고 합니다. 그래도 이 뜻깊은 날에 가까운 친척들과 식사라도 한 끼 해야 하는데 이것마저도 생략하였습니다.

대신에 집 근처 고촌 테니스회 아침반 모임에서 거하게(?) 칠순 잔치를 베풀어 주어 너무나 감사했습니다.

나도 색소폰을 비롯하여 기타, 오카리나, 장구를 치면서 분위기를 돋우었습니다. 많은 회원이 합심하여 음식을 장만하고 선물까지 듬뿍 받으니 몸 둘 바를 몰랐습니다.

역시 테니스는 운동도 좋고 특히 회원들 상호 간의 유대도 강화되어 형제자매 같은 기분입니다.

돌이켜보니 엄마 뱃속에서부터 지금까지 70년 동안 살아오면서 참으로 많은 우여곡절을 겪었습니다.

죽을 고비도 숱하게 넘겼습니다. 가난에 찌들어서 일찍 직업 전선에 나와야 했습니다. 용케도 좋은 직장에 들어가서 일과 공부를 병행할 수 있었습니다. 다소 무리했던 탓에 몸과 마음을 해쳐 고생도 많이 했습니다.

그때마다 신앙의 힘으로 다 이겨냈습니다. 힘들었을 때나 기뻤을 때나 늘 함께 해주시는 그분(주님)이 계셨습니다. 진심으로 감사를 드립니다.

이제 인생길을 정리해야 할 시간입니다. 후세에 다 넘겨주고 홀연히 이 땅을 떠나야 합니다.

세 가지 소원입니다. 먼저, 사는 날까지 주위 사람들로부터 도움을 최저로 받고 주님 품에 안기고 싶습니다.

다음으로는 아직도 남아있는 헛된 욕심을 다 내려놓고 유유자적하게 세월을 보내고 싶습니다. 그리고 내게 남은 것이 있다면 내 가족과 이웃에게 다 나눠주고 홀가분하게 떠나고 싶습니다.

하루하루가 덤이요, 특별 보너스로 생각하며 살아가고 있습니다.

생명을 연장시켜 주신 하나님께 다시 한번 감사를 드립니다.

끝까지 사람답게 살다가 주님 품에 안기게 하옵소서.

사촌이 논 사면 배 아프다

우리는 살아가면서 주위 사람들과 늘 비교하면서 열등감을 느낄 때가 많습니다. 비교 대상을 나보다 나은 사람을 주로 정하기 때문입니다.

옛말에 "사촌이 논 사면 배 아프다"라는 속담이 있습니다.

그것은 가까운 친척이라도 상대가 잘 되는 것이 부러워서, 시기심이 일어났기 때문입니다. 오죽하면 배고픈 것은 참을 수 있는데 이와 같이 배 아픈 것은 못 참는다고 했겠습니까?

칠십 년이 지난 세월을 돌이켜보니 때로는 이러한 배 아픈 것 때문에 더 열심히(?) 노력하여 배 아프게 했던 상대를 따라잡았던 적이 있었습니다. 아니 그것보다 더 잘 되어 속으로 쾌재(!)를 부르기도 했습니다.

고졸에서 박사까지, 은행 지점장에서 대학교수까지 지냈으니 이만하면 그들을 충분히 따라잡았습니다. 은퇴 이후에도 다양한 취미 생활과 더불어 학자로서의 노력은 계속 이어지고 있습니다. 오히려 현직에 있을 때보다 더 바쁘게 살아가고 있습니다.

최근에는 작가로서 베스트셀러 에세이 '혼자서도 고물고물 잘 놀자'를 낸 덕분에 주부대학, 장수대학 등에 초청을 받아 명강사로서 이름을 날리고 있습니다.

 이러다 보니 오히려 내가 친구나 동료들로부터 시기의 대상이 되었습니다. 사실 밥도 잘 사고 남이 싫어하는 것을 솔선수범하는 편인데도 말입니다. 사실, 남이 잘되면 배 아픈 것이 인간의 기본적인 속성입니다.

 나무랄 수는 없습니다.

 지난해에는 이들에게 다소나마 위안(?)이 되는 사건이 일어났습니다. 그렇게 건강하고 잘 나가던 내가 덜컥 암에 걸린 것입니다. 평소 건강에 자신감이 있었습니다. 매일 아침 근 50년간 테니스로 건강을 다져왔었습니다. 댄스 스포츠와 골프로 체력을 보강해 왔습니다.

 이런 내게 편도에 조그만 멍울이 만져져 병원을 찾았는데 이것이 악성 종양 즉, 암(편도암)이라는 것입니다.

 세상이 끝나는 줄 알았습니다. 차분하게 죽음을 맞이하려고 주변 정리를 하나하나 했습니다. 가만히 살펴보니 진정으로 나를 생각해 주는 사람은 내 가족밖에 없었습니다. 친구들이나 가까운 이웃은 비교 본능에 의해 오히려 쾌재(?)를 부르는 모습이 보였습니다.

 예견되었지만 마음에 깊은 상처를 받았습니다. 한편으로는 그들에게 내 가장 아픈 곳을 보여줌으로써 대리 만족을 줬다고 생각하니 견딜만했습니다.

"그래 나보다 그렇게 잘 나가더니 암에 걸려 잘 됐다. 나는 너를 따라갈 수 없지만 암에 걸리지 않았으니 너보다 낫다. 암은 죽는다고 하니까 나보다 먼저 가겠네."

대부분 이런 생각을 하고 있었습니다.

그런데 불행 중 다행으로 워낙 초기에 발견되어 잘 치료하고 추적 검사를 받고 있습니다.

"재발 걱정은 하지도 말고, 잘 먹고 운동을 열심히 하라"는 주치의 선생님의 말씀이 매번 이어집니다. 이전보다 더 건강하게 잘 지내고 있습니다.

오랜 기간 신앙생활을 해오면서 내가 내린 결론입니다. 이번에 암이 내게 찾아온 것은 하나님께서 내린 사랑의 채찍으로 믿습니다.

"남은 세월은 지금까지와는 다른 삶을 살아."라는 준엄한 메시지로 받아들입니다.

그러다 보니 하루하루가 덤이요, 특별 보너스로 받은 선물이라고 생각합니다. 허투루 보낼 수 없습니다.

운동, 공부, 일, 취미 생활, 봉사 활동 등으로 하루하루를 알차게 보내려고 노력하고 있습니다. 남은 세월은 내 욕심을 채우기 위해 살아가는 저급한 삶이 아니라 내 이웃과 함께 살아가는 의미 있는 삶을 영위하고자 합니다.

내 얘기가 길었습니다.

큰 충격을 받은 지 1년이 지났지만 지금도 그 여운이 남아있습니다. 아마도 그때를 시점으로 내 인생을 다시 산다고 해도 과언이 아닙니다.

사실 이 지구상에 80억 명이 넘는 사람이 살고 있습니다. 그런데 참 이상한 것은 인물이 똑같은 사람이 하나도 없고 지문이 같은 사람도 단 한 사람이 없다는 사실입니다.

심지어 한 배에서 동시에 태어난 일란성 쌍둥이도 다르다니 신(神)의 창조 능력이 오묘합니다.

각자 다 다른 재능을 가지고 이 땅에 태어났습니다. 남이 하지 못하는 것을 나는 할 수가 있습니다. 돈 많고 많이 배웠다고 다 행복한 것이 아니듯이 돈 없고 못 배웠다고 불행한 것은 아닙니다.

모두가 이 땅에 빈손으로 태어나 빈손으로 가는 것이 인생입니다.

말 그대로 '천상천하유아독존(天上天下唯我獨尊)'입니다.

한 생명 한 생명이 천하보다 귀한 존재입니다.

나이 들어보니 남이 잘되는 것이 배가 아픈 것이 아니라 나도 덩달아 좋아집니다.

골프가 좋은 예입니다.

삼십여 년 골프를 치다 보니 싱글, 이글, 홀인원까지 3종 세트를 다 갖추었습니다. 지금까지 골프채를 놓지 못하고 가끔 필드를 찾습니다. 그 옛날에는 가벼운 내기 골프를 자주 했습니다. 그때마다 상대를 이기려고 온갖 노력을 다했던 기억이 납니다.

이젠 아닙니다.

옛날에 못 치던 동료가 나보다 잘 치면 내가 더 기분이 좋습니다. 굿샷을 연발합니다. 다 나이 먹었다는 증거이겠지요. 암을 경험한 이후부터는 세상을 보는 눈이 많이 달라졌습니다.

이웃이 다 친구처럼 보입니다. 이웃이 잘 되면 내가 더 좋습니다. 이것이 암 덕분이라 생각합니다.

한 가지를 잃으면 반대급부로 한 가지를 얻는다고 합니다.

내가 그렇습니다.

사촌이 논을 사면 배 아픈 것이 아니라 힘차게 박수를 쳐주며 축하해 주고 싶습니다.

조심조심, 말조심

나이가 들어가니 여러 가지 조심해야 할 것이 생깁니다. 건강, 말, 돈, 운전, 인간관계 등 열거하면 더 나올 것입니다.

이 가운데 말에 관한 얘기입니다. 말이 사람을 죽이기도 하고 살리기도 한다지요. 나이 들어가는 요즘 들어 가장 조심스러운 것이 말입니다.

다양한 취미 생활을 하면서 이런저런 모임에 나가다 보니 어디에서나 못마땅하게 구는 사람들로 인해 입이 근질근질하여 말실수를 하기 때문입니다.

못 본척하고 넘어가야 하는데 끝까지 참지 못하는 경우가 있습니다.

이놈의 입이 방정입니다.

말에 대해 이런 속담이 생각납니다.

낮말은 새가 듣고 밤말은 쥐가 듣는다.
발 없는 말이 천리 간다.
가는 말이 고와야 오는 말이 곱다.
호랑이도 제 말 하면 온다.

"말을 조심하라. 특히 남에 관한 얘기는 함부로 내뱉지 말라"는 것입니다. 언젠가는 본인에게 부풀려져서 전해지기 때문입니다.

물론 나쁜 얘기를 할 때, 문제가 됩니다. 늘 고운 말만 하면 세상살이에 아무런 문제가 없을 것입니다. 한데 살다 보면 남의 얘기를 잘할 수 없을 때가 많습니다. 죽이 맞는 사람과 만나면 나도 모르게 험담에 가담하게 됩니다.

그땐 후회해도 늦습니다. 희한하게 얘기를 나눈 상대방에 의해서 부풀려져 본인에게 전달됩니다. 참으로 무섭습니다.

그래서 나이 들면 될 수 있는 대로 사람 만나는 것을 멀리 하나 봅니다. 만나면 돈 쓰고 말실수도 하게 마련이니까 아예 혼자 지내려고 합니다.

노년의 지혜 가운데 하나라지요.

"입은 닫고 지갑은 열어라."

남은 세월은 지금까지와는 달리 조심조심, 말조심하기 위해 최선을 다할 작정입니다. 말의 바보가 되고 싶습니다. 진정으로.

치매, 누구나 예외일 수 없습니다

　가끔 "혼자 배회하는 치매 환자를 찾는다"라는 메시지가 스마트 폰에 뜹니다. 가까운 지인이 멀쩡하다가 치매 환자로 돌변하여 주위 사람들을 놀라게 합니다.
　치매, 참으로 무서운 병입니다.
　이제 먼 얘기가 아닙니다. 나도, 우리 모두에게도 예외일 수 없습니다.
　치매는 인지 기능이 떨어져 모든 것을 잊게 되는 병입니다. 사랑하는 가족은 물론 본인 자신까지 잊어버리는 가장 슬픈 병입니다.
　나이 들어 찾아오는 병 가운데 암보다 무섭다니 관심을 기울이지 않을 수 없습니다.
　우리나라 치매 통계입니다. 2023년 현재, 65세 이상 944만 명 가운데 치매 환자가 97만 명으로 10명에 1명꼴입니다. 앞으로 평균 수명이 늘어남에 따라 치매 환자도 급격히 증가할 것으로 보고 있습니다.
　하기야 팔구십을 넘어 백 살이 넘도록 치매도 없이 비교적 건강하게 활동하고 계시는 분들이 있습니다.
　김형석 교수님(105세) 같은 분입니다. 하지만 이런 경우는 예외 중의 예외입니다. 칠십 후반에서 팔십이 넘으면 서서히 치매 증상이 나타난다고 합니다.

지금까지 치매를 치료하는 약은 없습니다. 언젠가 그 약을 발견하는 사람에게 노벨상은 따 놓은 당상일 것입니다. 그런데 이런 무서운 치매도 노력 여하에 따라 늦출 수 있고 예방까지 가능하다고 합니다.

귀가 솔깃해집니다. 미국의 신경학회에서 발표된 내용 가운데 실천이 가능한 몇 가지를 살펴봅니다.

첫째, 외국어를 배워라.

이중 언어를 쓰는 사람이 한 가지 언어만 쓰는 사람에 비해 치매 발생 위험이 낮았다고 합니다. 설사 발생하더라도 그 시기를 4~5년 이상 늦출 수 있었다고 합니다.

둘째, 매일 15분 이상 중강도 운동을 해라.

운동은 건강을 유지하는 데 꼭 필요합니다. 뇌 무게는 1.5kg밖에 안 되지만 심장에서 박출(搏出)되는 혈액의 25%가 뇌로 향한다고 합니다. 그만큼 뇌에 혈액이 충분히 공급되어 혈액 순환이 원활해야 한다는 것입니다.

세 번째, 하루 7시간 이상 잠을 자라.

잠이 보약이란 말이 있습니다. 뇌 세탁 이론에 의하면 잠자는 동안 뇌가 그날 들어온 정보를 분석해서 요긴한 것은 기억 창고에 저장하고 쓸데없는 것은 버린다는 것입니다. 숙면이 필요한 이유입니다.

이외에도 매일 손 글씨 쓰기, 친구들과 어울리기, 고른 영양분을 섭취하기 등이 있습니다. 한마디로 나이 들어도 머리를 굴리는 공부를 하고 부지런히 운동을 해서 몸을 많이 움직이며 잘 먹고 잘 자야 한다는 것입니다. 결국 실천이 문제입니다.

친구들에게 간혹 이런 얘기를 들려주면 한마디 듣습니다. 인명(人命)은 재천(在天)이요 사람은 태어날 때부터 저마다 죽음의 운명을 타고났으니, 제명대로 살다가 가자고 합니다.

이 말도 일리는 있습니다. 하지만 가는 날까지 치매에 걸리지 않고 천수를 다하고 떠나는 것이 우리 모두의 소원일 것입니다. 나 자신은 물론이요 가족이 나로 인해 고통을 당하는 일은 없어야 하기 때문입니다.

오는 병은 친구로 삼으라고 했습니다. 모든 병이 친구가 될 수 있습니다만 치매만큼은 제일 늦게 아니 아예 찾아오지 않았으면 좋겠습니다.

그러기 위해서라도 알차게 하루하루를 보내야겠다는 다짐을 오늘 또 합니다.

결혼을 회상하며

무더위가 좀 가시고 이제 아침저녁으로 선선한 가을바람이 불고 있습니다. 올해 여름은 유난히 더웠습니다.

그래서 그런지 이번 가을이 더 반갑습니다. 때마침 친지들이 청첩장을 카톡으로 보내옵니다. 결혼 날짜, 장소와 더불어 은행 계좌가 꼭 들어가 있습니다.

요즘 같은 "결혼은 필수가 아닌 선택의 시대"에, 또한 심각한 인구 절감 시대에 결혼을 결정한 젊은이들에게 힘찬 박수를 보내고 싶습니다.

그런데 결혼은 참으로 신중해야 합니다. 첫 단추를 잘 끼워야 합니다. 그래야 어긋나지 않게 결승점까지 골인할 수 있습니다. 결혼에 대한 여러 나라의 속담입니다.

러시아입니다.

"싸움터에 나갈 때에는 한 번 기도하고 바다에 나갈 때에는 두 번, 결혼할 때는 세 번 기도하라."

중국입니다.

"결혼하는 것은 경험의 부족이요 이혼하는 것은 이해의 부족이며 재혼하는 것은 기억력의 부족이다."

아프리카입니다.

"결혼에는 고통이 있고 독신에는 행복이 없다."

우리 한국입니다.

"된장 신 것은 일 년 원수, 아내 못된 것은 백년 원수"

그만큼 결혼 상대자를 고르는데 신중에 신중을 기하라는 말입니다. 한 번 잘못된 결정으로 평생 후회를 하며 혼자 눈물을 흘릴 때가 오기 때문입니다. 우리 같은 칠십 대 이후 세대는 아무리 잘못된 선택으로 결혼했더라도 이혼은 절대로 하면 안 되는 걸로 인식되어 있습니다. 그래서 '천생 웬수'가 될지언정 서로 갈라서는 일은 생각지도 못했습니다.

그런데 최근에는 황혼 이혼이 부쩍 늘어나고 있다는 소식입니다. 장수 시대가 되다 보니 퇴직 후 3, 40년을 같이 살아야 하는데 성격 차이 등 여러 가지 사유로 갈라서는 노부부가 늘어나고 있다는 얘기입니다.

젊은이들은 말할 것도 없습니다. 결혼 후 얼마 되지 않은 신혼부부에서부터 아기를 낳은 부부까지 이혼을 너무 쉽게 합니다. 어느 이혼 전문 변호사의 사무실 벽에 "결혼은 신중하게, 이혼은 재빠르게"라는 구호가 붙여질 정도입니다. 이러다 보니 겉으로는 정상적인 부부이지만 속으로는 곪아 터진 부부가 많을 것으로 생각됩니다.
　주부 대학 강의 시 다음 질문을 해봤습니다.

"다시 태어난다면 지금의 남편과 또 한 번 웨딩마치를 울리고 싶은 사람이 있으면 조용히 손을 들어주세요."

　100여 명의 주부 대학생 가운데 손을 든 사람은 한두 명에 지나지 않았습니다. 그중에 한 분은 사유가 걸작입니다.

"남자는 이놈 저놈 다 똑같습디다. 그래도 길들인 놈이 낫지요."

　참으로 의미심장한(?) 답변입니다. 사실 남남이 만나 부부로 한평생을 살아내기가 쉽진 않습니다. 우선 만남 그 자체가 대단한 일입니다.
　아니 기적입니다. 불교에서 이런 얘기가 있습니다.
　부부의 연을 맺기 위해서는 전생에 7,000 겁(劫)의 만남이 있어야 한다고 합니다. 한 겁이 이 우주가 한 번 개벽한 때에서부터 다음 개벽할 때까지의 기간이니 무한대와 비슷하다고 하겠습니다.
　"그만큼 질긴 인연이다"라는 표현일 것입니다.
　그런데 십 수 년 이상을 같이 살다 보니 여러 가지 사유로 마찰을 일으키고 급기야는 이혼에 이르는 부부가 생깁니다.
　위에서도 잠시 언급했듯이 최근에는 살 만큼 다 산 노부부가 갈라서는 황혼 이혼이 점차 늘어나는 실정입니다.
　늘그막에라도 편하게 살고 싶은 마음일 것입니다.

그러고 보니 결혼식장에서 기쁠 때나 슬플 때나 늘 함께 하자고 굳게 다짐했건만 그 약속을 지키기가 쉽지 않습니다. 살아보니 조그만 자존심이 서로의 마음을 아프게 하고 내가 아플 때 진정으로 아파해주는 그 사랑이 부족함을 느낍니다.

결국 인생은 혼자라는 사실을 깨닫습니다. 어머님 뱃속에서부터 나와 죽을 때까지 결국 혼자입니다.

"사랑은 주는 것이다"라고 합니다. 자꾸만 받으려고 하니 거기서 문제가 일어납니다.

내 결혼 생활을 회상해 봅니다.

근 50년이 되어갑니다.

딸 아들을 낳고 부모의 역할을 그런대로 했습니다. 우리 부부는 둘 다 무에서 유를 창조했다고 볼 수 있습니다.

유년 시절에 겪었던 가난을 딛고 결혼 후에도 쉬지 않고 일하며 공부하여 소기의 성과(각각 경영학박사와 신학 석사학위)를 거두었습니다. 대학교수를 거쳤고 집사람은 목사 안수를 받고 지금까지 목회 일선에서 열심히 봉사하고 있습니다.

이제 칠십을 넘겼습니다. 남은 세월은 인생을 결산하는 시기입니다.

지금도 그렇지만 봉사하는 삶을 영위하다가 주님이 부르시면 이 땅을 떠나고 싶습니다. 내가 실수하는 경우가 많았습니다. 두 살이나 연상인 집사람이 너른 마음으로 다 이해해 주었습니다. 참고 기다려 주었습니다.

이제부터라도 남편의 자리를 지켜 성공적인 결혼 생활이 되도록 노력할 것입니다.

"시작은 미약하나 나중은 창대하리라"라는 말씀처럼.

은혜와 원수

　은혜(恩惠)는 고맙게 베풀어 주는 신세나 혜택입니다. 칠십 평생을 살다 보니 그동안 여러분들로부터 많은 은혜를 받았습니다.
　추석 명절이 가까우니 그분들이 한 분 한 분 떠오릅니다.
　우리 속담에 "원수는 물에 새기고 은혜는 돌에 새겨라"라는 말이 있습니다. 원수는 빨리 잊어버리고 은혜는 두고두고 잊지 말라는 의미일 것입니다.
　그런데 살다 보니 반대로 할 때가 있습니다. 아니 거꾸로 할 때가 다반사입니다. 잊어서는 안 될 소중한 은혜는 물에 새겨 금방 잊어버리고 마음에서 버려야 할 원수는 돌에 새겨 두고두고 기억하며 마음의 병을 키웁니다.
　부부싸움이 좋은 예입니다.
　수십 년이 지난 잘못을 부부싸움을 할 때마다 꺼내서 상처를 줍니다. 그것이 쌓이다 보면 황혼 이혼에 이를 수도 있습니다.
　직장생활을 하면서 상사나 동료가 철천지원수가 되는 일도 있습니다. 심할 경우, 정신 병원을 찾기도 합니다.

살인까지 갈 수도 있습니다.

이렇듯 가까운 사람들이 원수가 되어 큰 상처를 줍니다. 이럴 때일수록 물에 새겨서 더 큰 상처를 받지 말아야 하는데 이게 쉽지 않습니다. 나도 지난날을 돌이켜보니 지금까지 돌에 새긴 원수(?)가 남아있습니다.

그 사람을 생각하면 오싹하고 큰일을 벌일 것 같은 기분입니다.

하지만 이젠 많이 수그러들었습니다.

나만의 해결 방법입니다.

나를 괴롭힌 그 원수들에게 내가 전생에 많은 빚을 졌다고 생각하면서 상대방 입장에 서보려고 노력하였습니다.

추석이 내일모레 앞으로 다가왔습니다.

"더도 말고 덜도 말고 한가위만 같아라"라고 합니다.

이번 추석을 맞이하여 인생 여정에서 만난, 아직도 못 버린 원수는 모두 물에 떠내려 보내려고 합니다.

그리고 내게 음으로 양으로 은혜를 주신 분들을 잊지 않으려 합니다.

조그마한 정성이라도 베풀고 싶습니다.

영원히 내 가슴속의 돌에 새기겠다고 다짐합니다.

은퇴 후 자산관리의 시작~ 절약

"돈은 쓰기 나름이다"라는 말이 있습니다.

써야 할 때를 잘 구분하여 지혜롭게 지출해야 한다는 의미가 담겨 있습니다. 특히 은퇴 후에는 제 분수에 맞추어서 살아야 합니다.

자기가 지출할 수 있는 범위 이내에서 절약하며 조절해야 하는데 이게 쉽지 않습니다. 과거 씀씀이를 줄여 나가기가 생각보다 어렵기 때문입니다. 물론 꼭 필요한 곳은 지출해야 할 것입니다.

"나이 들수록 입은 닫고 지갑은 열어라"라는 말도 있듯이 너무 구두쇠같이 굴면 어디서나 환영을 받지 못할 것입니다.

100세 시대입니다. 장수 시대입니다.

장수 시대에는 돈과 건강이 필요합니다.

"은퇴(retirement)가 곧 행복이다."

북유럽, 미국 등 선진국의 얘기입니다.

충분한 연금이 나오고 노후 보장이 잘 되어 있기 때문입니다.

반면에 우리의 현실은 그렇지 못합니다. 노인 빈곤율이 높고 덩달아 노인 자살률도 높습니다. 다 돈에 관련이 되어 있습니다.

우리 주위에 은퇴 자금이 충분하여 돈 걱정 없이 살아가는 사람이 얼마나 되겠습니까? 대부분 자금이 모자라 외출까지 삼가는 노인들이 많다고 합니다.

절약, 참 어렵습니다. 특히, 얼마 되지 않는 은퇴 자금을 쪼개서 쓰려고 하니 여간 힘든 게 아닙니다. 그래도 절약할 수밖에 없습니다. 은퇴자가 파산에 몰리면 스스로 헤쳐 나가기가 어렵습니다. 따라서 경제적 상황에 자기 자신을 맞추어 넣는 능력을 길러야 합니다.

"뱁새가 황새를 따라가다 가랑이가 찢어진다"라는 속담이 있습니다.

다리가 짧아 종종 걷는 뱁새가 긴 다리로 성큼성큼 걷는 황새를 따라갈 수 없듯이 제 분수에 맞게 사는 것이 지혜로운 노년의 길이라 믿습니다.

나만의 고속도로 주행 노하우

이곳 김포에서 꽉 막힌 수도권을 지나 고향 김천까지 가려면 평소에도 네댓 시간은 족히 걸립니다. 젊었을 때는 몰랐는데 칠십 고개를 넘으니 장거리 운전이 쉽지 않습니다. 그래도 고향에 도착하면 차가 필요하여, 할 수 없이 운전대를 잡습니다. 자주 왕래하다 보니 나름대로 노하우가 생겼습니다.

먼저, 무엇보다 조급하게 과속을 하지 않습니다. 그저 90~110km 정도로 해서 규정 속도를 준수하려 합니다. 난폭하게 내 앞을 끼어드는 경우도 너그럽게 대하려고 노력합니다.

둘째는 중간 중간에 있는 휴게소를 찾아 쉬어 갑니다. 물이나 커피, 호두과자를 사고 점심시간에는 맛있는 자장면 등을 사서 먹습니다.

혼자서 맛집을 찾아 먹는 재미도 쏠쏠합니다. 처음에는 혼자서 먹는 것이 좀 쑥스럽기도 했지만 이제는 아닙니다. 요즘은 혼자서 맛있게 먹는 사람이 늘었습니다. 자꾸만 버릇을 들이니 편해졌습니다.

셋째는 차 안에서 흥겨운 음악을 듣고 갑니다.

최근에는 장철웅의 '라이브 카페' CD를 비롯하여 흘러간 대중가요를 틀어놓고 운전하는데 너무 좋습니다. 혼자서 어깨춤이 절로 나옵니다. 덕분에 운전이 지겹지 않습니다.

때로는 흥겨운 우리 민요를 구성지게 소리내어 부릅니다. 혼자서도 신이 납니다. 역시 우리 민요가 좋습니다.

넷째, 휴게소에서 잠시 눈을 붙입니다. 짧은 수면이 피로를 풀어주고 운전을 새롭게 할 수 있는 여력이 생깁니다.

이외에도 가급적 차 안에서 먹을 간식거리는 미리 준비합니다.

오늘 차 안에 넣어둔 품목입니다. 포도, 사과, 호두과자, 옥수수염차, 감, 고구마 등입니다.

대부분 고향 밭에서 직접 생산한 것인데 휴게소에서 먹으면 맛있습니다. 비용도 줍니다. 무엇보다 시간에 구애받지 않고 나만의 여유를 가지고 고속도로를 달립니다.

할 만 하지만 그래도 예전 같지는 않습니다.

반 귀촌, 반 귀농의 삶을 이어가고 있으니 당분간 운전대를 잡아야 할 것입니다. 기왕이면 더 안전하게, 더 즐겁게, 더 행복하게 차를 굴리려고 합니다.

오늘은 평택 휴게소에서 휴식을 취하면서 글을 쓰고 있습니다. 토요일 오후라 올라가는 길이 많이 막힙니다. 이제 한 시간 정도 남았습니다. 천천히 음악을 듣다 보면 집에 도착하겠지요.

오른손이 하는 것을 왼손이 모르게 하라

성경은 "오른손이 하는 것을 왼손이 모르게 하라"라고 합니다.

예수는 남에게 보이는 것을 목적으로 큰 소리로 기도하는 것이나 위선으로 자선을 베푸는 것을 준엄하게 꾸짖었습니다.

그런데 인간사에 실천하기가 무척이나 어렵습니다. 아니 불가능할지도 모릅니다. 칠십 년 제 삶의 궤적을 뒤돌아보니 나도 예외는 아닙니다.

예로서 제게는 많은 회원을 두고 있는 동호인 모임이 있습니다. 공동의 일이 생기면 대부분 생색을 내지 않고 묵묵히 회원의 본분을 다합니다.

그런데 개중에는 적극적으로 참여하지도 않으면서 생색을 내려고 하는 덜된 인간들이 있습니다. 사사건건 얄밉게 구는 사람도 있습니다. 같이 지내면서도 속이 훤히 보입니다.

"절이 싫으면 중이 떠난다"라는 말이 있습니다. 마음에 들지 않는 대상이 있다면 애써 바꾸려 노력하지 말고 본인이 떠나면 그만이라는 말입니다. 하지만 현실적으로는 참고 지낼 수밖에 없습니다.

한편으로 우리 주위에는 아직도 훈훈한 얘기가 많이 들려옵니다. 연말에 자기를 밝히지 않고 매년 거액의 돈을 관공서 앞에 놓고 가는 손길이 있습니다. 이름을 밝히지 않고 선행이나 자선을 베푸는 사람들이 너무나 많습니다.

아무리 구정물이 많이 흘러내려도 이러한 선행의 맑은 물이 더 많이 흘러내리면서 우리 사회가 잘 돌아가게 되는 것이라는 생각이 듭니다. 나이 들어서는 오른손이 하는 것을 왼손이 모르도록 노력하고 있습니다.

그 어떤 일을 하든지 하나님이 보고 계신다고 생각하기 때문입니다. 산행을 하다가 휴지나 쓰레기가 있으면 줍습니다. 테니스장이나 사는 아파트 주위에 치워야 할 것이 있다면 머뭇거리지 않고 치웁니다.

일본 도쿄에서 지낼 때의 얘기입니다. 동경학예대학의 변두리를 매일 아침 걸으면서 거리에 버려진 각종 쓰레기를 수거하였습니다.

앞으로도 누가 보든지 안 보든지 개의치 않고 묵묵히 내 일을 하고 싶습니다.

그것이 바람직한 길이며 하늘의 상급이 클 줄로 믿기 때문입니다.

느닷없이 닥치는 죽음

　세상에 자연스러운 것이 나고 자라고 죽는 것이라 하겠습니다. 사람을 제외한 동식물은 매우 자연스럽습니다. 유독 사람만이 죽음을 두려워합니다. 특히 우리나라 사람들은 아예 죽음 얘기를 터부시합니다.
　공동묘지가 주택 단지 가운데에 있는 일본이나 서구 여러 나라와 달리 아예 집과는 아주 멀리 떨어져 있습니다. 산 중턱에 있는 묘지도 많아 한 번 성묘하기가 힘듭니다. 추석을 앞두고 벌초하는 일은 더더욱 어렵습니다. 큰마음을 먹어야 합니다.
　왜 죽음을 이토록 두려워하고 멀리할까요? 죽음은 예고 없이 다가오고 고통이 연상되기 때문이 아닌가 생각합니다.
　죽을 사(死)는 "한 날 저녁에 비수같이 찾아온다"라는 뜻입니다. 말 그대로 느닷없이 닥칩니다. 그래서 늘 죽음을 준비해야만 합니다. 하지만 현실은 그렇지 못합니다. 그러다 보니 갑작스럽게 이 땅을 떠날 때, 자식들이나 가까운 친척들이 당황하기 마련입니다.
　요즘 웰빙 만큼이나 웰다잉이 주목을 받고 있습니다. 스웨덴에서는 웰다잉의 하나로 '데스 클리닝(death cleaning)' 이른바 '죽음 청소' 운동이 생활 속의 문화로 자리 잡아가고 있답니다.

이는 죽은 뒤 가족들이 자신의 물건을 정리하지 않도록 죽음에 대비해서 미리 물건을 정리하는 것을 말합니다. 추억이 담긴 물건을 보며 지난 삶을 돌아보고 필요 없는 물건을 버리거나 기부하며 남은 삶의 방향을 찾는다고 합니다. 그 옛날 우리 할머니는 윗목에 삼베옷과 필요한 장례용품까지 함에 넣어두었습니다. 평소 철저히 죽음을 준비하셨던 것입니다.

나도 지난해 편도에 조그만 암이 발견되어 큰 충격을 받았습니다. 잘 치료하였지만 이를 계기로 죽음이 한 발 내 앞에 다가왔다는 사실을 깨닫고 주변 정리(옷, 책, 상패, 은행 통장 등)를 하나하나 했습니다. 심지어 '사전연명의료의향서'도 작성하여 등록하였습니다. 이 모두가 후손들에게 부담을 주지 않기 위해서입니다.

한편, 죽음을 대비하는 자세도 가지가지입니다. 대개 죽으면 끝이라고 생각하는 사람들이 많습니다. 죽으면 평안이 오고 모든 것이 끝이라고 여기고 힘든 경우, 자살도 서슴지 않습니다.

하지만 종교를 가지고 있는 사람들은 대체로 죽음을 긍정적으로 맞이합니다. 불교에서는 윤회설을 믿어 이 땅에서 보시를 많이 하면 다음 생은 좋게 태어난다고 생각합니다. 기독교에서는 영생을 믿어 죽음이 끝이 아니라 영원하다고 믿습니다. 내일은 아무도 모릅니다.

그리고 인간은 태어나면 누구나 죽습니다. 예외가 없습니다. 그래서 공평합니다. 죽음도 나이에 상관없이 느닷없이 닥칩니다. 미리 준비해야 한다고 생각합니다. 나이가 들었다면 더욱 그러합니다. 말기 암 등 죽음이 확실하게 다가왔다면 일본에서 유행하고 있는 '생전 장례식'도 선택의 하나라고 봅니다.

그 어떤 방식이든지 멋지게 아름다운 마무리를 하고 이 땅을 떠나고 싶습니다. 특별히 나는 부활과 영생을 믿는 기독교 신자로서 기쁨으로 죽음을 맞이하려 합니다.

노년의 아름다운 마무리

칠순 고지에 올랐습니다.

남아있는 세월이 얼마인지는 모르지만 그래도 죽는 날까지 삶의 의미를 제대로 정립해야 할 필요가 있을 것으로 생각합니다.

우리보다 고령화가 일찍 시작된 일본에서 퇴직한 비즈니스맨의 행복도를 조사한 결과입니다.

가장 행복도가 높은 순서입니다.

첫째, 스스로 회사를 창업하여 성공한 사람

둘째, 다른 회사에 재취직한 사람

셋째, 일에 완전히 손을 뗀 사람

역시 은퇴 이후에도 일이 있어야 한다는 결론입니다.

물론 어느 정도 퇴직 준비를 했을 경우, 봉사 활동과 취미 생활을 하면서 여유 있게 보내는 것도 좋을 것으로 생각합니다.

결국 하루하루 보람 있게 그리고 행복하게 살아야 그 인생이 의미가 있는 것이겠지요.

무미건조하게 세월만 축을 낸다면 사는 의미가 없다고 생각합니다.

인간은 누구나 행복을 추구합니다.

행복은 사람마다 느끼는 감정이 '10인 10색'이라 단정적으로 정의를 내릴 수 없습니다.

"꽃은 피어야 아름답고 바람은 불어야 시원하며 인생은 즐겨야 행복하다"라는 말이 있습니다.

그렇습니다. 우리 인간이 건강, 재산, 명예를 다 얻었다 해도 잘 놀면서 즐길 줄 알아야 합니다. 그래야 행복합니다.

퇴직 후 새로운 목표를 세우지 못하고 하루하루를 무미건조하게 보내며 세월만 축을 내는 경우가 허다합니다.

은퇴자들이 다시 돈을 버는 일은 쉽지 않습니다. 창업은 더 어렵습니다. 결국은 그동안 벌어놓은 것을 쓰면서 이웃을 위해 봉사하고 다양한 취미 생활을 마음껏 즐기는 것이 가장 멋진 인생의 마무리라고 생각합니다.

나도 그런 길을 걸어가고 있습니다. 다양한 취미 생활을 통해 얻은 노하우를 강의 현장에서 잘 써먹고 있습니다. 취미 생활도 하고 강연을 하면서 약간의 부수입도 있으니 일거양득이라 하겠습니다.

물론 돈을 목적으로 하는 것은 아닙니다. 외롭고 힘겹게 살아가는 베이비부머를 비롯한 노인들에게, 그리고 다가오는 세대들에게 멋진 노후를 보내는 노하우를 전수하고 싶습니다.

이것이 내 남은 인생길에서 파종해야 할 씨앗이라고 생각합니다. 더불어서 그저 받았던 내 모든 것들을 죽기 전에 다 나눠주려고 합니다.

비록 얼마 되지 않지만.

김수환 추기경님의 말씀, 「가슴 아파하지 말고 나누며 살다 가자」를 되새겨 봅니다. 적극적으로 실천하여 아름다운 마무리를 하고 싶습니다.

가슴 아파하지 말고 나누며 살다 가자

버리고 비우면
또 채워지는 것이 있으리니
나누며 살다 가자

내 마음이 <예수님, 부처님> 마음이면
상대도 <예수, 부처>로 보인 것을…

누구를 미워도
누구를 원망도 하지 말자

많이 가진다고 행복한 것도
적게 가졌다고 불행한 것도
아닌 세상살이

재물 부자이면 걱정이 한 짐이요
마음 부자이면 행복이 한 짐인 것을…

죽을 때 가지고 가는 것은
마음 닦은 것과 복 지은 것뿐이라오

누군가를 사랑하며
살아갈 날도 많지 않은데.

누군가에게 감사하며
살아갈 날도 많지 않은데.

남은 세월이 얼마나 된다고
가슴 아파하며 살지 말자.

버리고 비우면
또 채워지는 것이 있으니

사랑하는 마음으로
감사하는 마음으로 살다 가자

웃는 연습을 생활화 하시라
웃음은 만병의 예방약이요 치료 약,
노인을 즐겁게 하고 동자로 만든다오.

화를 내지 마시라
화내는 사람이 언제나 손해를 본 다오
화내는 자는 자기를 죽이고 남을 죽이며

아무도 가깝게 오지 않아서
늘 외롭고 쓸쓸하다오.

기도하시라
기도는 녹슨 쇳덩이도 녹이며
천 년 암흑동굴의 어둠을 없애는 한 줄기 빛이라오.

주먹을 불끈 쥐기보다
두 손을 모으고 기도하는 자가 더 강하다오.

사랑하시라
소리와 입으로 하는 사랑에는
향기가 없다오.

진정한 사랑은 이해, 관용, 포용, 동화, 자기 낮춤이 선행된다오.
내가 사랑이 머리에서 가슴으로 내려오는데
칠십 년이 걸렸다오.

김수환 추기경, 「참으로 사람답게 살기 위하여」 중에서

에필로그

　보잘것없는 글을 끝까지 읽어주신 독자 여러분들께 진심으로 감사를 드립니다.
　제 얘기를 한 마디로 요약하자면 "인생은 그 어떠한 경우라도 재미있게 잘 놀아야 진정한 삶의 가치가 있다"라는 것입니다.
　특히 노년에는 더 그렇습니다.
　그 얘기를 하려다 보니 이렇게 길었습니다.
　평소 수필(essay)은 일정한 형식을 따르지 않고 삶에서 느끼는 체험을 쓴 산문 형식의 글이라 좋아합니다. 때로는 내 일상생활을 얘기하다 보니 속내를 다 드러낼 수 없는 부분도 있습니다.
　하지만 이번 에세이를 내면서 가급적 다 드러내 놓자고 작정하였습니다. 그래야 글이 살아날 것 같았습니다.
　그 한 가지가 '암밍아웃(암 + 커밍아웃)'입니다.
　낯선 사람에게 암 경험자임을 스스로 밝히는 '암밍아웃'을 하기란 쉬운 일이 아닙니다.
　칠십이 되어 암에 걸렸지만 다행히 초기에 발견되어 잘 치료하고 암 경험자가 되었습니다.

그런데 주위를 살펴보니 의외로 암 경험자가 너무 많았습니다. 대부분 지난 아픔을 딛고 더 열심히 살아가고 있었습니다. 물론 암의 절벽을 넘지 못하고 유명을 달리한 분도 많지만.

인명재천입니다.

나이 들어 병들고 죽는 것은 지극히 당연한 것입니다.

암이란 큰 걸림돌이 잠시 제 앞을 가로막았습니다. 하지만 이것으로 인해 남은 세월을 더 알차고 소중하게 보내게 되었습니다. 걸림돌이 아니라 디딤돌이 된 것입니다.

책을 내면서 늘 염두에 두고 있는 사항은 "누구나 쉽게 읽을 수 있도록 하자"입니다.

제 오랜 강단의 경험입니다.

실력 있는 교수는 어려운 것을 쉽게 가르칩니다.

이런 의미에서 글도 마찬가지라고 생각합니다.

나름대로는 쉽고 맛깔나게 글을 쓰고 싶었습니다.

아직 많이 부족합니다.

책과 늘 가까이하고 쉼 없이 글을 쓰고 있으니 언젠가 그런 날이 올 줄로 생각합니다.

이 책을 통해 절망 속에 빠진 분이 희망을 찾기 바랍니다.

그리고 은퇴 이후 20~30년을 더 살아야만 하는 시니어 여러분이 어떻게든 혼자서도 고물고물 잘 놀면서 지내는데 작은 참고가 되길 바랍니다.

끝으로 제 인생길의 나침반으로 삼고 있는 자작시 '님이시여'를 독자 여러분과 공유하고자 합니다.

대단히 감사합니다.

님이시여

박 태 호

님이시여
내 손이 약할 때
두 손을 꼬옥 잡아 주소서
그리하여 님의 손을 잡아야 할 때
놓치지 않게 하소서

님이시여
내가 피곤하여 쓰러지고 싶을 때
다시 한번 일어날 수 있도록 힘을 주소서
그리하여 이 땅에서 맡겨진 사명을
잘 감당할 수 있게 하소서

님이시여
내가 누구를 유혹하고 싶은 마음이 용솟음칠 때
참된 이성을 찾게 하소서
그리하여 심신이 상하고 상처받는
어리석음을 반복하지 않게 하소서

님이시여
내 앞에 감당하기 어려운 고난이 겹칠 때
당당히 극복할 수 있는 힘을 주소서
그리하여 인생이 고난의 연속임을 깨닫고
고난을 감사로 바꾸는 역사를 이루게 하소서

님이시여
내가 쌓은 모래성을 남에게 자랑하고 싶을 때
진실된 내 모습을 보게 하소서
그리하여 겸손의 위력이
태산보다 더 크다는 사실을 깨닫게 하소서

절망을 딛고 고물고물
즐겁게 살아가는 중노인의 이야기

2025년 4월 30일 초판 인쇄
2025년 5월 6일 초판 발행

저   자 박태호
발행인 이낙용

발행처 도서출판 범한
등록 1995년 10월 12일(제2-2056)
주소 10579 경기도 고양시 덕양구 통일로 374 우남Ⓐ 101-1301
전화 (031) 976-6195
팩스 (02) 6008-9167
메일 bumhanp@hanmail.net
홈페이지 www.bumhanp.com

정가 16,000원   ISBN 979-11-5596-213-8 [03690]

* 잘못 만들어진 책은 구입하신 곳에서 바꾸어 드립니다.

* 이 책의 무단 전재 또는 복제 행위는 저작권법에 의거,
  5년 이하의 징역 또는 5,000만 원 이하의 벌금에 처하게 됩니다.